KAS
광고지성총서
07

광고 미디어의
현재와 미래

박현수 · 김효규 · 정윤재 · 정차숙 · 이형석
주호일 · 김지혜 · 황성연 · 정세훈 · 유승철 공저

THE PRESENT
AND FUTURE
OF ADVERTISING
MEDIA

학지사

발간사

광고지성의 향연

지난 1989년 10월 14일, 한국광고학회 창립총회를 개최한 이후 2019년에 접어들어 학회 창립 30주년을 맞이했습니다. 사람으로 치면 서른 살입니다. 그동안 한국광고학회는 한국 사회에서 광고의 중요성을 환기하는 데 크게 기여했습니다. 지나온 날들의 성과는 분명 눈부셨지만, 미디어 환경이 급변함에 따라 광고와 광고학은 잠시 멈칫거리고 있습니다. 창의성, 인공지능, 블록체인이 인류의 미래를 결정한다는 전환기에 서서, 이제 우리는 광고의 새로운 방향을 모색해야 합니다. 이런 상황에서 한국광고학회 30주년을 기념하는 『광고지성총서』는 광고학계와 광고업계에 새로운 방향성을 제시할 것으로 기대됩니다.

이 총서는 '체인지(Change, 체력, 인화, 지성)'의 가치를 지향하는 제24대 한국광고학회에서 야심 차게 준비한 기획물입니다. 이 총서를 통해 한국광고학회의 체력(體力)을 증진하고, 회원들 사이의 인화(人和)를 촉진하며, 광고지성(知性)이 나아갈 새로운 좌표를 찾기를 기대합니다. 일찍이 플라톤은 『향연(饗宴)』에서 좋은 것(아름다운 것)을 소유하려는 욕망을 에로스라고 정의하고, 정신적인 출산을 추구하는 것도 에로스의 뜻이자 아름다움의 이상향에 도달하는 길이라고 설명했습니다. 정신의 자식을 분만하는 과정에서 105명의 필자가 자주 산통(産痛)을 느끼며 광고의 오늘과

내일을 고민했다는 점에서, 이 총서는 모름지기 집단지성의 플랫폼이자 광고지성의
향연이라 할 수 있습니다.

　제1권『한국 광고학연구 30년과 전망』(편집책임 한상필)에서는 한국광고학회의 창
립 30주년을 맞이해 지난 30년 동안의 학회 활동을 분석하고 광고학 연구의 발자취
를 돌아보았습니다. 제2권『한국의 광고산업과 광고제도』(편집책임 김봉철)에서는 광
고산업을 구성하는 단위들이 어떻게 발달해 왔고 어떤 기능을 해 왔는지 체계적으로
분석하고 정리했습니다. 제3권『광고와 사회 그리고 광고비평』(편집책임 이희복)에서
는 급변하는 환경에서도 결코 변하지 않는 광고와 사회에 대한 본질을 비평적 관점
에서 탐구했습니다. 제4권『소비자심리와 광고 PR 마케팅』(편집책임 이병관)에서는
소비자심리학의 여러 개념을 알기 쉽게 설명하고 광고와 PR 및 마케팅 현장에 적용
하는 방안을 제시했습니다. 제5권『광고와 마케팅의 새로운 세계』(편집책임 나준희)
에서는 마케팅에서 광고가 어떻게 작동해야 하는지에 대한 이론적 기반을 제시함으
로써 광고 활용의 새로운 세계를 모색했습니다.
　제6권『디지털 시대의 광고 크리에이티브』(편집책임 윤일기)에서는 디지털 융합 시
대에 적합한 광고 크리에이티브의 새로운 차원을 살펴보고 실무적으로 유용한 지침
을 제안했습니다. 제7권『광고 미디어의 현재와 미래』(편집책임 박현수)에서는 급변
하는 미디어 환경을 살펴보고 광고와 미디어가 나아갈 미래의 방향과 시각을 전망했
습니다. 제8권『스마트 광고 기술을 넘어서』(편집책임 김현정)에서는 우리 시대의 스
마트 광고 기술에 대해 살펴보고 기술이 광고의 미래를 어떻게 바꿀 것인지를 여러
각도에서 조망했습니다. 제9권『빅데이터의 분석방법과 활용』(편집책임 정원준)에서
는 학술적·실무적인 사례를 바탕으로 광고와 PR 영역에서 두루 활용할 수 있는 다
양한 빅데이터 분석방법에 대해 설명했습니다. 제10권『광고 지성과 철학의 지평선』
(편집책임 강승구)에서는 광고의 개념과 본질을 철학적으로 분석함으로써 광고지성
의 가치를 환기하는 동시에 광고철학의 가능성을 탐색했습니다.

상당한 비용이 들어가는 10권의 총서가 출판되기까지 정신적으로 그리고 재정적으로 여러분의 도움을 받았습니다. 한국언론진흥재단의 민병욱 이사장님, 제일기획의 유정근 대표님, 이노션의 안건희 대표님, HS애드의 정성수 대표님, 대홍기획의 홍성현 대표님, TBWA의 이수원 대표님, 나스미디어의 정기호 대표님, 메조미디어의 이성학 대표님께 감사드립니다. 이분들의 후원이 없었다면 『광고지성총서』는 결코 세상에 나오지 못했을 것입니다. 이 지면을 빌려 다시 한 번 감사드립니다. 한국광고학회 회원들은 이 총서가 출판되기까지 도와주신 분들에 대한 고마움을 앞으로도 오래오래 기억할 것입니다.

광고지성을 모색하느라 수고하신 105명의 필자는 우리에게 새로운 비전과 깊은 통찰력을 제시하셨습니다. 갈수록 어려워지는 출판 여건에도 불구하고 10권의 책을 기꺼이 출판해 주신 학지사의 김진환 사장님과 최임배 부사장님께 감사드립니다. 편집부 관계자들께서는 난삽한 원고를 손보고 책의 구성을 갖추어 정말 빛나는 총서로 만들어 주셨습니다. 총서를 기획하던 첫 순간부터 끝마무리까지 수고하신 연구이사 김현정 교수님과 편집책임을 맡은 10명의 교수님께도 고마운 마음을 전합니다. 아인슈타인은 "지성의 참된 모습은 지식이 아닌 상상력에서 드러난다."라고 했습니다. 독자 여러분께서는 이 책을 통해 지식만을 얻지 마시고 상상력을 확장하시기를 바랍니다. 우리가 진정으로 추구해야 할 것은 지식보다 상상력이기 때문입니다. 바로 이 점이 『광고지성총서』를 기획하던 순간에 떠올랐던 저의 처음 생각이었습니다.

2019년 12월 5일
한국광고학회 제24대 회장 김병희 삼가 적음

머리말

    광고는 특정 매체나 비히클을 통해 소비자에게 전달된다. 대부분의 매체는 수입의 가장 많은 부분을 광고에서 충당하며, 매체 환경 및 기술의 발전으로 매체 산업은 빠르게 사라지고 또 나타난다. 불과 15년 전만 해도 그 사용이 드물었던 스마트폰의 보급과 무선 인터넷의 발전은 광고 집행에서 매체 선택에 대한 패러다임을 바꾸었고, VR, AR 등과 디스플레이 기술의 발전 또한 매우 빠르게 매체 산업 환경을 변화시키고 있다. 따라서 이 책은 광고에 사용되는 미디어에 대한 현재와 미래를 고찰해 보는 데 주요 목적을 가지고 있다.

    이러한 기획 의도를 가지고 준비한 『광고 미디어의 현재와 미래』는 전체 10개 장으로 구성되며, 제1장 '광고 미디어 산업의 개관'(박현수)에서는 광고가 집행되는 각 매체들에 대한 현황과 추이 등을 국내외 통계 자료들을 통해 알아본다. 제2장 '광고효과에 대한 이해'(김효규)에서는 광고 집행을 통해 기대할 수 있는 효과에 대해 살펴보고 목표 달성 여부를 확인하기 위한 측정 방법에 대해서도 고찰해 본다. 제3장 '매체 기획이란 무엇인가'(정윤재)에서는 우리가 매일 일상에서 접하는 광고 메시지, 매체와 비히클은 무엇이며, 매체를 통해 우리에게 광고 메시지를 전달하는 일련의 과정인 매체 기획의 개념에 대해 살펴본다. 제4장 '전통적인 4대 매체'(정차숙)에서는 일반적으로 전통 미디어라고 일컬어지는 TV, 라디오, 신문, 잡지 매체에 대해 알아보며, 제5장 '스마트 미디어'(이형석)에서는 광고 미디어 시장에 혁신적인 변화를 불러온 AR, VR, IoT와 같은 하이테크 기술을 이용하는 매체와 스마트 광고 미디어를 대표할 수 있는 온라인과 모바일, IPTV, OTT를 중심으로 설명한다. 제6장 '디지털 시대의 옥외광고'(주호일)에서는 옥외광고의 기본적인 개념을 이해하고, 옥외광고의 종류에는 어떠한 유형이 있으며 어떻게 디지털화가 이루어지고 있는가를 살펴본다. 제7장 '새로운 광고매체와 유형'(김지혜)에서는 다양한 스마트 미디어의 등장이 어떻게 수용자의 관심과 이용을 이끌어 내었는지 그리고 수용자의 매체 이용 방식, 정보 처리, 사고방식에 어떤 변화가 있는지 등을 새로운 광고 유형과 함께 제시한다. 제8장 '광고매체의 노출효과 측정'(황성연)에서는 광고효과를 측정하기 위해 가장 먼저 필요한 광고 노출에 대한 측정과 최근 가치가 부상하고 있는 통합 노출효과(Total Advertising Rating: TAR)의 현황을 살펴보고 향후과제를 고찰한다. 제9장 '광고효과에 대한 새로운 시각'(정세훈)에서는 최근 매체 환경의 변화에 따라 매체 이용 방식이 어떻게 변화했고, 특히 멀티태스킹 행위가 광고효과에 어떠한 부정적 또는 긍정적 영향을 미칠 수 있는지를 살펴본다. 마지막으로 제10장 '매체 기획 사례와 총평'(유승철)에서는 매체 기획이 직면하고 있는 주요 이슈들을 고찰하고 실제 매체 기획 사례 분석을 통해 최근 광고회사들이 소비자 및 매체 환경 변화에 대응해 어떻게 매체 기획을 고도화하고 있는지를 알아보는 것으로 10개 장을 마무리한다.

　이 책에서 다루고 있는 이러한 내용들을 통해 빠르게 변화하는 광고매체 산업에 대한 이해와 광고 집행을 위한 매체 기획의 기초적인 수준에서 현재와 미래를 진단해 볼 수 있을 것으로 기대한다. 최고의 적임자들이 각 장을 맡아 저술해 주었지만 짧은 준비 기간 등으로 기획 의도를 100% 만족시키는 결과가 제시되었다고 할 수는 없다. 하지만 이를 통해 보다 많은 사람이 광고매체에 대해 관심을 가질 수 있는 기회가 제공되기를 희망한다. 함께 수고한 아홉 분의 필자를 대신하여 머리말을 마무리한다.

2019년 12월
필자들을 대표하여 박현수 적음

차례

제1장

광고 미디어 산업의 개관

박현수(단국대학교 커뮤니케이션학부 교수)

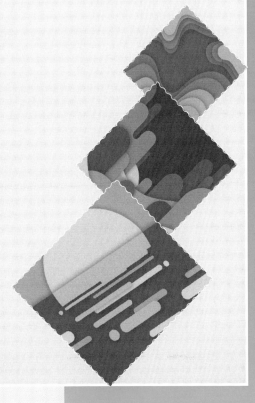

◈◇◈

 광고는 제품이나 서비스를 생산하고 제공하는 기업 등의 광고주로부터 전달하고
자 하는 메시지를 운반해 주는 매체를 필요로 한다. 국내 광고산업의 규모는 2019년
현재 약 12조 원에 달하고 있다. 이 가운데 가장 많은 비중을 차지하는 것은 압도적
인 비율로 광고 메시지를 전달하기 위한 매체와 비히클(vehicle)의 구매 비용이다.
당연하게 매체와 비히클을 선택하고 기획하는 과정이 다른 어떤 과정보다 중요하게
다루어져야 하지만, 현실은 그렇지 못했다. 최근 스마트 기기를 비롯한 새로운 매체
들의 등장과 광고 집행 패러다임의 변화로 그 중요도가 크게 증가하고 있는 상황에
서, 광고가 집행되는 매체들에 대한 이해는 필수적이며, 이 장에서는 그러한 미디어
산업에 대해 개관해 보고자 한다.

1. 매체 환경의 변화

 미디어 산업을 개관하기에 앞서 소비자들의 미디어 이용과 환경의 변화를 먼저 소
개하는 것이 필요할 것으로 판단되어 매체 접촉률 변화에 대한 자료를 제시한다. 그
림에서 보여 주는 것과 같이 소비자들의 매체 접촉은 불과 8년 전인 2011년에도 지
상파 채널이 약 85%로 압도적인 1위였으며, 모바일 매체의 경우 29%대에 머물렀
다. 그러나 2018년 가장 많은 접촉을 보이고 있는 매체는 모바일로 바뀌었으며, 비
록 오차 범위 내에 있지만 지상파TV는 2위로 내려왔다. PC의 접촉률 또한 이 기간
동안 하락세를 보이며, 신문, 라디오 등 대부분의 매체 접촉률이 감소 또는 유지되

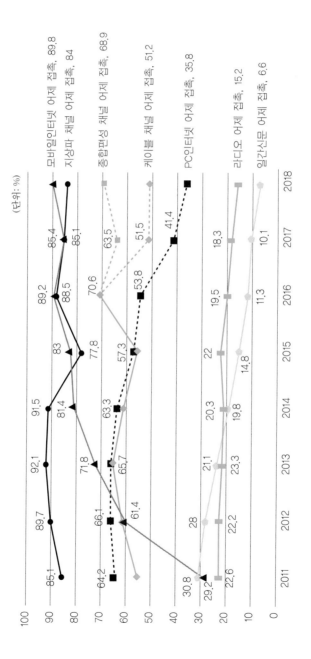

(단위: %)

모바일인터넷 어제 접촉, 89.8
지상파 채널 어제 접촉, 84
종합편성 채널 어제 접촉, 68.9
케이블 채널 어제 접촉, 51.2
PC인터넷 어제 접촉, 35.8
라디오 어제 접촉, 15.2
일간신문 어제 접촉, 6.6

[그림 1-1] 매체 접촉률 변화

출처: KOBACO(2018).

는 상황에서 모바일 매체만 큰 폭의 성장으로 타 매체들을 대체하고 있는 상황이다. 이러한 변화는 기술의 발전으로 향후 더욱 가속화될 것으로 전망되며, 디스플레이 (display) 및 무선 인터넷(internet) 속도의 혁신적인 성장은 지금까지 보다 더 빠른 미디어 산업의 대변혁을 예고하고 있다.

2. 매체와 비히클 및 메시지에 대한 이해

광고주가 효과에 대한 근거 자료나 예측 없이 광고 집행을 위한 매체를 구매한다면, 적지 않은 시간과 비용의 손실을 피할 수 없으며, 결국 궁극적인 마케팅의 성공도 위협받을 수 있다. 따라서 광고 집행과정에서 매체의 선택은 매우 조심스럽게 다루어져야 한다. 그 이유는 광고주들의 많은 재원이 특히 광고 매체비에 투자되기 때문이다. 광고활동에서 일반적으로 정의하는 매체, 비히클, 메시지에 대한 개념은 매우 기초적인 개념으로 뚜렷한 구분이 필요하다. 먼저 **매체** 또는 미디어란 뉴스, 정보, 오락 등을 전달하는 매개체 또는 수단을 의미한다. 광고 메시지의 전달을 위해 많이 사용되는 TV, 핸드폰, 온라인 포털 등의 미디어는 우리에게 정보와 오락을 제공하는 동시에 광고 메시지를 전달하는 매개체가 된다. 우리는 매일 보고 싶은 TV 프로그램과 온라인/모바일에서 제공되는 콘텐츠를 선택하며, 그러한 선택의 기준은 대부분 해당 미디어를 통해 제공되는 정보나 뉴스 그리고 오락 등의 내용을 위해서이다. 즉, 매체 소비자의 미디어 선택은 각각의 미디어를 통해서 제공되는 정보의 양과 질 그리고 오락적 수준 등에 의해서 결정된다.

광고에서 사용되는 매체는 참으로 다양하다. 과거 신문, TV, 라디오, 잡지 등의 매스미디어가 메시지 전달의 주류를 이루던 시절에서, 이제는 온라인/모바일 기기를 비롯하여 VR(Virtual Reality), AR(Augmented Reality), 드론(drone) 등 새로운 기술과 어우러져 더욱 다양하고 새로운 매체들이 등장하고 있다. 이러한 광고의 매체는 그 유형에 따라 몇 가지로 분류할 수 있는데 ① TV, 라디오 등의 전파매체, ② 신문, 잡지 등의 인쇄매체, ③ 포스터, 전광판 등의 옥외광고 매체, ④ 각종 교통수단을 이용하는 교통광고 매체, ⑤ 각종 우편물을 이용하는 우편매체, ⑥ 샘플(sample), 쿠폰(coupon), 콘테스트(contest) 등의 판매 촉진(sales promotion) 광고매체, ⑦ 인터넷, 위성TV, 모바일(mobile) 및 스마트(smart) 기기 등의 뉴미디어(new media)로 나누어 볼 수 있다. 특히 최근에는 디지털 정보통신기술의 발달로 기존 매체가 융합되고 매체 간의 영역 파괴로 혁신적인 매체들이 등장하고 있다. 예를 들어, 이제 핸드폰은 전화, TV, 게임기, 카메라 및 캠코더, 길 안내 등의 기능을 함께 하고 있으며, 컴퓨터의 많은 기능을 무리 없이 해내고 있다(박현수, 2019).

광고활동을 위해서 실제 광고 메시지를 실어 운반하는 운반체가 되는 것을 우리는 **비히클**이라고 정의한다. 흔히 매체와 비히클을 같은 개념으로 사용하여 오류를 만들기도 하는데 매체적 관점에서 본다면 매체와 비히클은 반드시 구분되어야 한다. 비히클이라는 단어는 영어의 운반체의 의미를 지니고 있는 것을 영어 원음 그대로 따온 것으로 자동차에도 비히클이라는 표현을 사용한다. 물론 광고활동에서 의미하는 운반체란 광고 메시지를 운반한다는 의미이며, TV 프로그램인 'tvN의 아스달 연대기' 'SBS의 8시 뉴스' 그리고 집으로 배달되는 '조선일보' '매일경제' '한겨레' 등을 매체 내에 존재하는 개별 비히클이라고 얘기할 수 있다.

광고활동에서 **메시지**란 광고주가 목표 수용자에게 전달하고자 하는 실제 내용을 의미하는 것이며 일반적으로 광고에서 카피의 형태로 또는 모델의 멘트에 의해서 전달된다. 예를 들어, '청정라거, 천연탄산 맥주(테라맥주)' '집 구할 때(직방)' '꼭꼭 씹으면 다 맛집이지(인사돌)' 등이 광고주가 전달하고자 하는 광고의 메시지이다. 이러한 메시지와 비히클 간에는 뚜렷한 차이가 존재하는데, 예를 들어 'SBS 8시 뉴스'를 시청한 모든 사람이 'SBS 8시 뉴스'에 포함되어 있는 모든 광고물에 노출된다고 할 수 없다. 즉, 비히클에 대한 노출은 광고 메시지에 노출될 수 있는 가능성을 제시하는 것이며, 정확한 광고 노출효과 측정을 위해서는 광고 비히클과 메시지 자료에 대한 구분이 필수적이다. 각종 매체에 집행되는 광고 메시지의 예는 [그림 1-2]와 같다.

신문광고 예시

모바일 광고 예시

TV 광고 예시

온라인 배너 광고 예시

옥외(OOH) 광고 예시

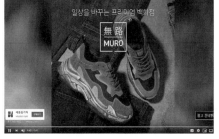

온라인 동영상 광고 예시

[그림 1-2] 각종 매체를 이용한 광고 메시지 전달의 예

출처: 제일기획(2018) 등.

3. 국내 광고산업 규모와 매체별 변화

국내 광고산업은 지난 30여 년간 꾸준히 성장해 왔으며, 1996년 5조 6,000억 원 규모였던 광고산업은 1998년 외환위기를 맞아 광고비가 크게 하락하기도 하였다. 하지만 2000년 국내 **총 광고비**는 다시 5조 원을 넘어서며 꾸준한 성장을 이어 오고 있다. 2005년 7조 539억 원, 2009년에는 미국 리만브라더스 사태 등 세계적인 경제 침체로 다소 하락하였으나 2011년 9조 원을 초과하여 2018년에는 11조 6,000억 원 으로 집계되었고, 2019년에는 약 12조 원을 초과할 것으로 예상되고 있다.

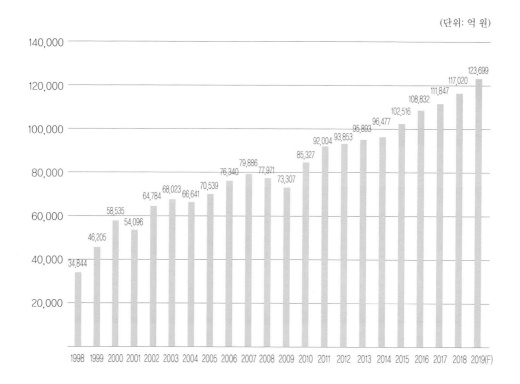

[그림 1-3] 국내 총 광고비 변화

출처: 제일기획(2018) 등.

　이러한 광고비 규모는 앞서 언급한 것과 같이 대부분 광고 메시지 전달을 위한 매체와 비히클의 구매 비용이며 제작과 크리에이티브 업무에 사용되는 금액은 약 6,000억 원 정도로 추산된다. 공식적인 집계가 가능한 가장 최근 연도인 2018년 국내에서 가장 많은 비용이 투입되는 매체는 모바일로 약 2조 8,000억 원 정도이다. 스마트폰의 보급과 빠른 인터넷 속도의 개선 그리고 무선 인터넷의 보급은 이러한 상황을 더욱 가속화시키고 있으며, 2017년과 2018년 모바일 광고의 성장률은 각각 27%와 26%로 다른 매체와 비교할 수 없는 큰 폭의 성장을 기록하고 있다.

　이는 과거 온라인 광고의 성장을 뛰어넘는 것인데, 모바일 광고의 압도적인 성장률은 2017년 이미 국내에서 온라인과 TV를 뛰어넘어 가장 많은 광고비가 투입되는 결과를 보여 주고 있다. 반면, 지상파TV의 경우 이미 2016년도에 온라인과 모바일 그리고 케이블TV에도 추월을 허용하였으며 지속적인 하락을 면하지 못하고 있다. 이는 기술과 TV 시청 환경 변화에도 기인하지만 과거 지상파TV가 최고의 위치에 있을 때 만들어진 각종 규제와 법/제도들이 빠른 환경 변화를 수용하는 개정을 못하고 있는 것에 원인이 있기도 하다. 다른 나라들의 지상파TV 광고비 점유율이 국내와 같은 하락을 보이고 있지 않는 점이 이를 입증하기도 한다.

　신문의 경우에는 전 세계가 모두 가파른 하락을 보이고 있으며, 국내의 경우도 2018년 구성비 12% 정도로 과거 가장 많은 매체비가 투입되는 매체의 위상을 잃은 지 오래이다. 국내에서 지상파TV와 라디오가 빠르게 점유율을 잃어 가고 있는 반면, 종합편성 채널을 포함하는 케이블TV[1]는 소폭 그리고 IPTV의 경우도 17% 이상의 큰 성장을 보이고 있다. 이는 최근 TV 시청 환경이 IPTV 중심으로 재편되는 현상을 반영하는 것이기는 하지만, IPTV의 경우 광고비 지출 규모는 아직 1,000억 원대 수준으로 미미한 상황이다. 새로운 기술과 함께 열릴 신유형 광고들이 활성화된다면 IPTV는 많은 가입자 확보를 바탕으로 더욱 성장 속도를 높일 수 있을 것으로 판단된다.

1　국내 유료방송TV가 케이블의 출범과 함께하였기에 이를 케이블TV라는 용어로 사용하고 있으나, 사실은 이제 용어의 조정이 필요한 상황이다.

표 1-1 국내 매체별 광고비

구분	매체	광고비(억 원)		성장률(%)		구성비(%)	
		2017년	2018년	2017년	2018년	2017년	2018년
방송	지상파TV	15,313	14,425	-11.5	-5.8	13.7	12.3
	라디오	2,777	2,503	-8.7	-9.9	2.5	2.1
	케이블TV(종편 포함)	18,455	19,632	5.5	6.4	16.5	16.8
	IPTV	994	1,163	17.5	17.0	0.9	1.0
	기타(위성, DMB 등)	2,003	1,913	10.4	-4.5	1.8	1.6
	방송 계	39,542	39,636	-2.4	0.2	35.4	33.9
인쇄	신문	14,370	14,294	-3.8	-0.5	12.8	12.2
	잡지	3,437	3,082	-9.1	-10.3	3.1	2.6
	인쇄 계	17,807	17,376	-4.9	-2.4	15.9	14.8
디지털	PC	16,245	15,924	-0.8	-2.0	14.5	13.6
	모바일	22,157	28,011	27.0	26.4	19.8	23.9
	디지털 계	38,402	43,935	13.5	14.4	34.3	37.5
OOH	옥외	3,392	3,255	-3.4	-4.0	3.0	2.8
	극장	2,280	2,213	1.3	-2.9	2.0	1.9
	교통	4,352	4,874	0.6	12.0	3.9	4.2
	OOH 계	10,024	10,342	-0.7	3.2	9.0	8.8
	제작	6,072	5,731	-5.5	-5.6	5.4	4.9
	총계	111,847	117,020	2.1	4.6	100	100

출처: 제일기획(2018) 등.

국내 매체별 광고비 점유율 변화를 과거와 비교하여 살펴보면 크게 세 가지 정도의 특징을 볼 수 있다. 가장 먼저 국내에서만 두드러진 특징은 지상파TV의 몰락이다. 지상파는 월드컵이 개최되었던 2002년 총 광고비에서 차지하는 점유율이 45.7%

로 압도적인 매체였지만, 이후 큰 감소가 지속되어 2018년에는 12.3%로 점유율 기준 2/3 이상이 감소하였다. 이러한 현상은 세계적인 추세는 아니지만 중간광고, 중소방송사 **연계판매**[2] 등 지상파TV에만 적용되는 불리한 법과 제도가 바뀌지 않고 유지된다면 더욱 추락을 가속화할 수밖에 없다. 물론 모바일 등 새로운 기술과 종합편성 채널들의 등장과 매체 환경 변화도 이러한 현상에 많은 부분 원인을 제공하였지만, 세계적으로 대만 정도를 제외하곤 보기 힘든 대폭적인 감소이기에 모든 나라가 경험하고 있는 환경의 변화로만 그 원인을 찾기는 어렵다.

두 번째는 역시 **모바일 광고**시장의 폭발적인 성장이다. 물론 모바일 매체의 급성장은 세계적인 추세이기도 하고, 국내 무선 인터넷 속도가 세계 최고인 점 등을 고려하면 당연하기도 하지만 국내의 경우처럼 빠른 성장은 찾아보기 드물다. 국내의 경우 효과에 대한 검증이 제대로 이루어지지 않은 채 유행처럼 번지는 부분도 없지 않으며, 막연하게 트렌드를 쫓는 집행도 존재한다.

세 번째는 세계 모든 국가가 겪고 있는 인쇄매체의 몰락이다. 국내 신문광고의 경우 2001년 약 40%의 점유율에서 2018년 약 12%로 감소하였으니 단일 매체로는 지상파와 유사한 상황을 보이고 있다. 잡지도 약 6%대 점유율에서 2018년 2.9%로 감소하였다. 대표적인 이유는 젊은 세대들의 인쇄매체에 대한 인기도가 모바일을 비롯한 디지털 기술들에 의해 떨어지고 있기 때문으로 분석된다. 움직이고 반응하는 대안 매체가 존재하는 상황에서 인쇄매체는 향후에도 지속적인 하락이 불가피할 것으로 전망된다.

모바일 매체의 등장과 급성장으로 최근에는 성장세가 주춤하지만 온라인 매체 광고 비중도 우리나라가 세계에서 가장 높은 수준으로 평가된다. 2013년 점유율 20%를 달성했던 온라인 매체는 모바일에 상당한 점유율을 **빼앗기고** 현재 약 14% 정도에 머물고 있으나 여전히 큰 비중을 차지하며, 옥외매체의 경우에는 큰 변화 없이 약 10%를 유지하고 있다. 매체별 광고비 비율에 대한 분석은 국내 광고주들이 **미디어**

---

2   지상파TV 광고 구매를 위해서는 의무적으로 종교방송 등 중소방송사의 광고를 일정 비율 이상 구매해야 하는 제도이다. 법적으로 명시하고 있으며, 위헌의 소지가 다분하나 현재 40년 가까이 유지되고 있다.

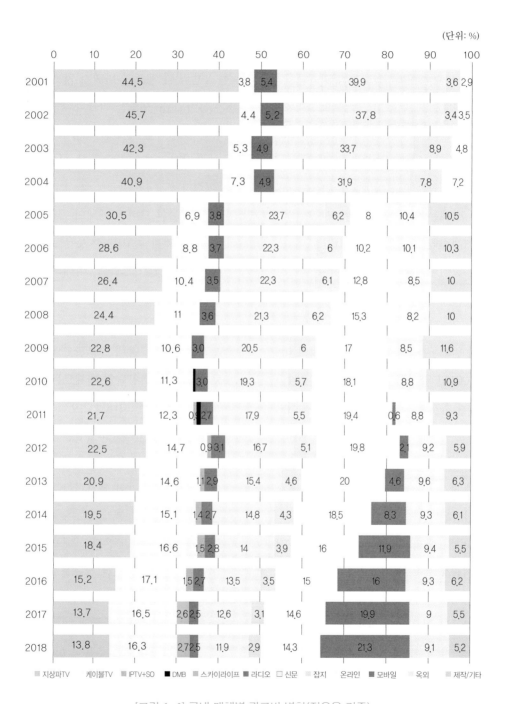

(단위: %)

| | 0 | 10 | 20 | 30 | 40 | 50 | 60 | 70 | 80 | 90 | 100 |

2001 | 44.5 | 3.8 | 5.4 | 39.9 | 3.6 | 2.9
2002 | 45.7 | 4.4 | 5.2 | 37.8 | 3.4 | 3.5
2003 | 42.3 | 5.3 | 4.9 | 33.7 | 8.9 | 4.8
2004 | 40.9 | 7.3 | 4.9 | 31.9 | 7.8 | 7.2
2005 | 30.5 | 6.9 | 3.8 | 23.7 | 6.2 | 8 | 10.4 | 10.5
2006 | 28.6 | 8.8 | 3.7 | 22.3 | 6 | 10.2 | 10.1 | 10.3
2007 | 26.4 | 10.4 | 3.5 | 22.3 | 6.1 | 12.8 | 8.5 | 10
2008 | 24.4 | 11 | 3.6 | 21.3 | 6.2 | 15.3 | 8.2 | 10
2009 | 22.8 | 10.6 | 3.0 | 20.5 | 6 | 17 | 8.5 | 11.6
2010 | 22.6 | 11.3 | 3.0 | 19.3 | 5.7 | 18.1 | 8.8 | 10.9
2011 | 21.7 | 12.3 | 0.9 2.7 | 17.9 | 5.5 | 19.4 | 0.6 | 8.8 | 9.3
2012 | 22.5 | 14.7 | 0.9 3.1 | 16.7 | 5.1 | 19.8 | 2.1 | 9.2 | 5.9
2013 | 20.9 | 14.6 | 1.1 2.9 | 15.4 | 4.6 | 20 | 4.6 | 9.6 | 6.3
2014 | 19.5 | 15.1 | 1.4 2.7 | 14.8 | 4.3 | 18.5 | 8.3 | 9.3 | 6.1
2015 | 18.4 | 16.6 | 1.5 2.8 | 14 | 3.9 | 16 | 11.9 | 9.4 | 5.5
2016 | 15.2 | 17.1 | 1.5 2.7 | 13.5 | 3.5 | 15 | 16 | 9.3 | 6.2
2017 | 13.7 | 16.5 | 2.6 2.5 | 12.6 | 3.1 | 14.6 | 19.9 | 9 | 5.5
2018 | 13.8 | 16.3 | 2.7 2.5 | 11.9 | 2.9 | 14.3 | 21.3 | 9.1 | 5.2

■ 지상파TV　■ 케이블TV　■ IPTV+SO　■ DMB　■ 스카이라이프　■ 라디오　□ 신문　■ 잡지　온라인　■ 모바일　■ 옥외　■ 제작/기타

[그림 1-4] 국내 매체별 광고비 변화(점유율 기준)

| 표 1-2 | 국내 매체별 광고비 변화(금액 기준) | | | | | | | | | | | (단위: 억 원) |

연도	지상파 TV	케이블 TV	라디오	신문	잡지	온라인	옥외	제작 기타	스카이 라이프	DMB	광고 산업 +SO	모바 일	계
2001	19,537	1,652	2,371	17,500	1,563	1,281							43,904
2002	24,394	2,345	2,780	20,200	1,807	1,850							53,376
2003	23,671	2,975	2,751	18,900	5,006	2,700							56,003
2004	22,350	3,999	2,653	17,436	4,256	3,921			31				54,646
2005	21,492	4,868	2,683	16,724	4,368	5,669	7,358	7,315	62				70,539
2006	21,839	6,721	2,799	17,013	4,591	7,790	7,737	7,711	120	19			76,340
2007	21,076	8,287	2,807	17,801	4,841	10,200	6,793	7,873	120	88			79,886
2008	18,997	8,600	2,769	16,581	4,804	11,900	6,395	7,663	95	114	53		77,971
2009	16,709	7,794	2,231	15,007	4,388	12,430	6,248	8,115	95	176	114		73,307
2010	19,307	9,649	2,565	16,438	4,889	15,470	7,494	8,881	153	271	205	5	85,327
2011	20,775	11,741	2,604	17,092	5,236	18,560	8,448	9,327	122	267	834	600	95,606
2012	22,211	14,517	3,103	16,543	5,076	19,540	9,105	5,418	130	173	890	2,100	98,806
2013	20,886	14,638	2,949	15,447	4,650	20,030	9,645	5,810	151	131	1,092	4,600	100,029
2014	19,744	15,223	2,743	14,943	4,378	18,674	9,362	5,850	192	107	1,390	8,391	100,997
2015	19,702	17,768	2,967	15,011	4,167	17,216	10,051	5,742	196	85	1,563	12,802	107,270
2016	16,576	18,655	2,890	14,712	3,780	16,372	10,091	6,425	232	60	1,586	17,453	108,832
2017	15,313	18,455	2,777	14,370	3,437	16,245	10,024	6,072		2,997		22,157	111,847
2018	14,425	19,632	2,503	14,294	3,082	15,924	10,342	5,731		3,076		28,011	117,020

출처: 제일기획(2018) 등.

믹스(media mix)를 어떻게 활용하고 있는가에 대한 명확한 설명과 함께 매체 산업 발전/쇠퇴를 볼 수 있는 가장 직접적인 자료이기에 첫 번째로 소개하였다. 이후 제시된 점유율 비교 그림을 통해 구체적인 내용은 접할 수 있다.

4. 해외 광고산업 규모와 매체별 변화

전 세계 광고비 규모 역시 최근 10년간 꾸준한 성장을 보이고 있으며, 2018년 약 5,900억 달러로 추정된다. 이는 한화로 679조 원(1,150원 환율 기준)이며, 2009년 세

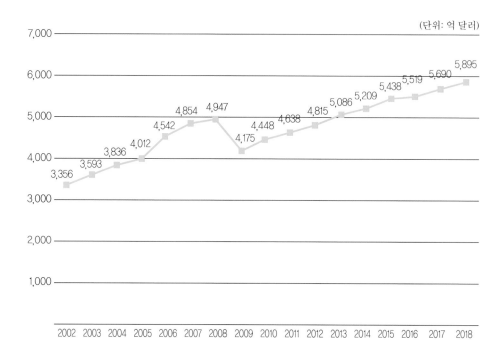

[그림 1-5] 세계 광고산업 규모 변화

출처: 제일기획(2018) 등.

계적인 경제 악화로 하락한 것을 제외하면 20년 이상 비교적 안정적인 성장을 기록하고 있다.

퍼블리시스 제니스(Publicis Zenith) 등에 의하면 2007년과 2012년 그리고 2017년을 비교한 전 세계 매체별 광고비 점유율은 [그림 1-6]에서 보여 주는 것과 같다. TV의 경우 2007년 37.3%에서 2012년 40%로 오히려 증가하였고, 2017년에는 34.5%로 10년간 큰 변화가 없었다. 반면, 인쇄매체의 경우는 큰 폭의 하락을 보이고 있으며, 특히 신문의 경우 2007년 27%에서 2012년 19% 그리고 2017년 9.8%로 매우 가파른 감소를 보였다. 잡지도 2007년 12%에서 2012년 8.5% 그리고 2017년 5.2%로 역시 큰 폭의 하락을 기록했다. 또 다른 눈에 띄는 변화는 모바일을 포함하는 온라인 광고비(인터넷이라고 표기)인데 2007년 8.5%에 불과하던 해당 광고비 규모가 2012년에는 18.3%로 그리고 2017년 무려 36.9%로 성장하여 지난 10년간 4배 이상의 크기

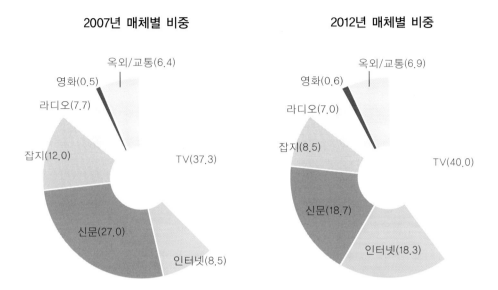

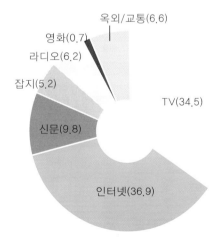

[그림 1-6] 세계 매체별 광고비 점유율 변화(2007년, 2012년, 2017년 비교)

출처: 퍼블리시스 제니스 등의 자료를 종합하여 재구성.

로 발전하였다. 이와 같은 변화는 국내뿐만 아니라 전 세계가 무선 인터넷과 모바일을 중심으로 하는 새로운 기술의 확산이 빠르게 전개되고 있음을 확인해 주고 있는데, 특히 이러한 성장이 주로 인쇄매체를 대체하고 있다.

다른 국가들의 구체적인 매체별 광고비 점유율 변화를 미국, 일본, 영국, 중국 4개국을 대상으로 살펴보면 다음과 같다. 미국의 경우 TV가 2018년 약 33%로 [그림 1-7]에서 보여 주는 것과 같이 2004년부터 2018년까지 14년 동안 큰 변화가 없다. 국내 지상파TV가 대폭적인 하락을 경험한 것과 달리 TV가 건재하다는 것이 대부분의 국가에서 발견되는 세계적인 현상이다. 미국의 경우 모바일과 인터넷을 합하여 38%의 **점유율**을 보이며, 신문의 경우 2004년 30%대에서 2018년 7.5%로 점유율이 1/4로 줄어들었다. 잡지의 경우는 신문보다는 그 하락폭이 적어 2004년 14%에서

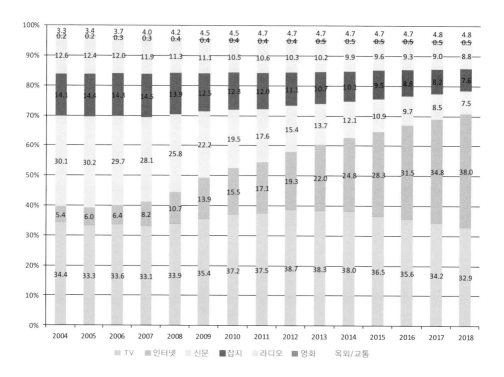

[그림 1-7] 미국 매체별 광고비 변화

출처: 제일기획(2018) 등.

2018년 7.6%로 약 1/2 수준으로 감소하였다. 미국은 전 세계 광고산업에서 차지하는 비중이 절반에 가깝다고 해도 큰 무리가 없는 규모로 미국 매체별 점유율 변화는 세계적 추세를 가장 잘 보여 주고 있다고 할 수 있다.

일본의 경우도 아직까지 TV가 2018년에도 40%대로 가장 높은 비율을 차지하고 있으며, 이는 2004년 46.8%와 비교하여 큰 폭의 하락이라 할 수 없는 수준이다. 아직까지 모바일과 인터넷을 합하여도 2018년 약 29%로 비록 최근 가장 큰 폭의 성장을 보이고 있지만 미국과 국내 상황과는 달리 40%대 점유율의 TV와 적지 않은 차이를 보이고 있다. 일본의 경우에도 신문은 2004년 24.2%에서 2018년 11.7%로 약 1/2로 감소하였으며, 잡지의 경우는 2004년과 2018년 각각 9.1%와 5.2% 점유율로 역시 적지 않은 하락을 보였다.

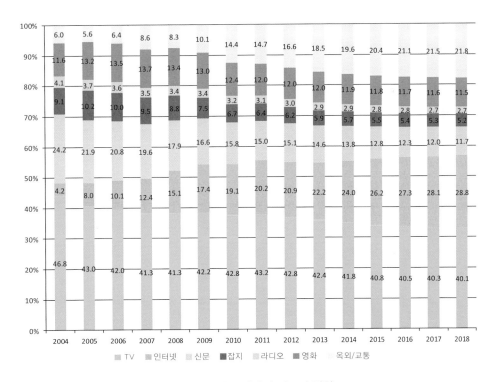

[그림 1-8] 일본 매체별 광고비 변화

출처: 제일기획(2018) 등.

일본의 경우 다른 나라들과 다른 독특한 현상은 옥외매체의 성장이다. 2004년 6%에 불과하던 옥외 및 교통 매체 광고비 점유율이 2018년 약 22%로 성장하였으며, 이는 일본이 다른 나라들과 비교하여 더 많은 옥외 및 교통 매체의 광고 활용이 존재한다는 것을 보여 준다. 실제로 일본을 여행해 본 사람이라면 거리에서 많은 옥외광고와 교통광고를 접하게 된다.

중국과 영국의 경우는 최근 6~7년의 자료만을 살펴보았다. 먼저 중국의 경우도 TV 매체가 전체 광고비의 34% 수준을 유지하고 있으며, 이는 2007년과 비교하여

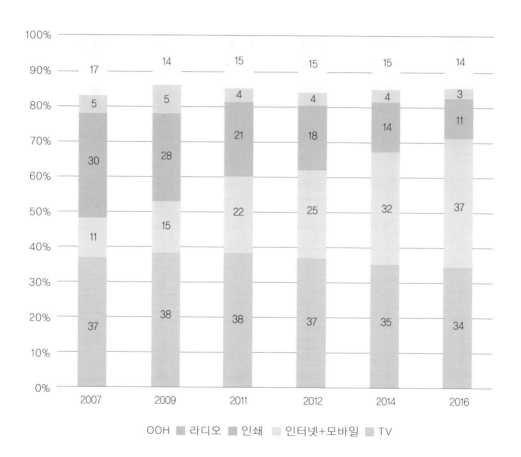

[그림 1-9] 중국 매체별 광고비 변화

출처: Mckinsey & Company(2017) 등.

3% 정도의 변화만을 갖는 것으로 역시 TV 매체가 건재함을 확인할 수 있다. 다른 국가들에서와 같이 신문과 잡지의 경우는 2007년 30%에서 2016년 11%로 약 60%대의 하락을 기록하고 있다. 역시 인터넷과 모바일을 합한 점유율이 2007년 11%에서 2016년 37%로 성장하며 가장 많은 광고비가 투입되고 있으며, 그 성장의 속도도 국내의 경우처럼 빠르다.

영국의 경우는 TV가 2011년 28%에서 2017년 23%로 소폭 감소하였으나 건재하게 유지되고 있으며, 믿을 수 없을 정도로 **인터넷**과 **모바일**이 강세를 보이고 있다. 인터넷/모바일을 합한 점유율은 2011년 30%에서 2017년 54%로 전체 광고산업 규모의 절반을 넘어섰으며, 이러한 결과는 매체별 광고비 합산과정에서 순수한 인터넷/

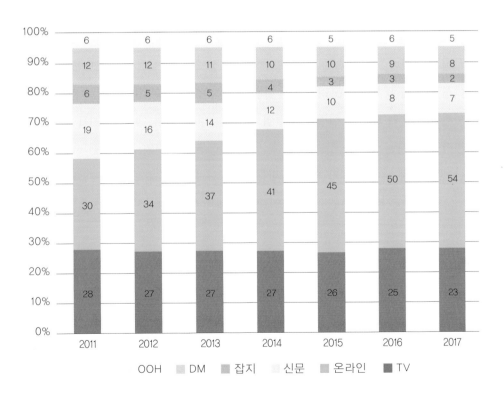

[그림 1-10] 영국 매체별 광고비 변화

출처: The Advertising Association/WARC(2018) 등.

모바일 이외에 유사한 광고 집행들도 적지 않게 포함되지 않았나 하는 합리적 의심을 갖게 한다. 그러나 어쨌든 전통적인 인쇄매체 강국이었던 영국의 경우에도 신문이 2011년 19%에서 2017년 7%로 상대적으로 작지 않은 수준의 하락을 보였으며, 잡지도 2011년 6%에서 2017년 2%로 매우 적은 비중을 갖는 매체로 전락하였다. 영국의 경우 DM(Direct Mail)의 비중이 다른 국가들에 비해 높게 집계되었는데 전체 광고비 규모에서 8~10% 수준에 달하고 있다.

물론 이와 같은 매체비 규모는 집계하는 국가와 방법 그리고 매체 구분 등에 따라 통계자료가 적지 않게 달라질 수 있으며, 전체적인 추세와 트렌드를 살펴보는 데 활용되는 것이 바람직하다. 사실 국가별 매체비 비교에서 제시된 각 나라별 광고비 집계는 그 기준이 국가별로 다르다. 예를 들어, DM을 광고 매체비에 포함하지 않는 국내 상황과 달리 미국이나 유럽 국가들은 이를 매체비에 집계하고 있다. 따라서 매체비 규모는 집계에 포함되는 범위에 따라 그리고 해당 매체를 정의하는 기준에 따라 차이를 보이며, 국내에서도 만약 광고비에 포함되지 않는 홈쇼핑 채널들의 커뮤니케이션 활동을 광고비로 고려한다면 전체 광고비가 큰 폭으로 상승할 수 있다. 그러나 이러한 집계의 변화는 실질적인 산업 성장과는 무관하며, 보여 주기를 위한 상징적 의미 외에 다른 의의를 찾기 어렵다. 국내의 경우도 광고와 프로모션 사이에서 모호한 광고들에 대한 집계가 어떻게 다루어지느냐에 따라 통계자료는 달라질 수 있으며, 각각의 숫자보다는 큰 그림을 이해하는 데 도움이 되길 바란다.

5. 광고매체의 경쟁과 도전

앞서 언급한 것과 같이 광고산업은 전 세계적으로도 비교적 빠른 성장을 보여 주고 있으며, 주요 국가들의 광고산업 규모는 국가별 GDP(Growth Domestic Product: 국내 총생산) 대비 약 1~2% 수준을 보이고 있다. 앞서 제시한 4개국의 예를 보면 영국의 경우 1.12%, 미국 1.05%, 일본이 0.93%인 반면, 우리나라의 경우는 0.68%임을 알 수 있다. 이는 우리 광고산업 규모가 세계 다른 나라들의 그것과 비교하여 상대적으로 낮다는 것이며, 세계 경제 규모별 광고산업이 차지하는 비율과 비교하여 아직은 성장 여력이 존재한다는 것을 의미한다. 물론 우리나라의 산업구조가 좁은 국토 면적 등에 기인하여 내수가 아닌 수출 중심의 산업구조를 갖는다는 점을 어느 정도 인정하여도, 0.6%대의 GDP 대비 광고산업 비율은 지나치게 낮다. 해외 국가들의 평균 비율인 약 1% 정도만 되어도 현재 0.68%와 비교하여 0.32% 차이로 큰 의미를 가질 수 있다. GDP 대비 비율이 0.1% 높아지면 국내에서 약 1조 원 크기의 산업 성장을 의미하기 때문이다. 예를 들어, 0.9%로 GDP 대비 광고산업 규모의 비율이 높아진다면 약 2.2조 원의 새로운 시장이 산업에 형성된다는 것을 의미하는 것이다. 따라서 아직 국내 광고산업은 적지 않은 성장 여력을 갖는다고 얘기할 수 있다. 그러나 현실은 상업적 커뮤니케이션이라는 태생적 한계로 성장에 많은 제약을 받고 있으며, 비합리적인 규제 완화가 적절하게 이루어지지 않는다면 이러한 여력이 발휘되기 어려운 것 또한 사실이다.

표 1-3 각국의 매체별 구성비, 광고비 및 GDP 대비 비율 (단위: %)

광고매체		한국	미국	영국	일본
4대 매체	TV	32.8	34.2	25.6	40.3
	라디오	2.5	9.0	2.9	2.7
	신문	12.6	8.5	10.5	12.0
	잡지	3.1	8.2	4.3	5.3
옥외		9.0	4.8	5.3	21.5
인터넷/모바일		34.5	34.8	43.8	28.1
DM		0.0	2.2	7.8	7.5
광고비 총합(억 원)		102,407	2,092,692	31,342	492,861
GDP 대비 비율		0.68	1.05	1.12	0.93

출처: 제일기획(2018) 등.

미디어 산업은 대부분의 수입을 광고에 의존하고 있다. 광고가 없다면 TV 수신료는 수십만 원에 달할 것이며, 모바일 콘텐츠 사용료 또한 별도로 수만에서 수십만 원을 지불해야 할 수밖에 없다. 따라서 미디어 산업은 양질의 콘텐츠 생산과 유통을 위해 더 많은 광고 유치에 사활을 건 경쟁을 피할 수 없다. 물론 각각의 미디어가 객관적으로 평가받고, 그에 합당한 매출을 올리는 광고 선진국들의 경우는 정량적인 매체 판단의 근거가 준비되어 있지만, 아쉽게도 국내 광고산업은 아직까지 이런 자료와 평가는 매우 제한적인 수준이다.

따라서 국내의 경우 이러한 매체 간 경쟁이 더 치열할 수밖에 없지만, 모든 미디어 산업이 생각하는 것처럼 광고 집행을 위한 광고주 쟁탈전에서는 매체별 제로섬(zero sum) 싸움의 형태만 존재하는 것은 아니다. 다시 말해, 매체별 효율성과 효과를 고려하는 광고비 자체의 투자 증가를 기대할 수 있다. 앞서 언급한 것과 같이 국내 GDP 규모를 고려할 때, 아직 우리 광고산업은 성장 여력이 존재하며, 이를 위해 광고효과에 대한 검증과 광고투자에 대한 ROI(Return On Investment) 분석 그리고 과도하고 비합리적인 규제 완화 등이 동반된다면 세계적인 기준과 어깨를 같이할 수 있으며, 이 경우 모든 매체의 동반 성장도 기대할 수 있다.

또한 광고 집행을 위한 광고주 확보 경쟁이 미디어 산업 내에서만 일어나는 것도 아니다. 전체 마케팅 커뮤니케이션의 관점에서 본다면 다른 마케팅 커뮤니케이션 도구들과의 경쟁도 불가피하다. 이는 우리의 커뮤니케이션 기술과 채널이 더욱 다양해지고 발전하며 광고가 아닌 다른 커뮤니케이션 도구들의 사용이 더욱 활발해지기 때문이기도 하다. 사실 대표적인 이유는 브랜드 매니저(Brand Manager: BM)들의 등장과 무관하지 않은데, 광고가 효과 발생에서 다소 시간을 필요로 하는 시차가 있는 커뮤니케이션 방법이라면 상대적으로 빠른 효과가 동반되는 SP(Sales Promotion)에 대한 투자 증가는 뚜렷이 보이고 있다. 이는 당장 실적을 보여 주어야 하는 BM들이 장기적인 투자 효과를 갖는 광고보다는 여러 가지 SP 전술에 보다 투자를 늘리는 추세를 반영한다. 이러한 상황은 광고 집행을 위한 미디어 산업이 매체 간 싸움에 여력을 소모하기보다는 건전한 제도 개선 등으로 함께 시너지(synergy)를 발휘할 수 있는 체제로 변모해야 하는 당위성을 제시하고 있다. 이제 광고 미디어 산업은 매체 간 경쟁에서 살아남기 위해 물불을 가리지 않는 전쟁터라는 오명을 벗고, 급변하는 기술적 변화와 함께, 통합적 마케팅 차원에서 함께 공생할 수 있는 시대적 변화를 감지해야 할 것이다.

물론 언급한 이상적인 발전은 현실에서는 매우 힘들지만, 빠른 환경 및 기술의 변화를 인지하고 대처하는 것은 반드시 필요하다. 세계 광고비 매체별 점유율에서도 보여 주듯이 새로운 기술로 무장한 뉴미디어들의 등장은 소비자들에게 선택의 폭을 혁신적으로 넓혀 주고 있다. 예를 들어, 국내 TV 상황만을 보아도 불과 20년 전만 해도 절대적인 점유율을 가졌던 지상파TV는 이제 케이블TV와 IPTV, 위성TV 그리고 각종 OTT(Over The Top) 플랫폼(platform)들을 포함하여 무한대의 경쟁자를 갖게 되었다. 특히 인터넷 방송 등의 출범은 이제 더 이상 TV는 한정적인 채널을 갖는 매체가 아니며, 무한대의 채널을 갖는 완전 개방형 매체 구조를 갖는 패러다임 전환을 맞고 있다.

이렇게 선택의 폭과 양이 크게 증가하고 있는 상황에서, 광고주들은 어떻게 매체를 선택하고 있을까? 앞서 언급한 객관적인 평가기준과 데이터가 있다면 이는 매우 심플한 일이 될 수 있지만, 아쉽게도 국내 상황은 그렇지 못하다. 2017년 국내 광고주들을 설문조사한 결과는 가장 중요한 선택의 기준으로 시청률 등의 노출규모를 고려하고 있었으며, 다음으로 매체의 **커버리지** 그리고 요금의 효율성 등의 순이었다. 최근 국내의 경우 뚜렷한 근거나 데이터에 대한 검증과정 없이 모바일 매체의 무조건적 선호가 나타나기도 하지만, 조사 결과는 노출량에 대한 컨트롤 가능 여부나 트렌드 등에 대한 반영보다는 전통적이고 객관적인 노출과 평가지표들을 활용하고 있었다. 다시 말해, 결국 미디어 산업의 경쟁과 발전은 좋은 콘텐츠를 생산하여 많은 사람들에게 선호되는 것이 최우선이며, 그와 함께 효율적이고 합리적인 요금제도를 갖는 것도 필요하다. 안타깝게도 국내 광고산업은 아직 요금제도나 대행사 보상제도 등이 세계적 기준과 거리가 멀다. 이러한 개선들이 우선되지 않는다면 미디어 산업의 건전한 경쟁과 이를 통한 발전은 요원할 수밖에 없다는 점을 다시 강조한다.

표 1-4 광고매체의 선택 기준(2017년 조사, N=188명)

문항	1순위	2순위	3순위	합계	순위
시청률/청취율 등의 노출 규모	89	50	13	704	1
매체의 커버리지	85	44	22	689	2
광고요금의 효율성	30	45	36	507	3
매체 신뢰도	39	25	35	453	4
수용자의 매체 몰입도	17	21	26	302	5
업계 내 미디어 활용 트렌드	13	14	15	227	6
광고효과에 대한 보장판매 여부	9	9	21	197	7
광고 노출량 컨트롤이 용이한 매체 우선으로	6	6	16	154	8
광고 크리에이티브 표현의 자율성과 한계	2	4	13	97	9
해당 매체의 광고규제 정도	-	2	9	69	10
타깃에 적정한 매체 선택	1	-	-	5	11
광고예산과 목표에 맞는 매체 선택	1	-	-	5	11

* 합계점수의 경우 1순위 가중치 5점, 2순위 가중치 4점, 3순위 가중치 3점, 4순위 가중치 2점, 5순위 가중치 1점을 부여하여 합산한 결과이다.

지금까지 국내/외 미디어 산업의 규모와 변화 추세 등에 대해 살펴보았고, 제한적이지만 발전을 위한 제언도 제시하였다. 광고에 대한 이해를 위해서는 다양한 미디어 산업에 대한 이해가 필수적이며, 따라서 광고의 매체뿐만 아니라 기획과 크리에이티브 등 어떤 분야를 공부하더라도 이러한 지식은 기초가 될 것으로 판단된다. 비록 이 장에서 미디어 산업 전반의 충분한 정보를 다루고 있지는 못했으나, 다음 장부터는 각각의 매체에 대한 더욱 구체적인 소개가 이어지며, 이를 통해 보다 과학적이고 합리적인 광고 집행을 위한 과정에 대해 이해할 수 있기를 기대한다. ■

제2장

광고효과에 대한 이해

김효규(동국대학교 광고홍보학과 교수)

◈◈◈

    광고주들이 많은 비용을 들여 광고를 집행하는 이유는 광고를 통한 효과를 기대하기 때문일 것이다. 하지만 광고를 집행하는 브랜드가 처해진 상황은 모두 다르기 때문에 기대하는 목표 및 효과 역시 같을 수만은 없을 것이다. 여기서 우리는 광고 집행을 통해 기대할 수 있는 효과를 어떻게 바라보고 있는지에 대해 논의할 것이다. 기대하는 광고효과에 따라 광고주들은 구체적인 목표를 설정할 수 있고, 또 목표 달성 여부를 확인하기 위하여 측정 역시 다양한 방법으로 준비할 것이다. 이 장에서는 다양한 광고효과에 대해 고찰해 보고 특히 광고 집행에 따른 매체효과의 관점에 주목하여 살펴보고자 한다. 다양한 이론적 배경과 함께 미디어 발전에 따른 효과를 바라보는 시각의 변화 역시 살펴보고자 한다.

1. 광고를 바라보는 관점

    응용 학문으로서의 광고학은 여러 학문 분야에 기반을 두고 발전해 오고 있다. 마케팅에 기초한 판매 촉진 수단의 일환으로서의 광고 그리고 커뮤니케이션에 기초한 설득적 메시지의 송수신 관점에서 광고를 바라볼 수 있다. 또한 광고의 목표 대상인 소비자의 심리 분석 역시 광고학 발전에 중요하게 작용하고 있어 크게 마케팅, 커뮤니케이션 그리고 소비심리학을 기초로 광고학이 발전해 왔다. 물론 광고 제작에 필수적인 디자인 등의 영역도 광고학 발전에 많은 역할을 하고 있지만, 이 장에서는 크게 마케팅과 커뮤니케이션의 관점에서 바라보는 광고효과에 대해 살펴보겠다.

1) 마케팅 관점

광고를 바라보는 시각은 광고의 정의를 살펴보는 것에서 출발할 수 있다. 오랫동안 국내 광고학계와 광고업계에서는 1963년 미국마케팅학회(American Marketing Association: AMA)에서 정의한 내용을 기본적으로 받아들여 왔다. 미국마케팅학회에서는 광고를 "명시된 광고주가 유료로 아이디어와 제품 및 서비스를 비대인적으로 제시하고 촉진하는 일체의 형태(Advertising is any paid of nonpersonal presentation and promotion of ideas, goods, services by an identified sponsor.)"로 정의하고 있다. 이 정의에 따르면 광고는 대가 없이 진행되지 않고 매체 등에 일정 비용을 지불하는 유료 형태로 진행되며, 직접 사람들에게 전달하는 방식이 아닌 매체 등을 이용하여 간접적인 수단을 이용하며 전달하며, 광고주가 구체적으로 나타나야 하는 등의 특징을 갖고 있다. 하지만 여기에서는 광고를 제품이나 서비스의 제시(presentation) 혹은 촉진(promotion) 수단으로 보고 있다는 점을 강조하고 싶다. 이는 미국마케팅학회가 인쇄물이나 방송 등을 통해 흔히 접하는 광고 형태는 물론 그외 다양한 형태의 촉진 방안까지 포함해 광고를 폭넓게 정의하고 있다는 것을 알 수 있다. 정의의 주체가 마케팅학회이기 때문이기도 하지만 1960년대의 광고는 아직 학문으로나 실무적으로 독자적인 위치를 자리 잡고 있지 않은 탓도 있을 것이라 여겨진다.

같은 맥락에서 비슷한 시기의 마케팅의 **4P 전략**을 살펴봄으로써 광고에 대한 시각을 살펴볼 수 있을 것이다. 1960년대 제롬 매카시(Jerome McCarthy) 교수가 창안하고 필립 코틀러(Philip Kotler)가 제안한 마케팅 믹스(marketing mix)로 유명해진 4P 전략은 마케팅 전략 구성 요소로 제품(product), 가격(price), 유통(place), 촉진(promotion)의 적절한 활용을 제안한다. 이 중 광고는 홍보, 판매, 직접 판매 등과 함께 촉진 요소를 구성하는 주요한 수단으로 작동한다고 보았다. 이처럼 마케팅 학자들의 관점에서는 광고를 판매 촉진 수단의 일환으로 파악하고 있으며 결과적으로 광고의 궁극적인 목적은 제품의 판매 증진으로 한정된다. 고전적인 관점에서 마케팅의 궁극적인 목적이 제품 판매를 통한 이익의 극대화라고 한다면, 광고 역시 판매 촉진을 위한 하나의 수단에 지나지 않게 된다.

이러한 관점에서 국내 광고홍보학과의 시작 역시 마케팅 분야에서 출발한 것은 전혀 이상할 것이 없다. 하지만 이러한 관점을 고수한다는 것은 광고학의 독자적인 영역 확장에 한계를 가져다줄 수밖에 없을 것이다.

2) 커뮤니케이션 관점

광고란 결국 광고주가 소비자에게 전달하는 메시지라는 관점에서 본다면 이는 전달하는 내용만 다를 뿐 일반적인 커뮤니케이션 구조를 그대로 따르게 된다. 고전적 커뮤니케이션 모델을 제시한 라스웰(Lasswell, 1948)은 SMCRE라는 구성요소로 [그림 2-1]과 같이 누가, 무엇을, 어떤 채널을 통해, 누구에게 말해, 어떤 효과를 가져왔는가 하는 방식으로 커뮤니케이션 과정을 설명하고 있다.

훗날 섀넌과 위버(Shannon & Weaver, 1949) 등에 의해 원활한 커뮤니케이션 흐름을 방해하는 **잡음**(noise)이라는 개념과 **피드백**(feedback)이라는 개념 등이 추가되는 등 커뮤니케이션 모델이 지속적으로 발전하고는 있지만 라스웰의 모형은 가장 직관적이며 기본적인 커뮤니케이션 과정을 잘 설명하고 있다.

라스웰의 모델에 광고 상황을 접목시켜 보면, 송신자(sender)는 메시지 전달의 주체인 광고주이다. 송신자의 역할은 메시지(message)를 소비자인 수신자(receiver)가 잘 이해할 수 있도록 부호화(encoding)하여 전달하는 역할을 한다. 이를 광고 상황

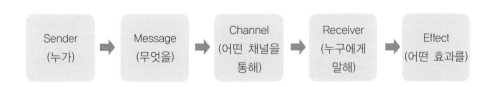

[그림 2-1] 라스웰(1948)의 커뮤니케이션 모델

으로 설명하자면 광고주는 타깃 오디언스의 니즈(needs)를 파악하여 이에 적합한 광고전략과 크리에이티브를 개발하는 등 광고 메시지를 제작하여 전달하는 역할을 하는 것으로 이해할 수 있다. 수신자는 메시지를 받는 사람이나 조직으로, 광고의 경우 타깃(target) 소비자가 될 것이며, 메시지는 설득적인 성격을 띠고 있다. 커뮤니케이션 모델에서 설명하는 효과(effect)는 기본적으로 이해를 바탕으로 한다. 송신자와 수신자는 상호 이해를 바탕으로 대화를 이어 나가는 방식으로 커뮤니케이션을 전개한다. 하지만 커뮤니케이션 관점을 지지하는 광고학자들은 효과를 단순한 이해라기보다는 이해를 통한 '설득'에 초점을 맞추고 있다. 단순한 이해가 아닌 보다 적극적인 설득을 통해 구매 행위와 같은 다음 단계로의 진행을 기대하기 때문이다. 따라서 메시지의 성격은 설득적으로 구성된다고 여기고 있다.

2. 매체 기획에서의 광고와 광고효과

1) 광고효과의 출발점

광고는 소비자에게 전달이 되어야 그 효과를 기대할 수 있다. "구슬이 서 말이라도 꿰어야 보배"라는 속담이 있듯이 아무리 좋은 광고제작물이라도 소비자들에게 전달되지 않으면 무용지물이 되고 말 것이다. 마찬가지로 아무리 많은 전달과정이 있어도 그 내용이 좋지 않다면 소비자들에게 외면받기 마련일 것이다. 광고적인 측면에서 바라본다면, 전달을 담당하는 수단이나 그릇이 매체이고 담긴 내용을 담당하는 것이 제작, 즉 크리에이티브이다. 좋은 광고 제작물을 적절하게 소비자들에게 전달하였을 때 광고효과를 기대할 수 있게 되는 것이다.

이러한 관점에서 광고효과를 단순화시키자면 제작과 매체의 결합으로 이루어진다고 할 수 있을 것이다. 이와 같은 맥락에서 미국광고연구재단(Advertising Research Foundation: ARF, 1961)에서는 광고 반응과정을 [그림 2-2]와 같이 6단계로 구분하

[그림 2-2] ARF(1961)의 광고 반응 모델

여 제시하고 있다.

ARF의 **광고 반응 모델**은 비히클 배분에서 광고 노출까지의 역할을 매체가 담당하고 이어서 광고 지각부터 판매 반응에 이르기까지는 제작, 즉 크리에이티브가 담당하게 된다고 설명한다. 비히클(vehicle: 광고가 실리는 매체의 최소 단위) 배분은 광고주가 TV나 신문 등의 매체에 광고를 적절히 배분하여 집행하는 것을 이야기하며, 비히클 노출은 집행된 비히클에 소비자가 노출되는 경우를 말하는 것이다. 광고 노출의 경우 TV 프로그램이나 신문에 집행된 광고에 소비자가 노출되는 경우를 설명하고 있으며, 소비자들은 현실적으로 노출된 모든 비히클의 광고에 노출되기 어렵기 때문에 광고 노출의 숫자는 비히클에 노출된 숫자보다 적게 될 것이다. 광고효과 측면에서 매체의 역할은 여기까지이다. 즉, 매체는 소비자들에게 광고를 노출 (exposure)시키는 데 그 주된 역할이 있으며, 이어서 노출된 광고에 대한 소비자의 지각부터 판매 반응이 일어나는 과정까지는 크리에이티브가 그 역할을 담당하게 된다고 모형은 설명하고 있다. 광고 지각의 경우는 광고에 노출된 사람들 중 광고를 인식하게 되는 것을 말하며, 광고 커뮤니케이션의 과정은 광고에 노출된 사람들 중 단순히 광고를 인식하는 수준을 넘어 노출된 광고를 통해 뭔가 새로운 정보를 얻거나 혹은 감정적인 변화를 불러일으키는 과정을 설명하고 있다. 이와 같은 광고 커뮤니케이션 반응에 이어 최종적으로 구매와 같은 판매 반응을 유도한다고 ARF 모델은 설명하고 있다. 추가적으로 처음 비히클 배분과정에서부터 판매 반응과정에 이르기

까지 노출 혹은 반응하는 사람의 수는 점차 줄어들고 있을 것이다. 이 모델 역시 최
종 효과를 판매 반응으로 보고 있다는 점은 흥미롭다. 훗날 하비(Harvey, 1997) 등에
의해 ARF 모델은 상호작용 반응, 충성도 등을 포함하여 점차 확장되어 제시되고는
있지만 판매에 대한 반응은 여전히 중요한 요소로 제시되고 있다.

  광고를 집행하는 입장에서는 최대한 많은 사람에게 그들이 만든 광고물이 전달되
기를 기대하며 비히클에 배분한다. 하지만 배분된 광고를 접하고 반응하는 것은 소
비자의 몫이다. 따라서 광고 집행에 따른 판매 혹은 매출의 관계는 쉽게 파악되기
어렵다. 광고를 집행과 노출이 일어나고 난 뒤 판매로 연결되는 과정을 설명하려는
많은 학자가 있었지만, 실제로 그 과정 사이에는 수많은 고려요소가 존재하기 때문
에 쉽게 결론짓기가 어려운 것이 사실이다. 예를 들어, 최고급 승용차 광고를 보고
그 광고가 아주 마음에 들었지만 누구나 당장 달려가 그 자동차를 구매하는 것은 쉽
지 않은 일일 것이다. 물론 어렵다고 시도조차 하지 않는 것은 학문적으로나 실무적
으로나 바람직한 태도는 아닐 것이다. 주로 경제수리학에 기초를 둔 광고학자들은

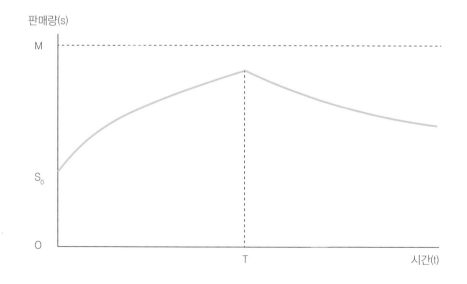

[그림 2-3] 판매와 광고 반응 모델

출처: Vidale & Wolfe (1957), p. 378.

광고비와 매출의 관계에 관한 많은 연구 업적을 남겨 주었다.

대표적으로 광고-매출의 반응 함수를 구하는 작업들을 많이 하고 있는데, 고전적인 모델로 비델과 울프(Vidale & Wolfe, 1957)가 정리한 판매와 광고 반응 모델을 [그림 2-3]과 같이 제시할 수 있을 것이다. 이 모델은 광고 집행에 따른 매출의 증가가 일정 정도 형성되는데, 시간이 흘러 일정 시기(T)를 지나면 광고를 지속해도 판매량이 늘지 않는다는 것을 보여 주고 있다.

물론 현대에 와서는 보다 정교해진 수학적 모델링 작업으로 광고와 판매 반응식을 제시하고는 있다. 대표적인 광고비와 매출의 함수식은 [그림 2-4]와 같다. 하지만 제품이나 브랜드가 처해진 상황이나 타깃의 성격에 따라 광고 반응 곡선의 형태나 기울기가 다르게 나타나 모든 곳에 적용할 수 있는 일반화의 과정에 많은 어려움이 있는 것도 사실이다. 광고비와 매출에 관한 함수식은 어떤 이론적 근거에 의해 도출되는 것이 아니라 주어진 광고비와 매출에 관한 자료에 따라 통계적으로 가장 설명력이 우수한 함수식를 선택하는 과정을 거치게 된다. 실무 영역에서는 타깃별로 가장 적절한 함수식을 구하여 광고비와 매출의 관계에 대해 분석하여 사용하고 있으며, 비교적 정확한 수치를 예측하여 의사결정과정에 도움을 주고 있다.

과연 판매에 영향을 미치는 광고의 역할에 대한 효과를 직업적으로 측정하는 것이 타당한가에 대한 논쟁은 지속되어 왔다. 이 와중에 미국광고주협회(Association of National Advertisers: ANA)의 의뢰를 받은 콜리(Colley, 1961)는 DAGMAR(Defining Advertising Goals for Measured Advertising Results)라는 개념을 제안하며 광고 관리의 차원에서 '광고 집행의 목표를 구체적인 광고효과의 측정 가능한 수준에서 결정'하자고 제안한다. 즉, 광고주들이 희망하는 구체적인 결과물인 판매 반응 수준에 이르기까지 광고목표를 설정하게 되면 이상적일지는 몰라도 현실적으로 매우 어렵다는 점을 받아들여 측정 가능한 수준인 커뮤니케이션 차원에서의 반응까지를 광고목표로 삼을 것을 제안한다. 콜리의 제안은 추후 많은 광고학자에게 현실적인 대안으로 받아들여져, 현재 광고 집행에 따른 영향력 평가는 대부분 커뮤니케이션 차원의 반응에 한정하여 측정되고 있다.

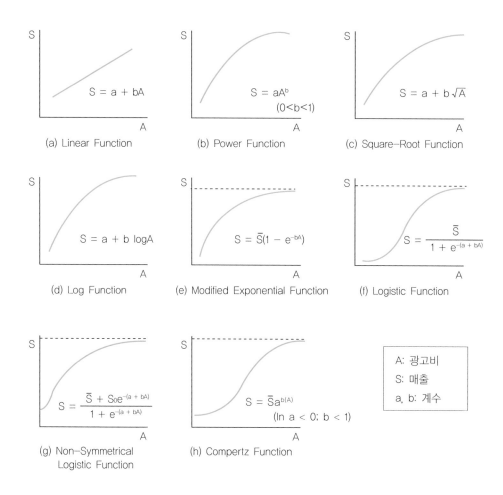

[그림 2-4] 대표적인 광고와 판매 반응 함수

출처: Leckenby & Wedding (1982), p. 282.

2) 광고의 위계효과

전통적인 관점에서 광고효과는 단계적 혹은 위계적(hierarchy)으로 제시되고 있다. 주목(Attention), 관심(Interest), 욕구(Desire), 구매 행동(Action)의 앞머리글자를 딴 AIDA 모델이 가장 대표적이며 많이 알려져 있다. **AIDA 모델**은 1898년 미국 생명보험 판매 사원이었고 훗날 미국 광고 명예의 전당에 헌액이 된 루이스(Lewis)가 효과적인 판매전술을 모형화한 것으로, 이후 위계적 광고효과 모델의 기초로 작용하고 있다. 사람들은 새로운 정보를 접하게 되면 관심을 갖게 되고 이후 욕구가 생겨 이 욕구를 충족시키기 위해 구매 행동으로 이어진다는 것이다. 이후 이 모형은 지속적인 발전을 거듭하다 데보(DeVoe, 1956)에 의해 기억(Memory) 단계가 추가되어 AIDMA로 전개되었으며, 앞서 DAGMAR로 소개되었던 콜리(1961)에 의해 ACCA(Awareness, Comprehension,

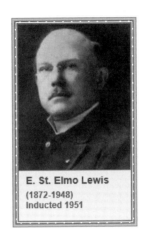

E. St. Elmo Lewis
(1872-1948)
Inducted 1951

[그림 2-5] AIDA 모델을 제시한 루이스
출처: 미국 광고 명예의 전당.

Conviction, Action)로 변형, 발전되기도 하였다. 위계효과 모델은 광고효과를 소비자가 광고를 접했을 때 경험하는 브랜드에 대한 일련의 인지적(cognitive), 감정적(affective), 행위/동기부여적(conative/motivational) 반응 차원과정으로 설명할 수 있다. 래비지와 슈타이너(Lavidge & Steiner, 1961)는 광고를 접하고 해당 브랜드를 인지하고, 브랜드에 대한 정보를 습득하며, 브랜드에 대한 우호적인 감정을 가지고, 다른 브랜드에 비해 해당 브랜드를 선호하며, 브랜드의 구매에 대해 확신을 가지고, 마지막으로 해당 브랜드를 실제로 구매하는 단계로 진행되는 과정을 인지(awareness), 지식(knowledge), 호감(liking), 선호(preference), 확신(conviction), 구매(purchase) 등 6단계로 개념화하였다. 그들은 이들 6단계 중 인지와 지식은 소비자의 인지적(cognitive) 차원으로 분류하고, 호감과 선호는 감정적(affective) 차원으로 그리고 확신과 구매는 행동적(conative) 차원으로 설명하고 있다. 이 세 가지 차원은 전통적인 광고효과 분석에서 매우 중요한 틀로서 작용하고 있으며, 위계효과 모형에서 제시하는 각 단계에 대한 소비자 반응인 브랜드 인지, 지식, 태도, 구매 의도 등은 광고효과 측정의 기본 단위로 사용되고 있다.

　모바일 인터넷이 보편화된 현재에 이르면서, 미디어 환경 변화에 발맞추어 위계효과 이론도 발전하고 있다. 최근에 이르러서는 검색(Search)과 공유(Share) 단계가 새롭게 추가되면서 AISAS 모형으로 발전하였다. AISAS는 주목(Attention) → 관심(Interest) → 검색(Search) → 구매 행동(Action) → 공유(Share)의 앞 머리글자를 따고 있으며, 소비자들이 광고에 노출된 후 관심이 생기면 인터넷 검색을 통하여 정보를 수집하고, 구매 행동 등을 취하며 그 후 자신의 브랜드 경험을 SNS 등을 통하여 다른 사람들과 공유하는 인터넷 중심의 미디어 소비 패턴을 잘 설명해 주고 있다. AISAS 모델은 기존의 매스미디어 중심의 전통적인 위계효과 모델인 AIDMA의 발전된 형태로 볼 수 있으며, 인터넷 및 SNS와 같은 뉴미디어 환경에 적합한 검색과 공유 등이 추가된 모델이라고 평가할 수 있다.

　학문적, 실무적인 유용성에도 불구하고 광고 노출부터 구매에 이르기까지, 즉 제품에 대한 정보 습득, 합리적인 이해를 바탕으로 제품을 평가하고 태도를 형성하여 구매를 결정하는 이성적이며 능동적인 의사결정자로서의 소비자를 상정하고 있다는 비판도 위계효과 모델에 가해지고 있다. 웨일베이처(Weilbacher, 2001)는 저관여 상황과 같이 단순 호감으로 인한 구매나 혹은 제시된 단계의 순서가 바뀌거나 특정 단계가 생략될 수 있다는 가능성에 대해 지적하고 있다. 이 지적은 타당한 것으로 추후 학자들에게 받아들여져 광고효과 연구에서 인지적, 정서적, 행동적 반응을 기본 지표로 활용하되 정형화된 위계로 획일적으로 적용하기보다는 제품이나 메시지 등 다양한 관련 변수의 영향을 고려하여 광고효과 과정을 보다 유연하게 개념화하는 방향으로 진행되고 있다.

3) 노출의 누적효과

　앞서 ARF 모델에서도 제시되었듯이 광고 노출은 효과 발생의 시발점이다. 광고 노출에 관한 본격적인 논의는 1959년 질스키(Zielske)의 연구에 의해 촉발되었다고 볼 수 있다. 질스키는 동일한 광고 집행 횟수를 노출 시기를 달리한 집행 스케줄에 따라 소비자들의 광고 회상률이 어떻게 달라지는가를 실증적으로 보여 주고 있다. [그림 2-6]에서 볼 수 있듯이, 총 13회의 광고 집행을 일주일 간격으로 제시했을 때와 4주간의 간격으로 집행했을 때의 광고 기억 비율이 달라지고 있음을 보여 주고 있다. 연구 결과, 일주일 간격으로 광고에 노출된 주부들은 4주간의 간격으로 노출된 주부에 비해 훨씬 빠른 광고 회상률을 보이는 반면, 광고 집행이 끝난 후 회상률이 급격하게 하락하는 형태를 보이고 있다. 반면, 4주간의 간격으로 광고에 노출된 주부들은 광고 회상률이 상대적으로 느리지만 톱니바퀴 형태로 꾸준한 상승률을 보이는 결과를 제시하고 있다. 같은 금액으로 1년간 총 13회의 광고를 집행한다고 가

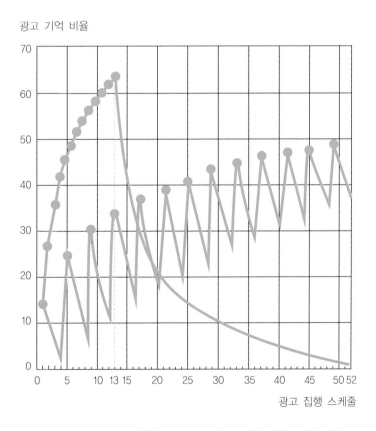

[그림 2-6] 스케줄 차이에 따른 주별 광고 기억 비율(13회 노출)
출처: Zielske (1959), p. 240.

정했을 때, 간격에 따른 반복 노출의 결과가 이렇게 달라질 수 있다는 점을 실증적
으로 보여 주었다는 점에서 광고 노출효과 분야에서 매우 의미 있는 연구라고 할 수
있다.

　질스키가 제시한 노출에 관한 실증적 연구는 추후 반복적 노출에 대한 연구를 촉
발했으며, 학계는 물론 광고업계의 입장에서는 적절한 수준의 노출 횟수를 구하는
것이 매우 중요하다. 광고 노출은 다름 아닌 비용으로 연결되기 때문이다. 1972년
광고학계에 매우 주목할 만한 논문이 심리학자인 크루그만(Krugman)에 의해 발표
되었다. 흔히 '3-Hit 이론'으로 불리는 크루그만의 주장은 반복적인 광고 노출의 효과
를 개념화하여 광고효과 발생에는 최소 3단계의 과정을 거친다고 주장하였다. 3단
계에 걸친 노출과정을 심리적으로 정리하자면, 단계적으로 호기심(curiosity), 인지
(recognition) 혹은 평가(evaluation), 결정(decision)의 과정을 거친다. 첫 번째 노출
단계는 노출된 광고에 대해 "저 광고(혹은 제품)는 뭐지(what is it)?" 하는 호기심을
가지는 인지적 반응이 일어나는 단계이다. 두 번째 노출단계는 "저 제품은 어떤 것
이었지(what of it)?" 하며 기존의 브랜드 인지를 바탕으로 이 브랜드가 자신에게 어
떻게 사용될 수 있을지 궁금해하며 소용이 있을지 여부를 평가하는 단계이다. 마지
막 세 번째 노출단계는 그 브랜드나 제품이 나에게 필요하다고 여겨 구매해야겠다는
결정을 내리거나 혹은 나에게는 관계없는 것이니 더 이상 관심을 두지 않게 되는 결
정의 단계라고 설명한다. 크루그만의 주장은 광고효과 발생을 위해서는 광고 노출량
이나 횟수와는 무관하게 세 단계를 거친다는 심리적인 과정을 설명하고 있지만, 실
무적인 차원에서는 각 단계별로 최소한 한 번의 광고 노출이 필요하다는 전제하에
광고 노출의 최소 수준을 '3회 이상'으로 정하여 캠페인 계획을 수립하고 있다. 물론
여기에는 광고 크리에이티브에 대한 논의는 배제되어 있으며, 크루그만이 주장했던
시기와 지역이 지금 우리가 살고 있는 현실과는 완전히 동떨어진 것이라는 등의 반
론은 얼마든지 있을 수 있다. 현재 한국을 비롯한 전 세계의 광고업계는 이 3단계 과
정에 기초해 소비자들에게 필요한 최소한의 노출 수준을 일반적으로 3회 이상으로
보고 있다. 따라서 1회 혹은 2회의 반복 노출은 광고효과가 발생하기 위한 최소한의

수준, 즉 광고효과가 발생하는 순간인 '문턱(threshold)'을 넘지 못하기 때문에 매체 기획에서는 최소 3회 이상의 반복 노출을 기본 출발점으로 삼고 있다.

광고의 반복 노출 연구와 관련하여 **체감효과**(diminishing return)라는 개념을 야코 보비츠(Jacobovits, 1967)와 에이펠(Appel, 1971) 등이 소개하였다. 이들은 광고 노출 횟수가 증가함에 따라 광고효과 역시 같이 증가하지만 그 효과의 증가율은 점차 감소한다고 설명한다. 이와 연결하여 자극에 대한 반응은 어느 지점까지만 상승하고 그 이후에는 감소한다는 점을 발견하고 역 'U'자 형태의 자극 반응 학습곡선을 제시 한다. 즉, 더 이상 광고효과가 상승하지 않는 최고점(포화점)이 존재한다는 점을 밝 히고 있다.

그래스와 월리스(Grass & Wallace, 1969)는 역시 같은 맥락에서 TV 시청자 의 광고 주목도는 어느 정도 증가하지만 어느 수준 이상의 노출이 반복되면 평형

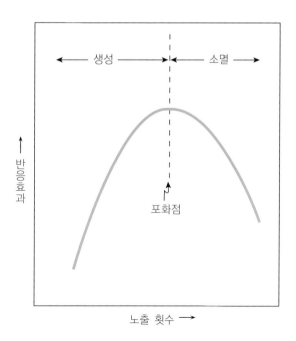

[그림 2-7] 야코보비치와 에이펠의 광고 노출효과

출처: Naples (1979), p. 19.

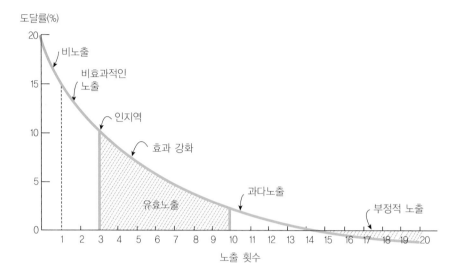

[그림 2-8] 아첸바움(1977)의 노출빈도 증가에 따른 반응 연구

(equilibrium) 상태에 이르게 된다는 연구 결과를 내놓기도 하였다. 나아가 아첸바움(Achenbaum, 1977)은 노출빈도의 증가는 [그림 2-8]과 같이 3~10회가 유효한 노출 수준의 범위라고 제시하며, 10회 이상의 노출은 과다한 노출 수준, 나아가 15회 초과의 노출은 부정적인 반응을 일으키는 노출 수준이라고 주장한다. 당연히 구체적인 수치에 얽매여 해석할 필요가 없다는 점을 강조하고 싶다. 연구가 실시된 시대와 상황이 다르기 때문에 제시된 수치를 현재의 상황에 그대로 적용하는 것은 당연히 무리가 따를 것이나, 지나친 광고 노출로 인한 부정적인 결과의 초래에 대해서는 생각해 볼 여지를 주고 있다고 여겨진다.

광고 노출효과에 관한 연구가 진행되던 시점에 미국광고연구재단(ARF)은 광고 노출효과에 관한 기존의 연구를 종합해서 정리할 필요성을 느껴 네이플스(Naples, 1979)의 도움으로『유효한 빈도: 광고 노출의 반복과 광고효과(Effective Frequency: The Relationship between Frequency and Advertising Effectiveness)』라는 책을 통해 정리하게 된다. 네이플스의 정리된 내용을 간략하게 소개하면, 타깃에 대한 광고

2. 매체 기획에서의 광고와 광고효과 ■ 53

1회의 노출은 부족하다고 보이지만, 구매주기 내의 2회의 노출은 매우 효과적이라고
정리하고 있다. 그간의 반복 노출 관련 연구를 종합해서 대략적으로 파악해 보면 적
절한 수준의 노출은 구매주기 내에 최소 3회인 것으로 보인다. 구매주기 내 3회 이
상의 노출 이후에는 노출 빈도수가 증가할수록 광고효과는 체감적으로 증가하지만,
감소한다는 증거는 발견하지 못했다고 한다. 이처럼 네이플스는 적절한 수준의 반복
노출 횟수를 구매주기 내 3회에 맞추고 그 이상의 노출은 체감적인 효과를 발생한다
고 정리하고 있다. 광고 캠페인의 기억소멸(wear-out) 현상은 단지 반복적인 노출에
의해서만 생겨나는 것이 아니고 광고 카피나 크리에이티브의 문제로 인해 발생한다
고 하면서 광고의 효과에는 단지 매체적인 부분뿐만 아니라 크리에이티브 역시 영향
을 미치고 있음을 밝히고 있다. 그 외 잘 알려진 브랜드와 그렇지 않은 브랜드가 필
요로 하는 노출빈도의 수준이 다름을 밝힘으로써 일관된 노출빈도를 적용하는 데 한
계가 있음 역시 밝히고 있다.

1979년 네이플스의 정리 이후에도 반복 노출효과에 관한 연구는 지속되었다. 반
복 노출효과에 대한 지지와 논박이 활발한 가운데 다시 한 번 미국 광고연구재단
은 그간의 연구 활동을 정리한 필요를 느꼈으며, 네이플스의 후속 연구로 맥도널
드(McDonald, 1996)가 『광고의 도달과 빈도(Advertising Reach and Frequency:
Maximizing Advertising Results Through Effective Frequency)』라는 책을 통해 정리
하게 된다.

맥도널드의 연구 결과를 정리하기 전에 중요한 연구 결과가 있어 일부 소개하고
자 한다. 존스(Jones, 1995a, 1995b)는 책과 논문 발표를 통하여 기존의 3회 노출효
과 이론에 반박하면서 **싱글 소스**(single source) 데이터를 이용하여 광고 노출과 매
출의 단기간 성과에 관한 결과를 실증적으로 제시하였다. 여기서 싱글 소스란 하나
의 표본으로부터 두 종류 이상의 행태에 대해 수집한 데이터로 서로 다른 행태의 자
료를 연결하여 교차분석이 가능한 자료를 이야기한다. 예를 들어, TV 시청 자료와
구매 자료를 동일한 사람으로부터 측정하여 얻는 자료 등이다. 측정 기술의 발달로
1990년대에 이르러 미국에서는 TV 광고를 대상으로 하는 많은 실증적 자료가 수집

되어 분석 자료로 사용하게 되었으며 존스는 TV 광고 노출과 매출이라는 자료를 이용하여 단기간에 광고가 매출에 미치는 영향에 대한 효과를 검증하였다. 그는 닐슨(Nielsen)의 자료를 분석하여 구매시점을 앞두고 첫 번째 노출이 매출에 미치는 영향이 가장 크며, 추가적인 노출이 미치는 영향은 급속히 수확 체감한다는 사실을 보여주었다. 그의 주장에 따르면, 소비자가 특정 브랜드의 광고에 노출된 후, 가까운 시점에 관련 제품군을 구매할 경우가 생기면 광고에 노출된 그 브랜드를 선택할 가능성이 있다는 것이다. 즉, 제품 구매시점 직전에 노출된 광고 브랜드가 선택될 가능성이 높다는 주장이다. 이 연구가 매체 기획에서 중요한 의미를 갖는 까닭은 기존의 커뮤니케이션 위계효과를 바탕으로 반복을 중시하는 빈도(frequency) 중심의 매체 기획 접근법에서 탈피하여 구매시점(recency) 중심의 접근법으로 전환하는 데 크게 기여하고 있기 때문이다.

에프론(Ephron, 1997)은 존스 등의 구매시점 중심의 연구를 종합하며 '리슨시 플래닝(recency planning: 최신성 기획)'이라는 새로운 매체 기획 패러다임을 체계화하였다. 그는 구매시점에 가까울수록 단 한 번의 광고 노출은 매우 강력한 힘을 발휘하며 광고의 단기효과를 유지하기 위해서는 반복된 노출보다 항상 새로운 구매의향자들에게 광고가 도달할 수 있도록 광고가 꾸준히 집행되어야 한다는 점을 강조하고 있다. 이처럼 노출의 리슨시 효과를 강조하는 연구들은 빈도보다 도달률(reach)의 중요성을 강조하고는 있지만, 제품이나 서비스의 구매주기가 각기 다른 제품에 일관되게 적용하기에는 어려움이 따르는 것도 사실이다. 하지만 존스나 에프론 등의 주장에 따르면 우리가 구매하는 제품의 대부분은 이미 잘 알고 있는 친숙한 제품이어서 한 번의 노출만으로도 충분히 상기(remind)될 수 있으며, 구매주기가 일정하거나 비교적 짧은 제품군에는 노출 시점을 적절히 관리하면 한 번의 노출은 매우 유용할 수 있다고 주장하고 있다.

이후 구매시점 중심의 광고효과 연구가 활발한 가운데 맥도널드(1996)는 기존 빈도 중심의 네이플스(1979)의 선행연구들을 일부 수정하여 연구결과들을 정리하였다. 간략하게 그 내용을 살펴보면 그는 '적정한 수준의 노출빈도는 몇 번이어야 한다

2. 매체 기획에서의 광고와 광고효과 ■ 55

는 일반적인 법칙을 뒷받침할 만한 신빙성 있는 증거는 없다'고 주장하고 있다. 네이플스 주장의 연장선에 서 있기는 하지만 보다 현실적인 부분을 반영해 상대적으로 유연한 입장을 취하는 것으로 파악된다. 아울러 네이플스와의 결론과 가장 큰 차이점이라고 할 수 있는 부분은 광고 노출효과가 1회 노출부터 발생할 가능성에 대한 시각이다. 시장에서 이미 선두를 달리고 있는 익숙한 제품의 경우라면 광고의 주효과는 1회의 노출에 주로 있을 것이라는 맥도널드의 주장이다. 반복되는 광고 노출은 첫 번째 노출효과를 증대시키지만 그 증가분은 줄어든다는 점을 강조하고 있다. 그 외 광고 반응곡선의 형태나 기울기, 역치 수준이 있는지 없는지 여부는 상표점유율이나 경쟁상황, 광고 혼잡도, 구매주기, 크리에이티브의 질 등에 의해 영향을 받는다고 정리하고 있다.

이후에도 1회가 되었건 최소 3회가 되었건 '적정한(optimal) 수준'의 노출 횟수는 광고주들에게 매우 중요한 과제였으며 학문적 연구 또한 지속되어 오고 있다. 실제 광고 노출 상황과 소비자가 인지하고 있는 광고의 반복 노출 횟수의 차이를 비교한 김효규(2012)의 연구에서는 실제 노출 횟수보다 소비자가 인식하고 있는 노출 횟수가 광고효과 예측에 더 중요하게 작용할 수 있다는 결과도 보여 주고 있다. 매체의 반복 노출효과와 관련하여 크리에이티브 부분을 함께 고려할 필요도 있어 보이며, 광고가 소비되는 맥락 등 다양한 요인이 함께 분석되길 기대해 본다.

4) 매출효과로의 순환

1990년대 후반 등장한 WWW(World Wide Web)은 우리의 일상에 많은 변화를 가져다주었다. 특히 커뮤니케이션 영역에 많은 변화를 가져다주었으며, 단순 미디어 기술적인 변화뿐 아니라 커뮤니케이션 양식 자체의 변화를 가져다주었다. 대표적으로 기존의 일방향적인 매스미디어의 세상에서 양방향적인 개인 타깃-미디어 세상을 열었다. 그 후 스마트폰의 대중화로 미디어 소비의 이동성이 확보되었으며, 정보의 소비 시간 역시 자유로워졌다. 나아가 SNS의 등장은 정보 생산자와 소비자가 쉽게 구분되지 않는 정보 '공유'의 시대를 활짝 열었다. 당연히 광고주의 입장에서는 과거의 방식으로 광고를 집행하기 어려운 세상이 되었고, 커뮤니케이션 양식의 변화에 발맞추어 다양한 형태의 광고 집행을 시도하고 있다.

미디어 기술의 발전과 함께 더불어 눈여겨봐야 할 부분이 데이터, 즉 자료의 풍부함이다. 인터넷상에서 이루어지는 매체 소비자의 모든 행동이 기록으로 남겨져 분석 자료로 활용 가능해짐에 따라 기존의 광고효과에 대한 시각 역시 달라지게 되었다. 기존의 광고효과 연구의 방향이 독립변수(노출)에 따른 종속변수(매출 혹은 커뮤니케이션 효과)의 변화를 분석하는 과정이었다면, 현재에 이르러서는 인터넷을 중심으로 결과값인 종속변수(대표적으로 구매, 주문, 다운로드 등의 행동지표)를 이용하여 역으로 이러한 결과가 생겨나는 데 어떠한 노출과정(독립변수)을 거치게 되었는지를 구체적으로 역추적할 수 있게 되었다. 이러한 과정이 누적되면 연구자들은 결과를 이르게 한 원인(독립변수)을 구체적인 수치로 파악할 수 있게 되고 실무적으로 광고 집행 전략에 도움을 줄 수 있게 되었다. 실제로 실무 쪽에서는 인터넷상의 다양한 행동 자료 분석을 통하여, 단순한 노출의 횟수가 아닌 다양한 맥락적 상황을 고려한 타깃팅도 가능한 것으로 알려져 있다. 마케팅 관점에서의 광고를 바라보던 초기의 시절로 되돌아간 느낌이 드는 것이 현실이다. 단순한 심리적, 커뮤니케이션적인 변화만을 기대하는 광고효과에서 보다 구체적인 행동적인 결과를 지향하는 방향으로 나아가고 있는 것이 현실이다. 물론 이러한 현상은 현재 인터넷을 중심으로 주로 이루어지고 있다. 최근의 매체 소비 현상을 보면, 인터넷/모바일 분야가 TV나 신문 등 기존의 전통적인 매체 소비를 훨씬 뛰어넘었고, 인터넷 중심의 매체 소비 현상은 지속될 것으로 여겨진다. 다만 여기에서 강조하고 싶은 점은 전통적인 대중매체로서의 광고의 역할이다. 개인을 대상으로 하는 마케팅은 단기적이며 실질적인 효과 분석에 매우 유용할 것이라 믿지만, 다수를 대상으로 장기적인 관점에서 브랜드의 가치를 구축해 가는 매스미디어의 역할 역시 소홀히 다루어지지 않기를 바란다.

5) 양적 연구에서 질적 연구로

현재 우리는 풍부한 데이터 분석을 통해 과거에는 알지 못했던 많은 결과를 얻고 있다. 수(number)는 곧 과학이라는 믿음과 과학을 통해 우리는 진실에 다가갈 수 있다는 희망 아래 수로 구성된 데이터에 대한 신뢰는 점차 커지고 있는 상황이다. 최근 대두하고 있는 '빅데이터(big data)'라는 화두는 인터넷 주도의 미디어 환경에 매우 적합한 용어이다. 하지만 아무리 많은 자료를 바탕으로 광고현상에 대한 설명이 가능하다 할지라도 풀리지 않은 의문은 남아 있다. 과연 동일한 광고에 3번 이상 노출된 소비자는 반응을 하는가? 수많은 자료로 이와 같은 현상을 설명해 내어도 '왜 (why)?' 이러한 현상이 일어나는가에 대한 해답을 주기는 어렵다. 단지 소비자들이 그렇게 반응하고 있다는 사실만으로 충분히 설명되지 않는 부분은 여전히 남아 있기 때문이다. 노출이라는 현상 하나만 보더라도 '어떠한 상황에서 노출'되었는가는 전혀 다른 문제로 남을 수 있다.

그래서 학자들이 주목하는 것은 양적(quantitative) 연구의 한계를 뛰어넘은 **질적**(qualitative) 연구방법이다. 광고효과 관련하여 크리에이티브 분석 외 대표적인 질적 연구의 한 영역이 **인게이지먼트**(engagement) 연구일 것이다. 즉, 광고가 노출된 상황이 소비자와 어떠한 관계를 맺고 있으며 소비자가 광고를 어떤 방식으로 접하고 이해하는지에 대한 접근법이 인게이지먼트 관련 연구이다. 다양한 학자가 인게이지먼트에 해당하는 적절한 한국어 번역을 찾으려고 하고는 있지만, 각자의 해석에 따라 조금씩 그 의미가 달리 표현되어 영어식 발음을 그대로 옮겨 적은 인게이지먼트가 현재로서는 일반적으로 사용되고 있다.

미국광고연구재단(ARF, 2006)은 광고 인게이지먼트를 '광고를 둘러싼 주변 맥락에 의해 강화된 브랜드 아이디어와 잠재 소비자를 연결하는 것'으로 정의하며, 왕 (Wang, 2006)은 '광고의 메시지효과 혹은 설득효과로 이해하고 소비자와의 관련성 (relevancy)와 관여도(involvement)'를 인게이지먼트 개념의 핵심으로 보고 있다. 국내에 소개된 대표적인 인게이지먼트 연구는 이종선과 장준천의 2009년 연구이다.

세계광고주협회의 2007년 세미나에서의 주창대로, "단순 미디어 노출의 개념을 극복하고 미디어 중심적 접근법이 아닌 소비자를 중심으로 하는 접근법으로, '누가, 무엇'을 측정하는 기존의 방식에서 '누가, 무엇을, 어디서, 어떻게' 이용하는지를 알 수 있는 시스템으로 전환"되어야 하는 주장에 동의하며, 이종선과 장준천(2009, p. 156)은 인게이지먼트를 '브랜드에 관한 메시지가 주변 상황에 따라 노출될 때 그 상황과 적합한지'를 측정하는 것으로 개념화하였다. 그들은 인게이지먼트를 대표적인 계량적 노출 측정 지표인 시청률과 비교하면서 〈표 2-1〉과 같이 정리하고 있다.

과거 송신자 중심의 대표적 정량적인 노출 지표인 시청률은 얼마나 '넓게'라는 개념을 가져 매스미디어 시대의 대표 주자였다면, 수신자 중심의 정성적인 지표인 인게이지먼트는 얼마나 '깊게'라는 개념을 대표하며 개인화된 매체 소비 시대에 걸맞다는 생각이 든다. 양윤직(2007)은 인게이지먼트 개념을 '단순히 노출된 사람의 수가 중요했던 현재의 기준에서 나아가, 노출된 그들이 얼마나 깊이 그 정보를 파악하고 만족하고, 이해하고, 집중하였는지를 중시'한다고 주장하고 있어 맥을 같이하고 있다.

학문을 하는 입장에서 새로운 개념의 등장은 기존의 현상을 새로운 시각으로 볼 수 있는 틀을 제공한다는 점에서 매우 반가운 일이다. 하지만 여기에는 주의할 점도 반드시 언급되어야 할 것이다. 새로운 시각이 기존에 볼 수 없는 점을 볼 수 있게는

표 2-1 인게이지먼트와 시청률 비교

구분	인게이지먼트(engagement)	시청률(rating)
패러다임	How deeply	How many/ How long
관점	정성적	정량적
접근법	시청자 중심	미디어 중심
측정항목	관심, 관련, 집중, 만족도	노출 가능성
지표	인게이지먼트 지수	GRP, CPM, 임프레션

출처: 이종선, 장준천(2009), p. 157.

해 주고 있지만 완전히 기존의 시각을 대체하기에는 여전히 시간이 필요하다는 사실이다. 인게이지먼트를 포함하여 질적 연구방법에 대한 필요성은 충분히 동의하면서도, 기존의 연구방법 역시 간과되어서는 안 될 것이다. 인터넷을 위시한 새로운 모바일 기기의 확산은 분명 우리의 광고매체 소비행태에 많은 변화를 가져다주고, 주된 미디어로서의 역할을 하고는 있지만, TV를 비롯한 기존의 매스미디어 역시 그 역할을 담당하고 있다는 점이다. 라디오를 예로 들어 보면, 분명 기술적인 부분에서 TV에 의해 완전히 대체가 되어야 함에도 불구하고 여전히 광고매체로서의 역할을 지금도 하고 있다. 새롭게 등장하는 매체들과 경쟁하면서 독자적인 영역을 끊임없이 수정, 보완해 가고 있다는 점에서 새로운 시각에 대해 주목하는 것은 반드시 필요하지만 기존의 관점 역시 관심 있게 보아야 할 것이다. 개인의 니즈에 맞추어진 메시지가 일반화된 시대에도 여전히 매스미디어의 강력한 힘은 광고의 또 다른 중요한 역할이 될 것이기 때문이다.

6) 광고효과의 방해 요인들

앞서 제시된 라스웰의 커뮤니케이션 과정은 순수하게 송수신자 간의 관계만을 설정하고 있다. 하지만 단순화되어 표현되는 모델과 달리 현상은 복잡하게 얽혀 있다. 광고주가 전달하고자 하는 메시지가 소비자에게 정확하게 전달되는 과정에는 여러 방해 요소가 존재하고 있다. 매체의 입장에서 광고의 전달이라는 측면에서 보자면 대표적으로 '광고 혼잡도(clutter)'와 '광고 회피(avoidance) 현상'을 들 수 있을 것이다. 현재를 살고 있는 우리는 하루에 몇 개의 상업적 메시지에 노출되는지 정확하게 측정하기 어려운 현실이다. 광고를 어떻게 정의하는지에 따라 다를 수도 있지만 일부 학자들에 의하면 하루에 수천 개에 달하는 광고 메시지에 노출된다고 한다. 이러한 노출량은 개별 광고에 대한 집중도를 떨어뜨리게 하고 개별 광고의 효과 역시 줄어들 수 있을 것으로 쉽게 예상된다. 수많은 광고와 경쟁해야 하는 상황에서 필요한 것은 '창의적'인 광고일 것이다. 하지만 차별적이며 소비자의 뇌리에 각인될 만한 창의적인 광고를 제작하기는 쉽지 않은 일이다. 자연스럽게 자극적이며, 노골적인 광고로 치우칠 가능성도 존재한다. 이러한 현상들은 궁극적으로 광고 회피 현상으로 이어져, 광고가 제대로 효과를 발휘하기 어려워지고 있는 실정이다. 광고효과를 얻기 위해서는 매체뿐 아니라 크리에이티브의 중요성이 더욱 필요해진다는 점을 강조하고 싶다.

이런 점에서 인터넷의 보편화는 광고주들에게 새로운 기회를 주는 동시에 위기를 가져다줄 수 있다는 우려를 개인적으로 갖게 한다. 특별히 광고에 관심을 두지 않는 대부분의 일반 소비자는 광고를 위한 매체 소비를 하지 않는다. 매체에 담겨 있는 '콘텐츠'를 통해 '정보'를 얻거나 혹은 '재미'를 얻기 위해 매체를 소비하고 있다. 소비하고자 하는 콘텐츠의 생산 비용을 보전해 주는 수단으로 광고를 제공하는 시스템에서 광고는 2차적인 소비 대상이다. 과거 제한된 매체와 제한된 채널에서 공급하는 콘텐츠의 양이 풍부하지 않았던 시기의 광고는 나름 정보 제공과 재미라는 요소로서 기능해 왔다. 하지만 현재와 같은 정보 과잉의 시대에서 광고는 점차 정보 제공 및 재미라는 요소의 경쟁력이 상실되어 가는 인상이다. 지나치게 많은 절대 광고량과 개별 광고의 콘텐츠 경쟁력 약화는 광고주들이 주의 깊게 살펴봐야 할 요소이다.

광고에 대한 노출을 의도적으로 피하는 행위를 광고 회피라고 할 수 있다. 광고 회피의 유형을 스펙과 엘리엇(Speck & Elliot, 1997)은 물리적, 기계적, 인지적 회피로 구분하여 설명하고 있다. 물리적 회피는 소비자가 광고에 노출되는 동안 화장실을 가는 등 다른 행동을 하는 경우를 말하며, 기계적 회피는 채널을 바꾸는 등 광고를 걸러 아예 노출 자체를 차단하는 것을 의미하고, 인지적 회피는 광고에 노출되더라도 인지적으로 이를 무시하거나 주의 깊게 보지 않는 행위를 일컫는다. 물리적, 기계적 회피는 행동적인 회피로 분류할 수 있으며 인지적인 회피는 심리적인 것으로 파악할 수 있을 것이다. 광고주의 입장에서 소비자의 행동적인 회피야 어쩔 수 없지만 인지적인 회피는 매체동시(simultaneous) 사용이 보편화된 현재의 상황에서 매우 주의를 기울여 살펴봐야 할 부분이다. 매체별로 광고 회피의 정도가 다르다는 것을 양윤직과 조창환(2012)은 보여 주고 있다. 인터넷, 모바일 등 상호작용성이 혹은 능동성이 강한 매체를 이용할 때 상대적으로 광고 회피 수준이 높아지는 현상이 발견되고 있다. 광고주들은 광고 회피 현상을 줄이기 위해 다각도로 노력하고 있으며, 회피 현상은 광고효과를 이해하는 데 또 다른 관점을 요구하고 있다. ■

제3장
매체 기획이란 무엇인가

정윤재(한국외국어대학교 미디어커뮤니케이션학부 광고 전공 교수)

◈◇◈

우리는 하루에도 수백 혹은 수천 가지의 광고 메시지를 다양한 매체를 통해 접한다. 아침에 일어나 TV를 켜면 프로그램 시작 전후로 광고가 등장하고, 이메일을 체크해 보면 이미 수십 개의 광고 메시지가 밤새 메일 수신함 폴더 안으로 들어와 있다. 집을 나서면 지나가는 버스와 택시에 붙은 교통광고를 보게 되고 정류장을 지나가다 보면, 정류장 외벽에 부착된 옥외광고물을 보게 된다.

자동차 안에서 라디오를 켜면 즐겨 듣는 음악 채널 시작 전후로 광고를 들을 수 있고, 집에 돌아오는 길에 들린 마트의 진열대 위, 집에 들어가기 전 확인하는 우편함에서도 우리는 광고 메시지를 접한다. 집에 돌아와 습관적으로 방문하는 SNS(Social Network Service), 인터넷 카페에 게시된 글을 읽다 보면, 많은 배너 광고, 동영상 광고, 팝업 광고를 만난다. 이처럼 우리는 일상에서 광고와 늘 함께하지만, 하루에 얼마나 많은 매체와 비히클을 통해 얼마나 자주 광고 메시지에 노출되며 살고 있는지 인지하지 못하고 있다. 이 장에서는 우리가 매일 일상에서 접하는 광고 메시지, 매체와 비히클은 무엇이며, 매체를 통해 우리에게 광고 메시지를 전달하는 일련의 과정인 매체 기획의 개념에 대해 살펴보고자 한다.

1. 메시지와 매체 및 비히클

모든 광고를 구성하는 기본적인 두 가지 요소는 **메시지**와 **매체**이다. 광고 메시지는 흔히 크리에이티브(creative)라 불리는 우리가 일상에서 접하는 TV, 잡지, 신문, 인터넷, 모바일(mobile)에서의 광고 캠페인이다. 이러한 크리에이티브는 우리에게 최종적으로 전달되기 전에 여러 단계를 거쳐 제작이 된다. 먼저, 타깃 오디언스(target audience)가 설정되어야 하고, 셀링(selling) 메시지와 브랜드 캐릭터가 정의되어야 하며, 광고 스크립트와 스토리 보드를 통해 전략이 설정되고, 마지막으로 매체에 집행이 되어야 한다(Little & Lodish, 1969). 이러한 단계를 거쳐 생산된 크리에이티브가 우리의 눈과 귀에 도달하기 위해서는, 메신저(messenger) 역할을 하는 매체가 반드시 필요하다. 매체는 크리에이티브를 타깃 오디언스에게 전달하는 일종의 메신저라 할 수 있다. 이 메신저는 TV, 신문, 잡지, 위성TV, 광고용 우편물, 전광판, 포스터, 교통광고, 인터넷, 모바일, 스마트기기(smart device)까지 그 종류가 매우 다양하다.

매체와 함께 자주 사용되는 또 다른 용어가 **비히클**(vehicle)인데, 비히클은 매체 내에서 특정 프로그램, 특정 신문, 특정 웹사이트와 같이 구체적으로 명시된 전달 도구라 할 수 있다. 예를 들어, 'KBS 대화의 희열' 'TV조선 미스트롯'은 TV 내에 존재하는 개별 비히클이고, '중앙일보' '동아일보'는 신문 내에 존재하는 개별 비히클이다. '보그' '싱글즈'는 잡지 내에 존재하는 개별 비히클이며, '네이버' '다음'과 같은 개별 웹사이트는 인터넷 매체 내의 개별 비히클이다. 이러한 비히클에는 단순히 광고만이 아니라 다양한 종류의 콘텐츠(contents)가 함께 실린다. 예를 들어, 네이버에서 우리는 배너 광고도 볼 수 있지만, 뉴스, 음악, 웹툰, 게임, 문화정보도 볼 수 있다. 마찬가지로, 잡지 '보그'에서는 메이크업 제품 광고도 볼 수 있지만, 패션에 대한 여러 기사도 볼 수 있다. 따라서 오디언스가 비히클에 노출되었다고 해서 반드시 비히클에 속한 광고 메시지에 노출되었다고 보증할 수는 없다. 비히클에 대한 노출은 해당 비히클에 포함된 광고 메시지에 대한 노출의 기회로 볼 수 있다.

2. 매체 기획

애브랫과 카원(Abratt & Cowan, 1999, p. 38)은 매체 기획이란 "광고 메시지를 최대한 많은 타깃 오디언스에게 최소한의 비용으로 최적화하여 커뮤니케이션하고자, 매체의 선택과 사용에 관한 결정을 하는 일련의 과정"이라고 정의한다. 즉, 매체 기획이란 '무엇이 광고 메시지를 잠재 소비자에게 전달할 수 있는 최선의 방법인가?'에 대한 답을 찾는 일련의 과정으로 이해할 수 있다. 여기서 최선의 방법이 무엇인가? 라는 질문은 매체 기획자(media planner)들이 답을 하기에 포괄적이다. 따라서 매체 기획자는 다음과 같은 구체적인 세부 질문으로 나누어 논리적인 과정을 통해 광고 메시지가 잠재 소비자에게 전달될 수 있는 최선의 방법에 대한 답을 찾는다. 매체 기획에서 고려되는 사항은 다음과 같다.

1) 타깃 오디언스는 누구인가?

타깃 오디언스는 매체 기획의 초석이라고 할 수 있으며, 적절한 타깃 오디언스를 선정하는 것은 매체 기획의 성공에 있어 중요한 결정이다. 타깃 오디언스는 광고 캠페인의 목표가 향하고 있는 구체화된 소비자 집단으로 타깃 오디언스를 선정하기 위해서는 여러 사항이 고려된다. 타깃 오디언스는 얼마나 커야 하는가? 그들은 누구여야 하는가? 그들은 무엇을 하며 사는가? 그들은 무엇을 생각하는가? 그들은 무엇을 구매 하는가? 등 다양한 측면에서 타깃 오디언스를 이해하는 통찰력이 필요하다. 만일 다수의 집단이 타깃 오디언스로 선정된다면, 어느 집단에 더 우선순위를 두고 매체 기획의 재원을 할당할지 정해야 한다. 물론 타깃 오디언스를 잘 정하는 것은 어려운 일이지만, 타깃 오디언스를 정한 뒤에 타깃 오디언스와 메시지, 메시지를 전달하는 매체를 연결시키는 것은 더 복잡하고 어려운 매체 기획의 업무이다.

우선 타깃 오디언스를 정하기 위해 무엇을 가장 먼저 해야 하는가? 첫째, 현재 자사 브랜드 제품 사용자에 대한 이해이다. 즉, 현재 자사 브랜드 제품 사용자의 구매 행위를 포함한 소비자 데이터를 이해해야 한다. 둘째, MRI, SMRB와 같이 신디케이티드(syndicated) 데이터를 통해, 자사 브랜드뿐만 아니라 타사 브랜드를 포함한 전체 제품군 사용자의 인구통계학, 라이프스타일, 미디어 소비에 대한 이해이다. 셋째, 우리 브랜드 제품의 주요 경쟁사를 파악하여, 그들의 잠재적 타깃 오디언스가 누구인지 파악하고, 경쟁사가 타깃 오디언스에 도달하기 위해 사용하는 매체와 비히클은 무엇인지 알아야 한다. 다음으로, 포커스 그룹 인터뷰(Focus Group Interview: FGD), 설문조사 등 다양한 질적, 양적 조사를 수행하여, 타깃 오디언스를 파악한다. 이와 같은 1, 2차 조사를 통해 정해진 타깃 오디언스는 다양한 방법으로 기술이 될 수 있는데, 가장 많이 사용되는 방법은 성별, 나이, 수입, 교육 정도, 결혼 유무, 세대 크기, 자녀 유무 등 인구통계학적인 기준으로 기술하는 것이다.

또한 인간의 심리를 묘사하는 **사이코그래픽스**(psychographics: 소비자의 행동 양식, 가치관 등을 심리학적으로 측정하는 기술)를 기준으로, 소비자의 개성, 라이프스타일, 관심 분야, 활동 분야 등 심리학적 변인에 근거하여 타깃 오디언스를 정의할 수 있다. 예를 들어, 만일 친환경 재료로 된 요리 소스를 광고한다면, 여성 35~54세의 인구통계학적인 기술 방법보다 친환경 요리에 관심이 많은 여성 35~54세가 더 적합한 타깃 오디언스 기술 방법이 된다.

매체 기획 과정에서 타깃 오디언스를 선정하기 위해서는 **인덱스**(index) **기법**이 활용되는데, 인덱스 기법은 타깃 오디언스를 인구통계학적 구분에 따라 혹은 사이코그래픽스 기준에 따라 제품 구매력을 지수화한 방법이다. 〈표 3-1〉은 미국 인스턴트 커피 성인 소비자에 대한 시몬스(Simmons) 자료로 소비자의 제품 구매력을 나타내는 인덱스 지수를 연령 구분에 따라 보여 준다.

〈표 3-1〉의 시몬스 데이터를 읽는 방법은 다음과 같다. 먼저 미국 전체 소비자는 115,902,000명이며, A컬럼 맨 첫 번째 숫자는 인스턴트 커피 소비자의 수로 26,832,000명이고, 이 중 25~34세가 5,171,000명이다. B컬럼의 19.3%{(5,171/26,832)×100}는 연령대별 인스턴트 커피 사용자의 비율로 전체 인스턴트 커피 사용

| 표 3-1 | 연령에 따른 미국 인스턴트 커피 소비자 인덱스 |

연령 구분	전체 미국 (천 명)	A (천 명)	B (%)	C (%)	D (index)
전체 성인	115,902	26,832	100.0	23.2	100
18~24세	8,751	1,840	8.9	21.0	91
25~34세	25,859	5,171	19.3	20.0	86
35~44세	26,564	6,172	23.0	23.2	100
45~54세	19,076	4,322	15.1	22.7	98
55~64세	14,120	3,504	13.1	24.8	107
65세 이상	21,532	5,824	21.7	27.0	117

출처: MRI Simmons.

자의 19.3%가 25~34세라는 것을 나타낸다.

C컬럼의 20.0%{(5,171/25,859)×100}는 전체 25~34세 중 20%가 인스턴트 커피 소비자임을 나타내며 D컬럼의 86{(20.0/23.2)×100}은 전체 성인의 인스턴트 커피 사용 비율인 23.2%를 기준에 대한 25~34세에 대한 인덱스 점수로, 인덱스 점수는 평균값인 100을 기준으로 해석한다. 즉, D컬럼의 인덱스 점수 86은 100보다 작은 값으로 해당 연령대의 인스턴트 커피 사용 비율이 전체 성인의 인스턴트 커피 사용 평균보다 낮음을 의미한다. 이에 반해, D컬럼의 인덱스 점수가 100보다 크면 해당 연령대의 인스턴트 커피 사용 비율이 전체 성인 평균보다 높음을 보여 준다.

따라서 인덱스를 기준으로 볼 때, 시몬스 데이터에서는 25~34세가 가장 인스턴트 커피를 사용하지 않는 연령대임을 알 수 있다. 그렇다면 인덱스 점수를 기준으로 봤을 때, 성인 18~24세의 인덱스 점수는 91로 성인 25~34세의 인덱스 점수보다 높으므로 18~24세가 25~34세보다 더 좋은 타깃 오디언스라고 할 수 있는가? 꼭 그렇다고 할 수 없다. 왜냐하면 타깃 오디언스 선정 시 인덱스 점수와 함께 살펴보아야 하는 것이 잠재 고객의 모수인데, 18~24세의 인구수는 8,751,000명으로 전체 115,902,000명의 7.5%에 불과하기 때문에 비록 18~24세의 인덱스 점수가 25~

표 3-2	지역별 라이프스타일 비교	
활동	매사추세츠주 보스턴	앨라바마주 모빌
낚시하기	69	132
스키 타기	175	49
크루즈 여행	101	111

출처: Kantar SRDS Media Planning Platform.

34세보다 높다 하더라도 주 타깃 오디언스로 선정하기에는 무리가 있다.

하지만 이와 같은 인덱스를 기준으로 타깃 오디언스를 정의하는 데 대한 비판의 목소리도 있다. 드아미코(D'Amico, 1999)는 소비에 대한 예측을 하는 데 인구통계학적 그룹으로 타깃 오디언스를 정의하는 것은 적합하지 않으며, 타깃으로 선정되지 않은 집단의 제품에 대한 매출력이 간과된다는 이유로 인덱스를 사용하여 타깃 오디언스를 선정하는 것의 문제점을 지적하였다.

〈표 3-2〉는 사이코그래픽스 기준 중 라이프스타일을 지역별로 인덱스화한 데이터를 보여 주는 미국 SRDS 자료이다. 〈표 3-2〉에서 보면, 스키 타기는 보스턴에서는 가장 즐겨하는 활동이지만, 모빌에서는 비인기 활동이다. 모빌의 스키 타기 인덱스 지수인 49는 미국 평균의 49% 정도 선으로 모빌에서 스키 타기 활동이 이루어짐을 나타낸다. 즉, 전체 미국 평균보다 51% 정도의 낮은 수치로 모빌에서 스키 타기 활동이 이루어진다고 볼 수 있다.

2) 언제 광고를 할 것인가?

제품에 대한 광고를 하기로 결정하였다면, 아마도 광고는 언제 할 것인가에 대한 결정이 다음 질문이 될 것이다. 이는 광고를 어떻게 시기별로 나누어 할지에 대한 질문으로 어느 계절에 할지, 몇 월에 할지, 몇 주 차에 할지, 어느 요일에 할지, 어느 시간대에 할지 등으로 구체화된다. 일반적으로 광고의 시기에 관한 결정 시 고려되는 요인들로는 기간별 제품 판매량, 경쟁사의 기간별 광고활동, 신제품 소개 유무, 광고가 지원해야 할 세일즈 프로모션(sales promotions) 활동 유무 등이 있다. 이와 같은 요인들은 매체 기획의 스케줄링(scheduling) 시 고려되는 요인들로, 전체 매체 기획의 효과에 있어 유의미한 영향을 끼친다. 먼저, 광고주들은 기간별 제품 판매량에 비례해서 광고예산을 할당할 수 있다. 예를 들어, 1월에서 4월까지의 판매량이 전체 대비 30%였다면, 광고비도 이 기간 동안 전체 광고비 예산의 30%를 투입하는 것이다. 또한 시즌(season)에 민감한 제품의 경우, 소비자들이 많이 구입하는 시즌에 광고비를 많이 할당할 수 있다.

예를 들어, 여름 바캉스 제품의 경우, 평상시는 기본적인 광고비만을 투입하다 6월에서 8월 중에 추가 광고비 투입이 가능하다. 다음으로, 경쟁사의 기간별 광고활동도 고려할 요인이다. 경쟁사의 광고비가, 최근 일, 주, 월별 얼마나 사용하고 있는지, 경쟁사가 많이 광고하는 기간은 언제인지, 경쟁사가 많이 광고하는 기간에 경쟁사와 같은 광고비를 할당 혹은 더 많은 광고비를 할당해 경쟁에 정면승부를 해야 하는지 아니면 경쟁사가 광고를 하지 않는 기간 혹은 적게 하는 기간에 광고비를 할당해 경쟁을 다소 피해야 하는지 등에 대한 결정이 필요하다.

또한 소비자에게 소개할 신제품이 있는 경우, 광고비를 초반 신제품 런칭(launching) 기간에 많은 비중을 두어 투입하고, 차츰 광고비 수준을 줄여, 일정 광고 노출 수준(Gross Rating Points: GRPs)만을 유지하는 선에서 광고비를 투입하는 형태의 스케줄링을 기획할 수 있다. 일반적으로 신제품이 기존 제품에서의 브랜드 확장 제품이라면, 완전 신제품만큼의 광고비가 초반에 투입되지는 않는다.

마지막으로, 광고주들은 단기간의 매출 증가를 위해 세일즈 프로모션을 진행한다. 예를 들어, 가격 할인, 1+1 프로모션 전략으로 새로운 소비자를 유입시키고, 기존의 소비자는 좀 더 프리미엄 버전의 제품을 구매하게끔 유도할 수 있다. 이와 같은 세일즈 프로모션을 소비자에게 알리기 위해 프로모션 활동 직전과 활동기간 중에 많은 광고비가 투입될 수 있다.

3) 어디에 광고를 할 것인가?

광고를 어디에 할 것인가? 즉, **지역 타깃팅**에 대한 결정이다. 국토 면적이 상대적으로 작은 우리나라의 경우는 국토 면적이 큰 나라에 비해서 지역 타깃팅은 비중 있게 다루어지는 결정 요인은 아니다. 하지만 국토 면적이 넓은 미국의 경우는 일반적으로 전미에 방송되는 내셔널 미디어(national media) 구매와 함께, 특정 지역의 스팟 미디어(spot media)를 구매하는 지역 타깃팅이 보편적이다.

예를 들어, 애플사의 신제품 에어팟(AirPods) 광고의 매체 기획자가 내셔널 미디어를 구매한 후 추가적으로 지역 타깃팅을 위해 스팟 미디어를 구매한다고 가정하자. 이때 지역 타깃팅의 후보 지역으로 컬리지 타운(college town)과 은퇴 후 주거단지(retirement town)만 있다고 가정한다면, 어느 지역에 스팟 미디어를 구매할 것인가? 모든 사람이 컬리지 타운이라고 대답을 할 것이다. 그렇다면 '왜 그런 선택이 가능한가?'라고 질문한다면, 에어팟의 매출 잠재력이 컬리지 타운이 더 크기 때문이라고 답할 것이다. 그렇다면 어떻게 컬리지 타운의 매출 잠재력이 은퇴 후 주거단지보다 높다는 것을 알 수 있는지 묻는다면, 매체 기획자는 CDI(Category Development Index)와 BDI(Brand Development Index)를 통해 답할 수 있다. CDI는 제품군, 즉 에어팟을 포함한 전체 블루투스 헤드폰의 특정 지역에서의 매출 잠재력을 나타내는 지수이다(Katz, 2003). 즉, 특정 지역의 인구 비율 대비 그 지역에서의 매출이 전체 제품군 매출에서 차지하는 비율이다. 이 지수의 평균값은 100으로, 만일 어떤 지역의 CDI가 100보다 크면, 그 지역의 매출 소비는 전체 지역 평균 이상임을 의미한다. 만일 어떤 지역의 CDI가 100보다 작으면, 그 지역의 매출 소비는 전체 지역의 평균 이하임을 의미한다.

예를 들어, 전미 블루투스 헤드폰 소비의 7.0%가 텍사스 오스틴 지역에서 이루어지며, 오스틴이 미국 인구의 5.0%를 차지한다면, CDI는 140{(7.0/5.0)×100}이 된다. 이는 오스틴 지역의 블루투스 헤드폰 소비는 전미 평균보다 40%가량 더 많음을 의미한다. 이처럼 CDI는 제품군 전체가 어떤 특정 지역에서 얼마나 많이 팔리는지

	높은 CDI	낮은 CDI
높은 BDI	1. 자사 브랜드와 전체 제품군이 모두 성장하는 상황	3. 자사 브랜드는 성장하고 있으나, 전체 제품군이 고전하고 있는 상황
낮은 BDI	2. 자사 브랜드는 고전하고 있으나, 전체 제품군이 성장하고 있는 상황	4. 자사 제품군과 전체 제품군 모두 고전하는 상황

[그림 3-1] CDI와 BDI 지수에 따른 시장 상황

출처: Katz (2003), p. 29.

를 나타낸다. 하지만 특정 브랜드의 매출력에 대한 정보를 제공하지는 않는다. 그래서 CDI와 함께 사용되는 지수가 BDI이며, BDI는 특정 브랜드가 특정 지역에서 보여 주는 매출에 대한 정보를 나타낸다(Katz, 2003). 만일 특정 브랜드 에어팟의 전미 매출액의 8.0%가 오스틴에서 이루어지며, 전미 인구의 5.0%가 오스틴 인구로 구성된다면, BDI는 160{(8.0/5.0)×100}으로 에어팟은 전미 평균보다 60%가량 더 많이 오스틴에서 이루어짐을 의미한다. 이 두 지수는 보통 결합되어 매체 기획 시 타깃 지역을 선정하는 데 사용이 되며, [그림 3-1]은 CDI와 BDI 지수의 높고 낮음에 따라 구분된 시장의 상황을 나타낸다.

먼저 [그림 3-1]에서 1번 지역은 높은 CDI와 BDI 지수를 보여 주는 지역으로 이 지역은 자사 브랜드와 전체 제품군이 모두 성장하고 있는 지역이다. 따라서 광고를 하기에 유망한 지역으로, 큰 위험요소 없이 안전하게 광고비를 투자하기에 적합한 지역이다. 2번 지역은 높은 CDI와 낮은 BDI 지수를 보여 주는 지역으로 전체 제품군 대비 자사 브랜드가 고전하고 있는 지역으로, 이 지역은 비록 자사 브랜드가 고전하고 있으나 전체 제품군 전체는 잘되고 있는 지역이므로 자사 제품군이 앞으로 성장할 여지가 있는 지역이다. 따라서 공격적인 마케팅 활동을 해 볼 만한 지역이다. 3번 지역은 낮은 CDI와 높은 BDI 지수를 보여 주는 지역으로 전체 제품군 대비 자

사 브랜드가 잘 되고 있는 지역으로 이 지역은 자사의 강점을 살려 광고비를 투자할
만한 지역이나, 앞으로 자사 브랜드가 성장할 여지는 제한적인 지역이다. 마지막으
로 4번 지역은 CDI와 BDI 지수가 모두 낮은 지역으로 특별한 이유가 없는 한 가급
적 광고비를 줄여야 하는 광고 회피 지역이다.

4) 총 광고비를 얼마나 캠페인에 할당할 것인가?

광고 캠페인을 위해 어느 정도의 **광고비** 예산이 매체에 투입되어야 하는가는 결정
하기 어려운 사항이다. 광고비가 너무 적게 투입된다면 충분한 광고효과를 얻기에
노출효과가 부족할 것이고, 또 지나치게 많은 광고비가 투입된다면 광고비 효율성
면에서 실패할 수 있다. 광고예산을 책정하기 위해 다양한 방법이 사용되고 있으며,
대표적인 예산 설정 방법은 〈표 3-3〉과 같다.

표 3-3 광고예산 설정 방법

분류	방법	설명
판단	임의 기준	필요하다고 느끼는 만큼 설정
	금전적 가능 기준	재정적으로 지급 가능한 만큼 설정
경쟁	절대경쟁 기준	시장점유율만큼 설정
	상대경쟁 기준	라이벌 경쟁사만큼 설정
판매	지난해 판매율 기준	지난해 판매율의 일정 비율만큼 설정
	예측 판매율 기준	내년도 예측 판매율의 일정 비율만큼 설정
	단위 판매량	예측 판매율과 단위 판매 가격의 곱의 일정 비율만큼 설정
측정	수리적 모델 사용	광고비 투자로 인한 수익의 증가보다 투입되는 광고비의 증가가 더 많아지는 시점을 수리적으로 계산하여 그 시점까지만 예산 설정
목표/업무	목표/업무	마케팅 목표를 달성할 수 있는 만큼의 광고비 투입

출처: Cheong, Kim, & Kim (2013), p. 145.

5) 어느 매체와 비히클에 광고를 할 것인가?

광고주는 광고를 집행할 구체적인 매체 비히클과 유닛(unit: TV의 경우 15초, 30초 전 CM, 후 CM)의 결정에 앞서 어떤 매체 유형(media class: TV, 라디오, 신문, 잡지, 옥외 등)이 광고 메시지를 잘 전달할 것인지 판단해야 한다.

매체 유형은 서로 다른 장단점을 가지고 있으므로, 각각의 장단점을 고려하는 것이 필요하다. 주요 매체의 장단점을 요약하면 〈표 3-4〉와 같다. 어떤 매체 유형을 이용할 것인가에 대한 결정이 서면, 각 매체별 광고를 집행할 구매 가능한 비히클과 유닛의 정보를 텔마(Telmar)와 같은 미디어 모델에 입력 후, 최적화된 매체 조합을 예산에 맞추어 구성한다.

표 3-4 매체별 장단점

매체	장점	단점
TV	• 넓은 도달률 • 크리에이티브 유연성 • 시청자 선별성 • 비용 대비 효율성	• 높은 비용 • 짧은 노출시간 • 광고 회피 현상 • 광고 혼잡도 • 광고 규제 심화
라디오	• 청취자 계층 선별성 • 지역 밀착형 광고 가능 • 낮은 비용 • 접근 용이성 • 높은 빈도수 구현 가능 • 광고 제작의 유연성 • TV와 연계하여 이미지 전이 가능	• 짧은 노출시간 • 광고 혼잡도 • 백그라운드 매체 가능성 • 소리에 의존한 크리에이티브 한계
잡지	• 수용자 선별성 • 긴 수명 • 높은 회독 및 재독 • 높은 컬러의 질 • 쿠폰 등 프로모션 연동 가능 • 미디어 믹스 용이	• 긴 광고 집행 준비기간 • 정보의 즉시성 부족 • 높은 CPM • 긴 도달률 확보에 걸리는 시간 • 수용자에 의한 스킵이 용이

신문	• 신뢰성 • 지역성	• 짧은 수명 • 흑백 위주, 낮은 컬러의 질 • 광고 혼잡도 • 높은 CPM • 구독자 수 감소
옥외	• 광고의 크기 • 높은 빈도수 구현 가능 • 지역적 커버리지 높음 • 브랜드 인지도 생성 • 주의를 끌기 쉬움 • 미디어 믹스 시 보조 매체로 용이	• 짧은 노출시간 • 효과 측정 어려움 • 환경적 문제로 인한 비판
온라인	• 수용자 선별성 • 쌍방향 커뮤니케이션 • 정보의 양 • 다양한 크리에이티브 창출 • 저렴한 비용 • 다양한 광고효과 측정방법	• 프라이버시 문제 • 제한된 도달범위 • 낮은 노출 비율 • 표준화된 광고효과 측정방법 부재 • 광고 회피 현상
모바일	• 즉시성 • GPS 타깃팅 • 다양한 크리에이티브 창출 • 낮은 CPM • SMS, 디스플레이, 검색광고 등 다양한 형태 제공	• 작은 화면 • 프라이버시 침해 • 기기에 따라 모든 광고가 지원되지는 않음

6) 예산을 기간별, 지역별로 얼마만큼 할당할 것인가?

전체 예산이 정해지면, 기간별, 지역별로 예산을 할당하게 되는데, 실제 예산의 정확한 할당량은 프로그램을 통해 산출이 가능하다. 산출되는 기본 원리는 획득하고자 하는 광고 노출 양을 비용으로 전환한 후, 기간별 광고 노출 양의 할당을 비용 할당으로 전환하는 방식이다. 구체적으로 보면, 광고 노출효과(GRPs)는 도달률과 빈도수의 곱으로 구해지는데, 전체 획득하고자 하는 총 노출 수준의 목표, 즉 GRPs의 목표를 기간별(예: 6~8월)로 나누어 광고예산을 할당하고, 지역 타깃팅을 할 경우, 특정 지역에 대해 추가적인 노출 수준 획득을 위한 지역 미디어를 구매하고, 지역 미디어에 투입되는 비용을 추가 예산으로 할당하는 방식이다. 예를 들어, 광고주가 6~8월에만 광고를 집행한다는 가정하에 〈표 3-5〉와 같이 도달률과 빈도수에 기반을 둔 노출효과(GRPs) 목표를 세운다면, 총 노출효과는 1,055GRPs가 된다. 월별로 할당되는 노출효과(GRPs) 목표 할당 비율을 구하면, 6월에는 총 노출효과 목표 1,055GRPs의 26.5%{(280/1055)×100}, 7월에는 35.6%{(375/1055)×100}, 8월에는 37.9%{(400/1055)×100}가 할당이 된다. 따라서 전체 광고예산의 26.5%는 6월에, 35.6%는 7월에, 37.9%는 8월에 할당된다.

만일 광고주가 특정지역 A와 B에 추가적으로 지역 미디어를 구매하면, 〈표 3-6〉과 같이 A와 B지역의 목표 GRPs 수준은 〈표 3-5〉에서의 목표 GRPs 수준보다 높아진다. 즉, A와 B지역에서는 6월에 전국 미디어를 통해 280GRPs를 얻고, 추가적으로 200GRPs를 지역 미디어를 통해 얻게 되어 총 480GRPs를 얻게 된다. 따라서 6월에 A와 B지역은 전국 미디어 예산의 15.65%{(280/1795)×100}가 할당되고, 지역 미디어 예산의 11.1%{(200/1795)×100}가 할당된다.

표 3-5 기간별 예산 할당

기간	도달률	빈도수	GRPs
6월	70	4	280
7월	75	5	375
8월	80	5	400
합계			1,055

표 3-6 지역 타깃팅 시 기간별 예산 할당

기간	도달률	빈도수	GRPs
6월	80	6	480
7월	85	7	595
8월	90	8	720
합계			1,765

3. 매체 기획 과정

앞서 매체 기획은 '무엇이 광고 메시지를 잠재 소비자에게 전달할 수 있는 최선의 방법인가?'라는 질문을 구체적인 세부 질문으로 나누어 논리적인 과정을 통해 답을 찾아가는 과정이라고 하였다. 앞서 설명한 이러한 일련의 질문들은 다음과 같은 여러 단계를 통해서 하나의 매체 기획안으로 구성된다.

1) 상황 분석

효과적인 매체 기획은 전체 마케팅 계획(marketing plan)의 연장선에 있어야 한다. 마케팅 계획 전반의 목표와 연결되지 못하는 매체 기획은 결과적으로 실패하는 ROI(Return On Investment)에 귀결된다. 따라서 매체 기획의 시작은 마케팅 계획으로부터 달성하고자 하는 목표가 무엇인지를 현재 마케팅 상황에서 파악하는 것이다. 마케팅 상황은 크게, 소비자에 대한 분석, 경쟁사에 대한 분석, 제품/기업에 대한 분석, 시장에 대한 분석으로 나뉜다(Parente, 2006).

소비자에 대한 분석은 신디케이티드 데이터(syndicated data)인 SMRB 혹은 MRI에서 얻을 수 있는 소비자의 인구통계학 정보에 따른 제품 구매정도의 정보를 파악하는 데 그치는 것이 아니라, 소비자는 누구인가? 그들이 가지고 있는 특성들은 무엇인가? 무엇이 그들을 구매하게 하는가? 그들은 어떠한 가치를 추가하며 사는가? 제품이 그들의 라이프 속에 어떻게 속해 있는가? 등 소비자가 실제 제품을 구입 결정을 하는 데 있어서 영향을 주는 모든 요인에 대한 깊이 있는 이해가 필요하다. 이를 위해 신디케이티드 데이터를 사용한 2차 조사 외에 설문조사, 포커스 그룹 인터뷰 등 소비자에 대한 1차 조사가 동반되어야 한다.

다음으로 경쟁사의 마케팅 전략과 활동은 현재 브랜드의 경쟁상황을 이해하는 데 중요하다. 우리 브랜드의 주요 경쟁사는 누구인가? 그들의 강점과 약점은 무엇인가?

경쟁사의 마케팅 활동이 우리 브랜드에 어떤 영향을 주고 있는가? 얼마나 많은 광고비 예산을 경쟁사들이 쓰고 있는가? 경쟁사는 어떤 광고매체를 쓰고 있는가? 경쟁사의 크리에이티브 전략은 무엇인가? 등에 대한 이해가 수반된다.

또한 브랜드는 기본적으로 기업의 여러 내적 요인과 외적 요인의 영향을 받는다. 따라서 기업에 관한 현 상황에 대한 내적 외적인 요인들의 분석이 필요하다. 내적인 요인들을 살펴보면, 현재 기업의 재정적 자원과 기술적 자원은 어떤 위치에 있는가? 지난 몇 년간 기업의 판매실적은 어떠한가? 기업의 시장점유율은 오르고 있는가, 내려가고 있는가? 등이다. 외적인 요인들은 지난 몇 년간 전체 제품군의 판매실적은 어떠한가? 현 경제 상황은 어떠한가? 등이 포함된다.

제품에 관한 분석은 단순히 제품의 여러 속성을 나열하는 데 그치는 것이 아니라, 제품의 속성이 어떻게 소비자의 니즈(needs)에 부합되는지, 소비자가 제품에 얼마나 가치를 부여하고 있는지에 대한 평가와 함께 소비자에게 가치 있는 속성을 인지시킬 수 있는 기회는 무엇인지 찾는 것이다.

시장 분석은 현재 어디에 소비자가 위치해 있는지 알기 위한 분석으로 소비자 분석의 연장선에 있다고 할 수 있다. 시장 분석은 지역 타깃팅을 위해 사용된 CDI와 BDI 지수를 이용하여, 특정 지역에 추가적인 광고 노출이 필요한지 여부를 판단하는 데 필요한 분석으로 지역 매체 구매지역 선정 결정에 선행된다.

상황 분석은 〈표 3-7〉과 같은 SWOT을 도출하기 위한 것으로 SWOT은 전체 매체 기획의 목표 설정과 연결된다(Parente, 2006). 예를 들어, 판매 부진을 이끄는 심각한 위험요소가 낮은 최초 상기율(top of mind awareness)이라는 결론이 SWOT 분석으로부터 도출되었다면 매체 기획의 목표를 최초 상기율 증가로 설정할 수 있다. 문제점이 무엇인지를 파악하는 것만으로도 문제의 절반이 해결된다는 말이 있다. 문제점들은 SWOT을 통해 여러 약점과 위험요소로부터 찾아질 수 있으며, 이러한 문제점들을 찾아 해결하는 것이 매체 기획의 목표와 연결된다.

표 3-7 SWOT

S(Strengths)	W(Weaknesses)
• 브랜드가 가지고 있는 장점 • 경쟁사보다 경쟁력이 있는 부분 • 시장에서 소비자들이 브랜드의 장점으로 보고 있는 점	• 브랜드가 향상시켜야 하는 점 • 경쟁사가 더 경쟁력이 있는 부분 • 시장에서 소비자들이 브랜드의 약점으로 보고 있는 점
O(Opportunities)	T(Threats)
• 브랜드가 가지고 있는 기회요인 • 브랜드가 직면한 긍정적 트렌드	• 브랜드에게 장애가 되는 요인 • 브랜드의 마케팅 전략을 위협할 만한 외부요인

2) 목표 설정

매체 기획의 목표는 전체 매체 기획의 방향성을 제시하는 역할을 하며 크게 마케팅 목표, 커뮤니케이션 목표, 매체목표로 구분된다. 마케팅 목표는 매출액, 시장점유율과 관련된 재무적인 목표이며 커뮤니케이션 목표는 브랜드 인지도 향상, 브랜드 호감도 형성 등 광고가 궁극적으로 마케팅 목표를 이루기 위해 달성해야 하는 커뮤니케이션 목표이다. 매체목표는 커뮤니케이션 목표를 달성하기 위해 매체를 통해 달성해야 하는 노출 수준에 관한 목표이다. 수립되는 목표는 달성되었는지의 여부를 확인하기 위해 반드시 타임라인(time line)과 기준점(criteria)이 있어야 한다. 예를 들어, SWOT을 통해 발견된 브랜드의 문제점이 낮은 브랜드 인지도라면, 커뮤니케이션 목표를 2021년까지 브랜드 인지도를 현재 20%에서 40%까지 증가시키기로 설정할 수 있다.

상황 분석을 통해 브랜드의 주요 문제점과 기회가 될 수 있는 부분을 도출하여, 마케팅 목표, 커뮤니케이션 목표를 설정한 후 다음 단계가 매체목표를 수립하는 것이다. 커뮤니케이션 목표는 마케팅 목표를 이루기 위해 정해진 기간 내에 광고가 달성해 내야 하는 광고목표라면, 매체목표는 광고목표를 달성하기 위해 요구되는 매체를 통한 노출 수준 목표를 양적으로 수립한 목표이다. 매체목표는 다음과 같은 구체적 목표를 포함한다.

(1) 타깃 오디언스 목표

매체목표를 수립할 때 제일 먼저 할 일이 타깃 오디언스를 설정하는 것이다. 누구에게 매체를 도달시킬 것인가? 각각의 타깃 오디언스에게 얼마만큼의 가중치를 줄 것인가?를 정해야 한다. 타깃 오디언스 목표는 인구통계학 정보, 사이코그래픽스, 구매 행동, 구매 후 영향력 등 다양한 측면으로 기술될 수 있다. 타깃 오디언스 목표는 각 타깃 집단에 대한 도달률 목표와 빈도수 목표로 정의된다. 도달률 목표와 빈도수 목표의 적정 수준에 대한 정답은 없으나, 정해진 광고예산 안에서 매체 기획은 수행되어야 하므로 도달률과 빈도수에 대한 목표치 간에 적정 밸런스를 찾는 것이 필요하다. 예산의 한계로 인해 도달률과 빈도수는 역 상관관계에 있으며, 다음은 도달률이 빈도수에 비해 더 가중치가 요구되는 경우이다.

최신성 기획(recency planning)은 일 단위 혹은 주 단위의 짧은 시간 동안 많은 타깃 오디언스에게 낮은 빈도의 광고 메시지를 전달하여, 소비자가 다음 날 매장으로 갈 때 우리 브랜드에 대해 잘 상기하도록 하는 개념(Ephron, 1997)으로, 만일 최신성 기획을 집행하기로 한다면 도달률이 더 요구된다. 만일 커뮤니케이션 목표가 브랜드 인지도 수준을 유지시키는 것이라면 빈도수에 비해 도달률이 더 중요하다.

신제품 출시를 알려야 하는 경우 도달률이 빈도수에 비해 상대적으로 더 중요하다. 핸드폰의 다음 모델을 기다리고 있는 소비자들에게는 단 한 번의 제품 출시를 알려 주는 광고 노출만으로도 큰 광고 영향력을 행사할 수 있으므로, 도달률이 빈도수에 비해 가중치가 부여된다.

새로운 프로모션이 시행되는 경우 도달률이 중요해진다. 자동차 신규 모델의 시승 신청자 중 선착순 1,000명에게 파격적인 가격 프로모션을 준다고 가정해 보면, 단 한 번의 광고 노출도 영향력이 있다.

다음은 빈도수가 도달률보다 더 강조되는 경우이다.

제품군의 경쟁이 치열한 경우 빈도수를 강조하여야 전달하고자 하는 광고 메시지가 미디어 클러터(media clutter)와 메시지 클러터(message clutter)를 극복하고 소비자에게 인지될 수 있다.

전달하고자 하는 광고 메시지가 복잡한 경우 여러 번 노출되어야 소비자들이 메시지를 완전히 이해할 수 있다. 이 경우 빈도수가 상대적으로 더 요구된다.

(2) 지역 목표

국내의 경우 지역적 요인을 고려하는 광고 캠페인 활동이 미국을 비롯한 넓은 국토의 국가에 비해서 활발하지는 않지만, 특정 지역에 추가적인 광고매체를 구매해야 하는 경우, 즉 지역적 매체 가중치를 달리할 경우에는 앞서 설명한 CDI와 BDI 지수를 활용하여 다음과 같은 지역 목표를 세울 수 있다.

가장 보편적인 목표 설정 방법으로 현재 판매율에 비례하여 지역별 광고비 예산을 할당하여, 현재 상태를 유지하는 수준을 목표로 설정할 수 있다.

CDI, BDI가 모두 125 이상이고, 매년 10% 이상의 판매율 성장률을 보이며, 유통 채널이 잘 확보된 안정적 지역을 중심으로 상향 조정된 목표치를 설정할 수 있다.

CDI는 125 이상으로 높으나 BDI는 80 이하로 낮은 지역들을 중심으로 다음 분기 판매율을 예측하여 공격적인 목표치를 설정할 수 있다.

(3) 시기 목표

시기(timing)에 관한 매체목표는 소비자에게 광고 메시지를 언제 전달할 것인가, 즉 광고 캠페인이 진행되는 동안 시기별로 어떻게 광고비를 나누어 할당할 것인가를 구체화하는 목표이다. 시기에 관한 목표를 결정할 때 고려할 요소는 다음과 같다.

제품군과 브랜드 판매가 계절성과 관련이 있는지 여부이다. 만일 제품이 계절성과 밀접한 관련이 있다면, 예를 들어 판매율의 10%가 7월에 일어난다고 한다면, 광고예산의 10%를 7월에 할당하는 목표를 세울 수 있다. 즉, 시기별 판매율의 변동에 따라 광고비 지출의 목표 설정이 가능하다.

제품군별 소비자의 실제 구매와 구매를 결정하는 시기와의 관계이다. 예들 들어,

자동차의 경우 실제 구매가 이루어지는 시기와 구매를 결정하는 시기 간에 상당한 시일이 소요될 수 있다. 예를 들어, 자동차 구매에 관심이 있는 소비자는 TV에 나오는 자동차 광고에 관심을 가지고 지켜본 후, 친구들과 주변 지인들과 구매하려는 자동차에 관해 이야기를 나눌 것이며, 인터넷을 통해 많은 시장 조사를 할 것이다. 이에 반해, 아이들이 좋아하는 과자의 경우, 금요일 저녁 TV에서 본 과자를 엄마에게 이야기하면 다음 날 주말 쇼핑리스트에 해당 과자 브랜드가 장바구니에 포함될 수 있다. 따라서 자동차에 비해 과자류는 일별과 같이 단기간에 도달률을 최대치로 끌어올리는 것을 목표로 할 수 있다. 또한 와인의 판매가 토요일에 가장 많이 일어난다면, 토요일 직전인 수요일, 목요일, 금요일에 광고 도달률을 최대치로 올리는 목표 설정이 가능하다. 이처럼 광고를 하는 시기의 관점에서 제품군별 구매를 결정하는 시기와 실제 구매가 일어날 수 있는 시기와의 관계에 근거하여 시기 목표 설정이 가능하다.

신제품이 도입되거나 새롭게 시작하는 프로모션이 있어 광고를 통한 지원이 필요한 시기가 있는지, 새롭게 시작되는 광고 크리에이티브가 있는지 파악하여 시기 목표 설정에 반영할 수 있다.

또한 경쟁사가 시기별 광고를 어떻게 진행하는지 반영하여, 같은 시기에 같은 양의 혹은 더 많은 양의 광고를 하는 공격적인 목표를 설정할 수 있으며, 경쟁사가 광고를 하지 않는 시기에 광고를 집행하는 방어적인 목표를 세울 수 있다.

3) 매체전략 설정

매체목표가 매체를 통해 누구를 대상으로(타깃 오디언스 목표), 어디에(지역 목표), 언제(타이밍 목표) 매체를 구매하여 목표하는 노출 수준을 획득할 것인지를 양적인 수치로 수립하는 매체 관련 목표라면, 매체전략은 매체목표를 달성하기 위한 매체 관련 전략을 설정하는 것으로 크게 매체 선정, 미디어 믹스, 스케줄링을 통해 이루어진다.

(1) 매체 선정

매체 선정 부분에서는 어떤 매체 유형(media class)을 사용할 것인가, 사용 목적은 무엇인가? 한 개의 매체를 사용할 것인가? 미디어 믹스를 사용할 것인가? 매체를 지역별로 어떻게 다르게 사용할 것인가? 광고를 어떻게 기간별로 스케줄링할 것인가? 등의 결정과 근거들이 포함한다. 매체 선정 전략에 있어 중요한 결정 중에 하나가 싱글 미디엄(single medium)을 사용할 것인가, 여러 개의 매체를 조합한 미디어 믹스(media mix) 전략을 사용할 것인가이다. 다양한 매체가 현존하는 오늘날 싱글 미디엄을 사용하여 광고 캠페인을 진행하는 경우는 많지 않다. 만일 싱글 미디엄을 통해 광고를 집행한다면 비용적인 이유가 가장 크다.

싱글 미디엄을 사용하는 대표적인 경우는 다음과 같다. 특정 타깃 오디언스에 대한 도달률을 획득하기에 싱글 미디엄이 비용적인 면에서 효과적인 경우, 예산이 싱글 미디엄을 활용하기에 적합한 경우, 주요 경쟁사가 싱글 미디엄을 집중해서 사용하는 경우, 싱글 미디엄에 집중하여 광고비를 투자함으로써 특정 매체에 있어서 우월성과 자사의 브랜드가 소비자의 눈에 띄는 효과를 얻고자 하는 경우, 소비자 인게이지먼트(engagement)를 얻기에 싱글 미디엄이 용이한 경우, 원하는 빈도수를 얻기에 싱글 미디엄이 용이한 경우, 지속형 스케줄링을 구현하기에 싱글 미디엄이 용이한 경우 등이 이에 해당한다.

이에 반해, 미디어 믹스가 더 효과적인 경우는 다음과 같다(Katz, 2003; Sissors & Baron, 2010). 여러 종류의 매체를 통해 다양한 시청각 자극을 제공함으로써 광고의 시너지 효과를 얻고자 하는 경우와 광고목표를 이루는 데 있어 상호보완적 측면에서 효과를 얻고자 하는 경우이다. 예를 들어 TV 광고를 통해 브랜드 인지도를 높이고, 잡지광고를 통해 제품의 상세한 정보를 제공하고, 라디오 광고를 통해 노출 빈도수를 높이며, 배너 광고를 통해 자사 홈페이지에 방문수를 높여 매출효과를 얻고자 하는 경우 등이다. 로시터와 퍼시(Rossiter & Percy, 1997)는 제품을 이성적 제품과 감성적 제품으로 구분하고, 제품에 대한 관여도를 고관여와 저관여로 구분하여, 브랜드 인지도와 브랜드 태도를 가장 효과적으로 달성할 수 있는 미디어 믹스 사용을 제안하였다. 또한 여러 매체를 사용하면 싱글 미디엄 사용 시 일부 수용자들에만 집중되거나 아예 도달하지 못하는 수용자 집단이 존재하는 것을 막을 수 있다.

(2) 미디어 믹스

미디어 믹스(media mix)는 "두 개 이상의 다른 매체 유형을 하나의 광고 캠페인에 사용하는 것"을 말한다(Surmanek, 1996, p. 49). 매체 선정 단계에서 미디어 믹스를 하기로 결정하였다면 어떻게 매체를 믹스하는 것이 좋을지 판단하기 위해 미디어 믹스 모델(media mix model)을 활용한다. 미디어 믹스 모델은 컴퓨터 시뮬레이션으로서, 타깃 오디언스에 대한 노출 수준을 총 임프레션 수(gross impression), 도달률, 빈도수, 빈도 분포 등의 형식으로 예측한다. 대표적인 모델로 텔마(Telmar)가 있으며, 이 모델은 닐슨(nielsen), MRI, SMRB 등의 데이터 소스를 활용한다. 〈표 3-8〉은 텔마를 통해 보여 줄 수 있는 데이터 분석 결과표로 광고예산 1,000만 달러로 구현해 볼 수 있는 미디어 믹스 버전의 세 가지 예시이다. 미디어 믹스 모델은 매체의 효과를 최대화시킨다는 점에서 유용한 툴(tool)이며 매우 널리 활용되는 툴이나 한계점이 있음을 인지할 필요가 있다. 먼저, 서로 다른 매체 간 오디언스 데이터가 본

표 3-8 미디어 믹스 분석

결과	미디어 믹스 버전 1	미디어 믹스 버전 2	미디어 믹스 버전 3
TV	100%	70%	65%
라디오	-	-	15%
잡지	-	30%	15%
도달률	90%	93%	94%
효과 도달률 5+	27%	31%	33%
평균 빈도수	7.8	8.6	9.1
예측 GRPs	500	600	750

출처: Telmar.

질적으로 비교가 적합하지 않다. 최근 들어 통합 매체 오디언스 데이터가 수집이 되기 시작하였으나, 아직까지 많은 오디언스 데이터는 싱글 미디엄으로부터의 데이터이다. 또한 매체별 오디언스를 측정하는 방법이 상이하며, 광고의 유닛 단위가 매체별로 다르다. 예들 들면, TV 광고의 경우 30초 광고가 하나의 광고 유닛인 데 비해 잡지광고의 경우 풀 페이지(full page)가 광고 유닛이 될 수 있어, 같은 잣대에서 비교가 어렵다. 또한 매체에 대한 오디언스의 관여도가 매체별로 상이하나 이에 대한 가중치 없이 노출 수준에서 매체효과가 결합된다.

(3) 스케줄링

미디어 믹스에 대한 전략이 수립되면 전체 예산 내에서 기간별로 어떻게 미디어 믹스를 스케줄링(scheduling)할 것인가를 정해야 한다. 나익, 만트라라와 소이어(Naik, Mantrala, & Sawyer, 1998)는 매체 기획에서 가장 중요한 업무 중에 하나가 정해진 예산 내에 어떤 매체 스케줄을 할 것인지 결정하는 것이라고 하였다. 스케줄링은 크게 지속형(continous), 집중형(flighting), 간헐형(pulsing)으로 구분된다(Katz, 2003).

지속형 스케줄링은 [그림 3-2]에서 보는 바와 같이 캠페인 기간 동안 대략 같은 양의 광고비가 투입되는 스케줄링 유형이다. 예를 들어, 연간 2,400GRPs를 한 달에 200GRPs씩, 주당 50GRPs씩 균등히 스케줄링하는 방식이다. 지속형 스케줄링 전략은 비교적 시장점유율이 고정되어 있고, 판매율이 매달 혹은 기간별로 상당히 일정할 때 고려될 수 있는 스케줄링 유형이다. 집중형 스케줄링은 [그림 3-2]에 제시한 바와 같이 캠페인 기간 동안 광고비가 기간별로 상이하고, 특정 기간에는 광고비 투입이 전무한 스케줄링을 일컫는다. 이와 같은 스케줄링 접근 방식은 경쟁사들에 비해 광고비 예산이 제한적이며, 판매율이 기간별로 상이한 경우 활용 가능한 스케줄링 유형이다. 간헐형 스케줄링은 광고비 투입량이 기간별로 상이하다는 점에서 집중형 스케줄링과 패턴이 유사하나 가장 큰 차이점은 광고비 투입이 전혀 없는 기간은 없다는 점이다. 즉, 판매율이 높은 시기 직전에 최대 광고비를 투입하고 그 외 기

간에는 브랜드 인지도를 유지하는 수준에서 광고를 진행하는 방식이다([그림 3-2]
참조).

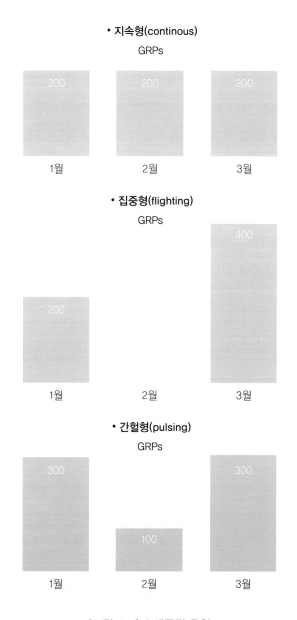

[그림 3-2] 스케줄링 유형

4. 전술 설정

　　전술 설정(tactical planning)은 매체 기획 과정에서 전술적 계획을 세부적으로 기술하여 실행을 구체화하는 섹션으로 매체 선정과 예산, 스케줄링에 관한 목표치와 실행 방법이 제시된다. 전술 설정 부분에서는 기간별 매체별로 얻을 수 있는 도달률 수준, 빈도수 수준, 예산 사용 등을 포함한 스케줄링에 관한 플로우 차트가 제공된다. 플로우 차트는 전체 매체 기획을 한눈에 정리, 요약한 결과이다. [그림 3-3]은 실습용 Media Flight Plan Software를 사용하여 작성된 플로우 차트의 예시로, 여성 18~24세의 타깃 오디언스를 대상으로 6월에 Net Cable-Daytime(Daytime: 오전 10시~오후 4시 30분), Net Cable-E Fringe(E Fringe: 저녁 6~8시), Net Cable-L Fringe(L Fringe: 밤 11시~새벽 5시)와 Net Radio-Morning Drive(Morning Drive: 오전 6~10시)를 구매하여 도달률 66.3, 빈도수 4.2를 통해 280GRPs의 광고 노출을 획득할 수 있음을 예측하고, 1,837,600달러를 내셔널 미디어에 예산을 할당하고 있다. 또한 추가적으로 10개 도시(애틀랜타, 보스턴, 시카고, 댈러스-포트워스, 휴스턴, 로스앤젤레스, 뉴욕, 필라델피아, 샌프란시스코, 워싱턴)를 지역 타깃팅하여, 지역 미디어인 Spot Radio-Evening Drive(Evening Drive: 오후 3~7시)와 Spot Radio-Night time(Night time: 저녁 7시~자정)을 구매하여 도달률 47, 빈도수 4.3을 통해 199GRPs의 광고 노출을 얻을 수 있음을 예측하고, 759,300달러의 비용을 지역 타깃팅에 할당하는 전술 설정을 보여 준다. 플로우 차트에 대한 설명의 간명화를 위해 6월만의 매체 구매 예시만을 [그림 3-3]에서 보여 주고 있지만, 일반적으로는 분기별(예: 1~4월), 연간(1~12월) 단위로 플로우 차트가 작성이 된다. 플로우 차트를 통해 각 매체별 광고 노출효과에 대한 공헌도와 비용이 가장 오른쪽의 총계에 정리되며, 총계의 마지막 하단에 총 광고 노출효과의 예측치(480GRPs)와 총 비용(2,596,900달러)이 요약된다. Media Flight Plan Software는 실습용으로 제작된 소프트웨어이므로, 각 매체별 비용이 소프트웨어 자체 내에 내장되어 있고, 선정한 매

Default Flowchart Title
Default Flowchart SubTitle

Target Demo: All Women ages 18-24

Medium	Jan	Feb	Mar	Apr	May	Jun	Jul	Aug	Sep	Oct	Nov	Dec	Total Across
Net Cable-Daytime $(000)						GRPS: 70 / 221.8							GRPS: 70 / COST: 221.8
Net Cable-E Fringe $(000)						70 / 559.4							GRPS: 70 / COST: 559.4
Net Cable-L Fringe $(000)						70 / 635.0							GRPS: 70 / COST: 635.0
Net Radio-Morning Drive $(000)						70 / 421.4							GRPS: 70 / COST: 421.4
Spot Radio-Evening Drive $(000)						100 / 661.8							GRPS: 100 / COST: 661.8
Spot Radio-Nighttime $(000)						100 / 97.5							GRPS: 100 / COST: 97.5
National Only Area GRPS / $(000) / Reach / Avg. Freq.						280 / 1837.6 / 66.3 / 4.2							GRPS: 280 / Cost: 1837.6
Spot Only Area GRPS / $(000) / Reach / Avg. Freq.						199 / 759.3 / 47.0 / 4.3							GRPS: 199 / Cost: 759.3
Plan Total GRPS / $(000) / Reach / Avg. Freq.						480 / 2596.9 / 80.6 / 6.0							GRPS: 480 / Cost: 2596.9

© Deer Creek Software, Provo, UT

[그림 3-3] 플로우 차트

출처: Media Flight Plan Software.

체가 모두 구매 가능하다는 전제하에 실행이 된다.

일반적으로 플로우 차트와 함께 매체 비히클별 비용과 광고 노출효과 추정치 (GRPs, CPP, CPM)에 대한 예산안(budget recap)이 시기별로 정리되는 것으로 매체 기획안이 마무리된다. 여기서 CPP(Cost Per Point)는 타깃 오디언스 1%에 도달하는 데 드는 매체 비용이고, CPM(Cost Per Mille)은 타깃 오디언스 1,000명에게 도달하는 데 드는 매체 비용이다(Kelley & Jugenheimer, 2004, p. 22).

지역 타케팅이 활발한 미국의 경우는 일부 지역만을 선별하여 시뮬레이션하는 테스트 마케팅의 시행 결과가 함께 보고된다. 카츠(Katz, 2003, p. 132)는 매체 기획안 작성 시 고려해야 하는 점을 다음과 같이 요약하고 있다. 첫째, 시각화이다. 그림, 플로우 차트 등의 시각적 자료를 사용하여 한눈에 알아보기 쉽게 정리해야 한다. 둘째, 간략화이다. 많은 수리적 자료와 정보에 기반을 두고 작성되는 매체 기획안이라 할지라도, 핵심 포인트 위주로 정리해 제시해야 한다. 셋째, 매체 기획안의 궁극적인 목적은 광고주가 광고 캠페인을 통해 제품을 소비자에게 알리고 궁극적으로 판매율을 올리기 위함이므로, 매체 기획안은 반드시 현재 우리의 소비자가 살고 있는 마케팅 현실에 기반을 둔 가장 실무적인 계획이어야 한다.

5. 마치며

에프론(Ephron, 1998)은 매체 기획을 도달률, 빈도수, 매체별, 지역별, 시기적 가중치에 대한 서로 상충되는 목표들을 만족시키는 것이라고 하였으며, 구겐하임 (Guggenheim, 1984)은 매체 기획은 광고, 크리에이티브 디자인, 예산 등 광고의 모든 분야를 다루는 예술이자 과학이라고 하였다. 앞서 우리가 살펴본 매체 기획에서 고려되는 여러 사항은 서로 상충될 수 있으며, 따라서 모든 사항을 만족시키는 방법을 찾는 것은 거의 불가능할지도 모른다. 단지 앞서 설명된 여러 고려되어야 하는 사항들을 가장 논리적인 방법으로 최선의 균형을 이루도록 기획하는 것이 매체 기획이라 할 수 있다. 앞으로의 매체 기획은 점점 더 복잡해지고, 창의적이며 도전적이 되고 있다. 도달률과 빈도수가 여전히 중요한 지표이지만, 소비자들이 광고 메시지를 어떻게 느끼고 어떻게 메시지와 상호작용하는지의 중요성이 점점 더 커지고 있다. 새로운 매체들이 폭발적으로 증가하고 있는 오늘날의 매체 환경에서는 과거에 비해 매체 기획자는 더 오픈된 마인드로 유연적 사고를 가지고 매체 기획 과정 전반에 걸친 새로운 빅 아이디어를 그리는 것이 필요하다. ▪

제4장
전통적인 4대 매체

정차숙(서울여자대학교 언론영상학부 초빙교수)

1. TV 매체

2. 라디오 매체

3. 신문 매체

4. 잡지 매체

◆ ◇ ◆

"매체는 광고를 지배한다. 광고매체는 단순히 광고를 전달하는 도구 이상의 의미를 갖고 있으며, 나아가 매체에 따라 광고효과가 달라진다."

광고매체(advertising media)는 광고주의 광고를 소비자에게 전달해 주는 도구이다. 그러나 단순히 광고를 전달하는 수단에 그치는 것이 아니라, 광고매체 자체가 광고 메시지의 표현과 의미, 효과에도 영향을 미칠 수 있다. 각각의 매체는 다른 매체로는 해낼 수 없는 독특한 특성과 고유한 기능 등이 있기 때문이다. 똑같은 메시지라고 할지라도 어떤 광고매체를 택했느냐에 따라 광고표현이 달라지고, 소비자에게 전달되는 의미가 다르게 나타나며, 나아가 광고효과가 상이해질 수 있다. 따라서 매체를 통해 소비자에게 광고를 효과적으로 전달하고 싶다면, 무엇보다 광고매체에 대해 이해하는 것이 선행되어야 한다.

광고매체의 종류에는 방송매체, 인쇄매체, 뉴미디어, 옥외매체 등이 있다. 이 중에서 **방송매체**(broadcasting media)는 전파매체라고도 부르며, 광고주의 광고를 공중파, 위성신호 같은 전파 등을 이용해서 소비자에게 전달하는 매체를 말하고, TV, 라디오 등이 속한다. **인쇄매체**(printed media)는 광고주의 광고를 종이 등에 인쇄하여 소비자에게 전달하는 매체를 말한다. 신문이나 잡지, 카탈로그, 팸플릿 등이 이에 해당하며, 초기의 광고에서는 인쇄매체를 주로 사용하였다. 제2차 세계대전 이후 라디오와 TV의 보급이 확대되면서, 방송매체는 인쇄매체를 제치고 주요 광고매체가 되었다. 인쇄매체가 시각적 메시지만 전달 가능했다면, 방송매체는 시각적 메시지뿐만이 아니라, 청각적 메시지와 TV의 경우 동적인 영상 등까지 전달 가능하여 광고효과가 높았고, 광고주들이 선호했기 때문이다.

방송매체인 TV, 라디오와 인쇄매체인 신문, 잡지를 합쳐서 '전통적인 4대 매체'라고 부르며, 이에 대해 자세히 살펴보겠다.[1]

1. TV 매체

미디어 학자 조지 거브너(George Gerbner)는 TV를 강력한 '문화적 무기(cultural weapon)'라고 말하면서, 'TV는 사람들의 사회 현실 인식에 광범위하고 장기적으로 영향을 미침으로써 TV에서 보여 주는 현실을 마치 우리의 현실인 것처럼 인식하게 만든다'라고 주장했다. TV는 사람들의 생각을 비롯해서 태도, 행동에 막강한 영향을 미치고, 나아가 문화와 사회, 정치, 경제 등에도 엄청난 영향력을 행사한다. TV 매체(television media)란 전파로 영상과 음성, 음향 등을 전달하는 방송기구를 말한다. 같은 TV 수상기를 통해 메시지가 전달되기 때문에 시청자들은 차이를 깨닫지 못할 수도 있지만, TV는 송신하는 방식에 따라서 지상파TV, 케이블TV, 위성TV, 위성 DMB 및 지상파DMB 등으로 나눠진다. 일반적으로 TV 매체라고 하면 KBS, MBC, SBS, EBS 등을 포함하는 지상파TV를 의미한다.

지상파TV는 도달력이 광범위하고, 소비자의 이용시간과 매체접촉률이 높고, 광고효과가 커서(한국방송광고진흥공사, 2018), 오랫동안 주요 광고매체로 각광을 받아 왔다. 그러나 갈수록 TV 매체의 우위가 서서히 감소하고 있다. 이는 뉴미디어가 비약적으로 성장하면서, 소비자의 매체 소비행태와 광고주의 광고비 집행 패턴이 뉴미디어로 변화하고 있기 때문이다. 하지만 지상파TV는 향후 일정 기간 동안은 영향력 있는 광고매체로서의 지위와 역할을 유지할 것으로 보인다. 이용시간 및 매체접촉률이 높고, 친밀성, 통일성 등의 장점이 많기 때문에, 앞으로 얼마간은 영향력 있는 광

---

1 김상준, 정차숙(2018)의 '광고매체와 매체 기획' 『디지털 융합시대 광고와 PR의 이론과 실제』(김병희 외, 2018, pp. 351-400)의 내용을 정리 및 발전시킨 것이다.

고매체로서의 지위를 유지할 것이다.

1) TV 광고의 종류

TV 광고의 대표적인 종류로 프로그램 광고와 토막광고, 자막광고, 시보광고, 간접광고, 가상광고를 들 수 있다(한국방송광고진흥공사).

(1) 프로그램 광고

프로그램 광고는 프로그램의 스폰서로 참여하여 본 방송 전후에 방송되는 광고를 말한다. TV 광고의 대부분은 프로그램 광고가 차지하며, 유형에는 프로그램 전에 하는 전 CM(Commercial Message)과 프로그램이 끝난 다음에 하는 후 CM이 있다. 프로그램 광고의 기본 초수는 15초지만, 광고주가 요구하거나 광고 판매율이 저조하면 다양한 길이로 집행되기도 한다.

(2) 토막광고

토막광고는 프로그램과 프로그램 사이에 집행되는 광고이다. 스팟(SPOT) 광고, SB(Station Break)라고도 부르며, 초수는 20초, 30초이다.

(3) 자막광고

자막광고는 다음 방송 순서나 방송국 명칭을 고지할 때 화면 하단에 방송되는 자막 형태의 광고이다. 보통 자막이 나가는 화면 밑부분에 위치하며, 직사각형 박스 안에 짧은 텍스트, 간단한 이미지 위주로 되어 있다. 유형으로 다음 방송 순서를 안내할 때 나오는 곧이어(이어서)와 방송국 명칭을 안내할 때 나오는 ID(국명 고지)가 있다. 초수는 10초이고, 크기는 화면의 1/4 이하이며, 장점은 프로그램 광고나 토막광고 등에 비해 가격이 저렴하다는 것이다.

(4) 시보광고

시보광고에서 시보(時報)는 현재 시간을 알리는 것을 말하며, 단어 의미 그대로 시보광고는 현재 시간을 고지할 때 함께 방송되는 광고이다. 초수는 10초로 매우 짧다. 과거에는 시계 화면을 보여 주며 광고주를 거명하는 단순한 형태였으나, 점차 제품과 시간 정보를 연계하고 제품의 특징을 전달하는 등 창의적인 포맷으로 발전했다.

(5) 간접광고

간접광고는 방송 프로그램 안에서 상품을 소품으로 활용하여 그 상품을 노출시키는 형태의 광고이다. 드라마, 예능 프로그램 등에 제품을 등장시켜 간접적으로 광고를 하는 기법으로 PPL(Product PLacement: 제품 배치)이라고도 한다. 2010년 「방송법 시행령(미디어법)」 개정을 통해 간접광고가 공식적으로 허용되었고, 길이는 전체 프로그램 시간의 5% 이내로, 만약 60분짜리 프로그램이면 3분을 넘어서는 안 된다. 간접광고가 가능한 프로그램은 오락(드라마, 예능)과 교양 분야 프로그램이며, 어린이 대상 프로그램이나 보도 프로그램 등에는 집행할 수 없다.

간접광고의 장점은 광고라는 인식을 주지 않고 자연스럽게 소비자에게 다가갈 수 있으며, 광고에 대한 경계심, 불신을 낮출 수 있다는 것이다. 제품, 브랜드 등의 인지도, 선호도, 회상률을 제고할 수 있고, 매출에 긍정적인 영향을 미칠 수도 있다. 단점은 지나친 간접광고는 소비자의 거부감, 불쾌감을 유발할 수 있다는 것이다. 콘텐츠나 스토리와 별 상관이 없이 지나치게 노골적으로 간접광고를 하면 소비자들은 짜증이나 불쾌함 등의 부정적 반응을 보이게 된다.

(6) 가상광고

가상광고는 방송 프로그램에 컴퓨터 그래픽을 이용하여 만든 가상의 이미지를 삽입하는 광고이다. 실제로 존재하지 않는 이미지이지만, TV 프로그램을 볼 때는 실제로 있는 것처럼 보이도록 가상의 이미지를 이용하는 것이다. 2010년 「방송법 시행령(미디어법)」개정을 통해 허용되었고, 2015년 스포츠 중계방송 프로그램뿐만 아니라, 오락 프로그램과 스포츠 보도 프로그램에서도 가상광고가 가능하게 되었다. 길이는 전체 프로그램 시간의 5% 이내로, 60분짜리 프로그램이면 3분을 넘어서는 안된다. 크기도 화면의 1/4을 넘을 수 없다.

2015년 '**광고총량제**'가 실시되면서, 방송광고 종류에 따른 시간, 횟수 등의 개별 규제가 폐지되었다. 광고총량제란 방송광고의 전체 허용량을 법으로 정하고, 시간, 횟수, 방법 등에 관한 사항은 방송사 자율로 정하는 제도를 말한다. 광고총량제가 실시된 이후 프로그램 광고, 토막광고, 자막광고, 시보광고 등의 개별적 규제가, '방송 프로그램 편성시간당 최대 18% 초과 금지, 채널별로 1일 동안 방송되는 방송 프로그램 편성시간당 방송광고시간 비율의 평균이 15% 이하로, 총 용량만 규제'되었다(간접광고, 가상광고는 광고총량제와는 별도). 즉, 60분짜리 프로그램의 경우 최대 10분 8초까지 광고가 가능하다. 다만 지상파TV의 프로그램 광고는 인기 프로그램의 광고 과잉을 방지하기 위해서 최대 허용시간인 18% 중에서 15%를 넘지 않도록 상한선을 제한하였다(한국방송광고진흥공사).

2) TV 광고의 요금, 판매, 집행

(1) 광고요금 책정

TV 광고의 요금은 방송사 대신 방송광고를 판매하고 있는 '미디어렙(media rep)'에서 책정한다. KBS, MBC, EBS 등의 TV 광고요금은 공영 미디어렙인 '**한국방송광고진흥공사**(KOrea Broadcastiong Advertising COrporation: KOBACO)'에서 기준요금을 산정하고, 방송사, 광고주 대표, 광고회사 대표 등과의 조율을 통해 최종요금 및 인상률을 결정한다. 반면, SBS의 TV 광고요금은 자체 민영 미디어렙인 'SBS M&C(SBS Marketing & Communication)'에서 책정한다.

광고요금 책정에 영향을 미치는 요인 가운데 **시급**이 있다. TV 방송의 시급은 프로

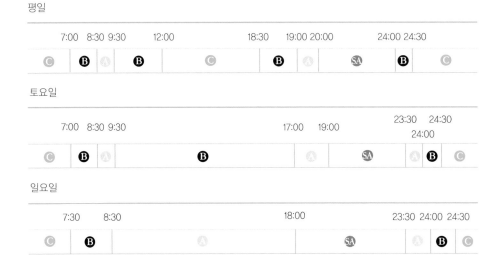

[그림 4-1] TV 방송의 시급(KBS, MBC)

출처: 한국방송광고진흥공사.

그램 편성시간대의 등급을 말하며, SA, A, B, C의 네 종류가 있다. 시급은 프로그램 시간대의 가치를 나타내고, 시청자들이 어느 시간대에 TV를 많이 보고 적게 보는지를 구분한 것이다. 프로그램에 대한 평균적인 가구 시청률 등을 기준으로 시급을 설정하는데, 제일 시청률이 높은 황금 시간대(prime time)를 SA급, SA급 전후의 시간대를 A급, A급보다 시청률이 낮은 시간대를 B급, 가장 시청률이 낮은 새벽, 심야 시간대를 C급으로 나눈다. 이 중 SA급이 가장 광고요금이 높다. 주중, 주말에 따라 사람들이 TV를 시청할 수 있는 시간 범위가 달라지기 때문에 시급은 [그림 4-1]과 같이 평일, 토요일, 일요일에 따라 조금씩 다르다.

(2) 판매방식

TV 광고는 시간이 지나면 가치가 소멸하기 때문에 재고가 무의미하고, 방송 바로 직전까지 팔리지 않은 광고시간은 기준보다 저렴한 가격을 받더라도 판매하는 것이 이익이다. 방송사는 '장기 예약'을 통해 안정적인 재원을 확보하고 있다. 장기 예약 구매를 하는 광고주들에게는 일괄 할인을 해 줌으로써, 적극적으로 장기 예약을 유도한다. '단기적인 광고 판매'를 통해 장기적인 구매를 할 수 없는 광고주 등을 수용하고, 방송 임박 직전까지 팔리지 않는 광고시간을 저렴하게 판매한다.

방송광고의 판매방식 종류에는 업프론트, 정기물, 임시물, GRPs 보장 판매, 프리엠션, CM 순서 지정 판매 등이 있다(한국방송광고진흥공사 기준).

① 업프론트

업프론트(upfront)는 6개월 이상 장기물로 광고 패키지를 판매하는 방식이다. 방송사는 업프론트를 통해 집중적으로 대량의 광고를 판매해서 안정된 경영재원을 미리 확보할 수 있다. 광고주는 일괄 할인 덕분에 광고시간을 저렴한 가격으로 장기적으로 확보하는 것이 가능하고, 연간 매체계획 수립이 용이하며, 사전에 안정적으로 필요한 광고시간을 구매함으로써 효율화를 꾀할 수 있다.

② 정기물

정기물은 업프론트 잔여 물량을 통상 '월(月)' 단위로 판매하는 방식이다. 기본적으로 3개월 단위이지만, 1개월에서 5개월까지 탄력적으로 판매한다. 광고주, 광고회사가 매월 일정량의 광고물량을 사전 제시된 판매기준에 의거해서 신청서를 접수하면, 방송사별로 판매한다.

③ 임시물

임시물은 정기물 판매 이후 잔여 물량에 대해 일반적으로 단 건에서 1개월 이하로 월 중에 판매하는 방식이다. 방송사는 임시물 판매방식을 통해 장기적인 구매를 할 수 없는 중소광고주 등을 수용하고, 방송 임박 직전까지 팔리지 않는 광고시간을 판매한다.

④ GRPs 보장 판매

GRPs 보장 판매는 광고주가 정기물로 구매한 방송 프로그램에 대해 방송광고 계약기간 동안 미디어렙과 광고주가 상호 합의한 총 시청률(Gross Rating Points: GRPs)을 보장해 주는 판매방식이다. 보장한 GRPs에 미달했을 경우, 부족한 시청률만큼 추가로 광고를 방송해 준다. 광고주는 목표 노출량을 안정적으로 확보할 수 있다.

⑤ 프리엠션

프리엠션(preemption)은 선매제라고 부르며, 사전에 지정한 특정 프로그램과 SB를 대상으로, 보다 높은 요금을 제시하는 광고주에게 판매하는 방식이다. 높은 가격을 제시하는 광고주가 우선적으로 광고시간을 선매하는 방식으로, 경매에 의한 광고판매 개념이다. 방송사는 프리엠션을 통해 인기 있는 프로그램 광고시간을 신속하게, 고가격으로 판매할 수 있다. 광고주는 반드시 필요한 광고시간을 구매하여 광고캠페인의 효과를 높일 수 있다. 하지만 상한선이 없는 경매방식이기 때문에 광고요금이 비싸 경제적 부담이 될 수 있다.

⑥ CM 순서 지정 판매

광고주가 CM 지정료를 추가로 부담하고 청약 프로그램의 CM 위치를 지정하는 판매방식이다. 광고주는 전 CM end, 후 CM top 등 원하는 CM 순서를 지정해서 광고시청률 및 광고효과를 높일 수 있다. 그러나 CM 지정료로 인해 추가 비용이 발생하는 단점이 있다(한국방송광고진흥공사).

(3) 판매, 집행 과정

지상파TV 광고는 방송광고 판매회사인 미디어렙을 통해 판매된다. 즉, 한국방송광고진흥공사가 방송사 KBS, MBC, EBS 등을 대신해서 광고를 판매하고, SBS M&C가 SBS의 광고를 판매한다.

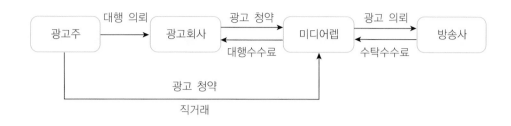

[그림 4-2] 방송광고 판매과정

출처: 이경렬(2016).

광고주가 지상파TV 광고를 하려면 직접 한국방송광고진흥공사나 SBS M&C에 청약하거나, 광고회사를 통해서 미디어렙에 광고 청약을 하면 된다. 직거래가 가능하기는 하지만, 실제로는 거의 광고회사를 통한 대행 구매로 이루어진다. 순서는 먼저 방송광고 신청서를 미디어렙에 접수한다. → 미디어렙은 판매회의를 거쳐 광고주별로 프로그램을 확정하고 판매 결과를 광고회사에 통보한다. → 광고회사는 한국방송협회에서 광고 심의 및 심의필증을 받은 뒤 광고물(CM)과 함께 미디어렙에 전달한다. → 미디어렙은 광고물, 광고 운행 의뢰서 등을 방송사에 발송한다. → 방송사는 프로그램 편성일에 맞춰 광고물을 편집하여 방영한다. → 광고회사에서는 광고가 제대로 집행되었는지 모니터링을 한다.

미디어렙은 방송광고 판매 대행을 한 대가로 방송사로부터 수탁수수료를 받고, 이 중에서 방송발전기금, 운영비, 기타 세금 등을 제외한 금액을 광고회사에 대행수수료로 지불한다(이경렬, 2016, p. 241).

3) TV의 특성

(1) 장점

TV 매체의 장점으로, 첫째, 영향력이 크다는 점을 들 수 있다. 4대 매체 중에서 유일하게 소비자의 시각, 청각을 동시에 자극하고 다각적 커뮤니케이션이 가능하기 때문에 가장 임팩트가 강하고 영향력이 크다. TV는 소비자의 주의, 주목을 잘 유도하며, 광고 메시지의 전달력, 이해도, 기억률을 높인다.

영향력이 컸던 TV 광고 사례로 애플의 매킨토시(Macintosh) 광고를 들겠다. 애플은 1984년 1월 22일 미식축구 결승전인 슈퍼볼 중계방송 때 TV 매체에 60초짜리 광고를 집행했다. 광고회사 치아트 데이(Chiat Day)가 기획했고, 영화감독 리들리 스콧(Ridley Scott)이 제작했다. 본 광고는 조지 오웰(George Orwell)의 소설 『1984년』을 소재로 삼았는데, 광고에도 독재자 '빅 브라더(big brother)'가 등장한다. 빅 브라더는 당시 컴퓨터 시장을 장악하고 있던 IBM을 상징하는 것으로, 애플의 매킨토시가 IBM 컴퓨터의 아성을 무너뜨리겠다는 메시지를 전달한다.

애플은 TV 매체에 딱 한 번만 광고 집행을 했다. 광고 집행 횟수가 대단히 적었음에도 불구하고, 본 광고는 커다란 영향을 미쳤는데, 우선 애플 매킨토시가 출시되자마자 순식간에 미국 전역에서 품절되는 사태가 발생했다. 매킨토시는 성공적으로 시장에 진입할 수 있었고, 판매목표를 7만 대나 초과 달성했다. 또한 미국의 광고잡지 『애드 에이지(Ad Age)』에 의해 1980년대 가장 창의적인 광고로 선정되기도 했다(김

[그림 4-3] 애플 매킨토시의 광고

출처: 김운한, 정차숙(2016).

운한, 정차숙, 2016, pp. 47-48). 단 한 번의 광고 집행으로 이렇게 큰 영향력이 나타난 이유 중에 하나는 TV 매체를 잘 활용했기 때문이다.

둘째, 친밀성이 있다. TV는 현실을 반영하고 그럴듯하게 재현, 복제를 함으로써 소비자에게 친밀함 및 호감을 부여한다. 소비자들은 TV에서 현실세계나 우리의 일상생활을 그대로 보는듯한 느낌을 받고, '**유사성의 원칙**'에 의해서 친근감, 친밀함을 느끼게 된다. 유사성의 원칙(the principle of similarity)이란 사람들은 자기 자신과 비슷한 사람, 대상에 대해 호감을 느끼는 것을 말한다.

셋째, 비용효율성이 크다. TV 매체는 긴 접촉시간, 높은 TV 수상기 보급률로, 거의 모든 사회계층, 연령층, 지역 등에 도달한다. 광범위한 도달범위로 인해서 비용 대비 효율성이 높다.

넷째, 통일성이 있다. 보편성이라고도 하는데, 전국적인 네트워크를 통해 동일한 광고를 광범위한 지역에 동시에 대량으로 집행하게 되면 광고의 내용이 보편성을 띠고, 특정 제품, 브랜드, 기업에 통일된 이미지 및 일관된 인상이 형성된다. 따라서 TV 매체는 단기간에 넓은 지역, 많은 소비자층에서 통일된 이미지를 형성하는 데 적합한 광고매체라고 할 수 있다.

(2) 단점

TV 매체의 단점은 고비용이다. 다른 매체에 비해서 광고제작비, 광고요금 등이 고가이다. 비용효율성이 좋은 매체이긴 하지만, 광고를 제작하는 비용이나 개별 광고의 요금이 높기 때문에 광고 집행에 드는 절대 금액 측면에서는 한꺼번에 큰 비용이 필요하다. 더욱이 TV는 저관여 매체이기 때문에 광고효과를 내기 위해서는 많은 반복 노출이 필요하며, 이로 인해 더욱 고비용이 된다.

낮은 융통성도 문제점이다. TV 매체는 광고 제작과 집행 등에 융통성이 없다. 제작 및 운용에 완벽을 기해야 하며, 정해진 날짜와 시간에 광고를 집행해야 한다. 사건, 사고가 나더라도 신속하게 광고를 중단하고, 광고를 수정하거나 새로운 광고로 교체하는 것이 어렵다. TV는 사전에 광고시간을 구매해야 하고, 광고물에 대한 사전

심의를 받아야 하는 등 복잡한 과정을 거쳐야 하기 때문에 융통성이 떨어진다.

수용자 세분화가 어렵다. TV에 광고를 집행하면 전국, 다양한 사회계층, 모든 연령층에게 도달한다. 따라서 소비자를 세분화해서 자사 제품의 소비자에게만 광고를 하는 것이 잡지 매체 등에 비해 상대적으로 어렵다.

TV 매체는 **클러터**가 심하다. 클러터(clutter)는 클러터링(cluttering)이라고도 하며 '혼잡도'를 뜻한다. 소비자의 주의 집중을 방해하는 메시지의 혼잡 상태이다. 오늘날은 다매체, 다채널로 인해 소비자를 둘러싸고 있는 정보가 갈수록 증가하고 광고들의 경쟁도 치열해져서, 소비자의 주의 집중을 혼란시켜 메시지 전달을 방해하는 클러터 현상이 심화되었다. TV 매체에서는 독립적으로 하나의 광고만 소비자에게 제시되는 것이 아니라 드라마, 예능, 뉴스 등 각종 TV 프로그램과 수많은 광고가 함께 제시되기 때문에 혼잡 현상이 매우 극심하다. 클러터가 심하면 소비자들은 광고에 대해 부정적인 태도를 갖게 되고 **재핑** 현상이 나타나게 되어, 개별 광고의 효과가 감소될 수 있다. 재핑(zapping)이란 TV에서 광고가 나타나면 채널을 바꿈으로써 광고를 회피하는 행위를 말한다.

자세한 정보를 제공하는 것이 불가능하다. TV는 광고 전달 시간이 15초, 20초 등으로 상당히 짧다. 따라서 제품, 브랜드, 기업 등에 대해 자세하게 정보를 제공할 수 없고, 많은 정보를 통한 논리적, 이성적인 설득이 힘들다.

엄격한 규제라는 단점이 있다. TV 매체는 소비자의 생각이나 가치관, 태도, 행동 등에 막강한 영향력을 행사하고 사회, 문화 전반에 미치는 영향력이 크기 때문에 다른 매체에 비해 규제가 심하다. TV에 광고를 집행하기 위해서는 사전에 한국방송협회에서 광고 심의를 받아야 한다. 2008년까지는 방송통신위원회의 위탁을 받은 한국광고자율심의기구에서 법적 사전 심의를 했었고, 현재는 한국방송협회에서 사전 자율심의를 하고 있다. 제품에 따라서 TV 광고 집행이 불가능한 품목이 있고 세부 제한규정이 있으며, 표현방식 등에 따라서 광고 노출에 제한이 있다. 예를 들어, 무기, 폭약, 도박, 담배 등 소비자들에게 피해를 줄 수 있는 제품은 TV 광고를 할 수 없다(방송광고 심의에 관한 규정 제43조). 주류 제품의 경우, 알콜 성분 17도 이상의 술은 TV 광고가 금지되며, 광고 모델은 19세 이상의 성인이어야 한다. 알콜 도수가 낮아서 TV 광고가 허용된 주류라 하더라도, 심야시간에만 광고를 할 수 있고, 아침 7시부터 밤 22시까지는 광고를 할 수 없다(방송광고 심의에 관한 규정 제33조, 제43조; 김상준, 정차숙, 2018).

2. 라디오 매체

라디오 매체(radio media)는 전파를 이용해 음성을 전달하는 매체로, 주로 전파로 음성을 방송하는 것 또는 방송국에서 보낸 전파를 수신해서 음성으로 바꿔 주는 기계를 두루 일컫는다. 라디오는 1950년대 초까지 전성기, 황금기를 구가했다. 뉴스의 주요 공급원이었고, 가정용 오락 매체와 정치 선전도구 등으로 활용되었으며, 중요한 광고매체였다. 그러나 1956년 본격적인 TV 방송이 시작되면서 점차 청취자를 잠식당하고, 광고주를 빼앗겼으며, 라디오 매체의 위상이 급락했다. 이후 위성TV, 케이블TV, DMB 등이 오디오 방송 서비스를 제공하고, 모바일, 인터넷을 통한 다양한 형태의 오디오 방송이 활성화되면서 청취자가 더욱 분산되었으며, 광고수입이 감소됨에 따라 라디오의 이윤이 하락했다.

이러한 위기를 타개하기 위해 라디오 매체만의 차별성이 있는 DJ 프로그램과 음악방송 등으로 특화, 전문화를 시도하고, 뉴미디어를 활용하여 인터넷 라디오, 모바일 라디오 애플리케이션 등을 통해 라디오를 쉽게 청취할 수 있도록 했다. 청취자의 피드백과 참여를 강화했으며, TV의 비싼 광고비를 감당하기 힘든 중소광고주들을 적극 공략하는 등 노력을 기울이고 있다. 라디오 매체는 세분화된 청취층을 갖고 있으며, 개인매체의 효시이다. 따라서 주부, 학생과 같은 특정 타깃이나 출퇴근 시간 등 특정한 시간대와 같이 틈새를 잘 활용한다면, 라디오는 저렴한 비용으로 큰 광고 효과를 볼 수 있는 효율적인 광고매체이다.

1) 라디오 광고의 종류

라디오 광고 종류는 TV 광고와 거의 유사하지만, 비주얼이 결여된 라디오 매체의 특성상 프로그램 광고, 토막광고, 시보광고 등이 가장 대표적인 유형이다. 프로그램 광고는 전술한 바와 같이 프로그램의 스폰서로 참여하여 본 방송 전후에 방송되는 광고이고, 토막광고는 프로그램과 프로그램 사이의 광고이며, 시보광고는 현재 시간 고지 시 함께 방송되는 광고이다. 초수는 프로그램 광고와 토막광고가 20초이고, 시보광고가 10초이다.

2) 라디오 광고의 요금, 판매

라디오 광고의 요금 책정과 광고 판매는 미디어렙을 통해서 이루어진다. KBS, MBC 등의 라디오 광고요금은 한국방송광고진흥공사에서 책정하며, 광고 판매 역시 KOBACO에서 담당한다. SBS 라디오 광고의 요금 책정 및 판매 등은 SBS M&C에서 담당한다.

라디오 광고요금 책정에 영향을 미치는 요인 중에 시급이 있다. 라디오 방송의 시급은 TV와 달리 A, B, C의 3등급으로 구성되고, 청취율 등을 기준으로 구분한다. 가장 청취율이 높은 낮 시간대와 출퇴근하는 아침, 저녁 시간대가 A급이고, A급 전후의 시간대가 B급, 가장 청취율이 낮은 새벽, 아주 늦은 밤 시간대가 C급이며, 이 중에서 A급의 광고요금이 가장 높게 책정된다. 라디오 방송의 시급은 [그림 4-4]처

6:00 7:00			16:00	18:00	21:00		24:00	
Ⓒ	Ⓑ	Ⓐ		Ⓑ	Ⓐ	Ⓑ		Ⓒ

[그림 4-4] 라디오 방송의 시급(FM, AM)

출처: 한국방송광고진흥공사.

럼 요일별 구분 없이 하나의 시급으로 구성되며, AM과 FM이 동일하다.

3) 라디오의 특성

(1) 장점

라디오의 장점으로, 첫째, 병행성과 수용성을 꼽을 수 있다. 라디오는 배경적 매체(background media)로, 집안일이나 자동차 운전, 업무, 공부 등을 하면서도 청취를 병행할 수 있다. 자신의 업무를 방해받지 않으면서도 광고를 청취할 수 있기 때문에 광고에 대한 거부감이나 저항이 낮고, 수용도가 높은 편이다.

둘째, 개인성과 친밀성이 높다. 라디오는 개인적 매체의 효시이며, 혼자 개인적으로 듣는 경우가 많다. 이런 청취 행태로 인해서 라디오는 청취자 한 명 한 명에게 직접 말을 걸듯이 접근하거나, 청취자와 1:1로 만나는 듯한 내용이나 '당신' '그대' 등의 2인칭 용어를 사용하기도 한다. 이로 인해 친밀성이 높다.

셋째, 수용자 세분화의 장점이 있다. 라디오 매체는 소비자 선별성, 선택성이 높은 매체이다. 프로그램이나 시간대, 채널 등에 따라 청취자가 정확하게 구분되기 때문에 소비자 세분화가 가능하고, 자사 제품의 타깃에게 맞는 특성화, 전문화된 광고 제작 및 집행이 용이하다. 광고를 노출시키고자 하는 타깃 오디언스(target audience)에게 도달하기가 쉽다.

넷째, 융통성이 있다. 라디오는 사태 변화에 순발력 있게 대처 가능한 매체이다. 광고 제작 절차나 시스템 등이 비교적 간단하기 때문에 짧은 시간에 신속하게 광고를 제작할 수 있다. TV 광고에 비해 광고물의 수정도 빠르고, 새 광고로의 교체가 용이하다. 따라서 위기 상황, 급박한 사건 발생 시 즉각적으로 대처할 수 있다. 또한 적시에 이벤트성 판촉행사 광고도 가능하다.

다섯째, 상대적 저비용의 장점이 있다. 라디오 매체는 광고 제작비와 광고단가가 저렴하다. 즉, 영상을 제작해야 하는 TV 광고보다 제작비가 적게 든다. 녹음비나 프로덕션 사용료, 성우료, 음악 사용료 등 몇백만 원 정도면 충분하다. 또한 광고단가가 저렴하다. 이로 인해 전국 광고 및 지역 광고의 집행이 용이하고, 저렴한 비용으로 많은 양의 광고시간을 구매하여 광고를 반복적으로 노출시킬 수 있다. 라디오는 비용이 저렴하기 때문에 반복 노출을 통해 TV 광고의 효과를 높이기 위한 보조적 매체(secondary media, supporting media)로 많이 활용된다.

여섯째, 상상력을 자극할 수 있다. 라디오는 상상의 매체로, 소리를 통해서 청취자의 상상력을 자극할 수 있다. 소비자는 라디오를 듣고 상상을 통해 머릿속에 그림이나 영상을 펼치게 된다. 소비자의 능동적 참여를 통해, 라디오 매체는 강한 인상을 주고 광고 기억률을 높일 수 있다. 찰스 오스굿(Charles Osgood)은 이러한 라디오의 특성을 "마음의 극장(theater of the mind)"이라고 표현했다.

(2) 단점

라디오 매체의 치명적인 단점은 시각적 요소(visual)의 결여이다. 청각에만 의지하고 비주얼이 없기 때문에 정보가 명확하게 전달되지 않으며, 메시지의 이해도, 설득력, 기억률이 낮다. 라디오 광고는 오해나 오인이 많이 일어난다. 비주얼이 없으므로 크리에이티브의 제약이 있다. 오로지 청각에만 호소해야 하고, 시각적 메시지 전달이 필요한 광고에는 사용할 수 없으며 **실연** 등의 광고도 하기 어렵다. 실연(demonstration)이란 제품의 성능이나 효과, 혜택 등을 광고에서 직접 보여 주는 방법이다(김운한, 정차숙, 2016, pp. 147-148).

낮은 주목도의 문제점이 있다. 라디오는 배경적 매체이다 보니, 청취자들이 라디오의 내용에 집중하기보다는 자신의 업무를 보면서 반의식적 상태에서 청취한다. 이 때문에 광고에 대한 주의력이 타 매체에 비해 낮다. 또한 청각에만 의존하기 때문에 광고가 주의를 끌지 못하고 그냥 지나쳐 버릴 가능성이 크고, 소비자의 기억에 오래 남지 못한다.

라디오 매체는 클러터가 심하다. 라디오는 많은 프로그램과 경쟁 광고 등이 함께 노출되기 때문에 혼잡 상태가 심하다. 특히 프로그램, 시간대, 채널 등에 따라 청취자가 유사하기 때문에, 이들을 타깃으로 한 비슷한 업종, 경쟁 브랜드의 광고가 함게 집행됨으로써 광고 혼잡도가 증대된다. 클러터가 심하면 소비자들이 광고에 대해 부정적인 태도를 갖게 되고, 광고효과가 저하된다.

일회성의 문제가 있다. 라디오는 전파를 이용해서 메시지를 전달하는 매체이기 때문에, 인쇄광고와 달리 라디오 광고는 소비자가 원할 때 다시 반복해서 접하기가 어렵다. 요즘은 인터넷, 모바일 등의 뉴미디어를 활용해서 본 문제를 해결하고 있지만, 라디오 고유의 전통적 특성 측면에서는 전파를 이용하기 때문에 일회적이라는 한계가 있다.

낮은 도달률의 단점이 있다. 라디오는 다른 매체들에 비해 도달률이 낮은 매체이다. TV는 말할 것도 없이 인터넷, 모바일, 케이블TV보다 라디오를 듣는 소비자의 수가 적다. 이로 인해 광고가 노출되는 소비자의 숫자도 적다.

라디오는 자세한 정보를 제공하는 것이 불가능하다. 광고 전달 시간이 10초, 20초로 매우 짧다. 인쇄매체와는 달리 라디오 매체는 전달 시간이 짧기 때문에, 제품, 브랜드에 대한 자세한 정보를 제공하기가 힘들다(김상준, 정차숙, 2018).

3. 신문 매체

"신문 없는 정부와 정부 없는 신문 중 하나를 택하라면 나는 주저 없이 정부 없는 신문을 택하겠다." 미국 독립선언서를 작성한 제3대 대통령 토머스 제퍼슨(Thomas Jefferson)이 1789년 친구에게 보낸 편지에 썼던 말이다. 이것은 언론의 자유와 함께 신문의 중요성을 잘 보여 주는 명언이다. 신문 매체(newspaper media)란 특정 또는 불특정한 사람들에게 다양한 사건, 사고에 대한 소식, 해설을 비롯하여 정보, 지식, 오락, 광고 등을 널리 신속하게 전달하는 정기간행물을 말한다. 신문은 오랫동안 우리 사회의 중심적인 언론매체였으며, 총 광고비 측면에서 2000년까지 1위를 차지했던 대표적인 광고매체였다. 뉴미디어의 등장과 인터넷 포털 사이트의 뉴스 콘텐츠 공급, 스마트폰 이용률의 증가 등으로 인해, 신문의 정기구독률, 매체 이용률, 독자

수가 감소했으며, 특히 젊은 층이 격감하여 독자 고령화 현상이 나타나고 있다. 광고주 이탈과 광고수익 감소에 따라 신문의 이윤이 하락했고, 광고매체로서도 위상이 많이 추락했다.

하지만 신문은 뉴스 콘텐츠 생산과 심층적인 보도 측면에서는 여전히 중요한 조직으로 저력이 유지되고 있다. 오택섭 등은 『뉴미디어와 정보사회』에서 '신문은 타 매체가 넘볼 수 없는 콘텐츠 부자(content-rich) 매체'라고 주장하면서, '미국 TV 뉴스의 대부였던 월터 크롱카이트(Walter Cronkite)는 자신이 진행하는 저녁 뉴스가 양적으로 볼 때 신문 지면의 한 쪽 분량에 지나지 않는다고 실토하면서 단편적인 TV 뉴스에만 의존하지 말 것을 암시한 바 있다'고 하였다(오택섭, 강현두, 최정호, 안재현, 2009, p. 134).

신문 매체는 위기를 극복하기 위해 잡지처럼 전문화, 심층화를 통해 차별화를 시도하고, 주제별로 보다 전문화된 섹션을 발행하며, 인터넷, 모바일 같은 타 매체를 이용하고, 독자의 피드백 체제를 강화하고 있다. 변형광고와 같이 광고의 형태나 크기, 위치에 융통성을 발휘해서 광고주를 유치하는 등 위기를 타개하고 새로운 활로를 적극 모색하고 있다.

1) 신문의 분류

신문은 발행주기, 성격, 배포시장, 판형 등 기준에 따라 다양하게 분류할 수 있다. ① 발행주기에 따라 일간지, 주간지, 격주간지, 월간지 등으로 분류한다. ② 성격에 따라서 경제지, 스포츠지, 영자지, 학생지, 특수지 등으로 구분한다. ③ 배포시장에 따라 전국지와 지방지로 분류한다. ④ 판형에 따라서 커다란 크기의 대판(broad sheet, 가로 391mm, 세로 545mm), 그보다 작은 크기의 베를리너판(berliner, 가로 323mm, 세로 470mm), 더 작은 크기의 타블로이드판(tabloid, 가로 272mm, 세로 391mm)으로 분류한다. 우리나라 일간지의 대부분이 대판을 채택하고 있다. 중앙일보가 2009년 대판과 타블로이드판의 중간 크기인 베를리너판을 도입했고, 생활정보지, 지하철 무가지 등이 타블로이드판을 채택했다.

2) 신문광고의 종류

신문광고의 종류는 형태를 기준으로 디스플레이 광고, 분류광고, 간지광고 등으로 분류한다. 광고가 게재되는 위치를 기준으로 광고면 광고, 돌출광고 등으로 구분한다(김희진, 이혜갑, 조정식, 2007; 박원기, 오완근, 이시훈, 이승연, 2010; 이명천, 김요한, 2016).

(1) 디스플레이 광고

디스플레이 광고(display advertisement)란 헤드라인, 바디카피, 비주얼(그림이나 사진) 등으로 구성된 일반적인 신문광고를 말한다. 제품광고나 기업PR광고, 서적광고 등 신문을 펼쳤을 때 보편적으로 접하는 대부분의 광고가 디스플레이 광고이다.

① 광고면 광고

디스플레이 광고의 가장 대표적인 유형인 광고면 광고는 일반적으로 광고의 밑면이 하단 가장자리에 닿아 있는 광고를 말한다. 신문광고의 가장 기본적인 광고 형태로, 기사 아래 광고, 섹션 광고, 면별 광고 등으로 부른다. 특징을 살펴보면, 광고면 광고는 주로 신문기사 아래쪽에 위치한다. 신문의 거의 모든 면에 게재되며, 최하 4단, 5단, 7단, 8단, 9단, 10단, 15단(전면광고) 광고 등이 포함된다.

(2) 분류광고

분류광고(classified advertisement)는 짧은 문구로 구성된 형태의 광고이다. 구인 정보, 부동산 및 중고용품 매매, 사람 찾음 등 개인, 소규모 상인들이 이용하는 개인적 차원의 광고이며, 안내광고라고도 부른다. 생활정보지가 등장한 이후 광고 판매량이 감소했다.

(3) 간지광고

간지광고(pre-printed inserts)는 사전에 제작된 광고물을 신문지 사이에 끼워서 배달하는 형태의 광고이다. 즉, 별지에 인쇄된 전단을 신문지에 끼어 배달하는 것으로, 흔히 전단지라고 부른다. 유형에는 전단 형태를 비롯해서 소책자, 카탈로그, 엽서 등 다양한 형태가 있다. 장점으로 우편 발송이나 집까지 직접 배달하는 것보다 광고비용이 적게 든다는 것을 들 수 있다(Bovee, Thill, Dovel, & Wood, 1995).

(4) 돌출광고

돌출광고(island advertisement)란 광고 주위가 기사나 여백, 다른 광고 등으로 완전히 둘러싸인 광고를 말한다. 제호 옆이나 기사 중간 등에 위치하며, 브랜드명, 로고 중심으로 게재되는 작은 사이즈의 광고물이다. 특징은 기본적인 광고 사이즈에 비해 크기가 작다는 것이다. 장점은 돌출되어 있기 때문에 주목률, 광고효과가 높다. 단점은 소형 광고기 때문에 많은 내용과 정보를 담기가 어렵다는 점이며, 이로 인해 주로 브랜드명이나 로고, 짤막한 카피, 간단한 비주얼 중심으로 게재된다. 유형에는 제호 돌출광고와 기사 중 돌출광고가 있다.

① 제호 돌출광고

보통 제호광고라고 부른다. 제호 돌출광고는 신문 제호 옆에 게재되는 광고이다. 크기, 위치가 고정되어 있는 소형 광고이며, 소비자들이 1면을 가장 주목해서 보기 때문에 제호 돌출광고도 주목률이 높고, 광고효과가 우수하다. 반면, 크기가 작아서 많은 내용을 담기 어렵다는 단점이 있다. 보통 일정 기간 동안 계약하며, 장기간 게재된다.

② 기사 중 돌출광고

기사 중 광고라고도 한다. 신문기사 중간에 들어가는 광고를 말한다. 즉, 일반적인 광고면에 게재되는 것이 아니라, 신문기사 중간에 박스 형태로 게재되는 작은 크기의 광고이다.

[그림 4-5] 제호 돌출광고(좌)와 기사 중 돌출광고(우)

출처: 조선일보.

(5) 변형광고

변형광고(transformed advertisement)는 광고의 위치, 형태, 크기 등에서 전형적인 신문광고 형태를 탈피한 광고를 말한다. 신문광고는 기사 아래 부분에 배치되는 것이 일반적이다. 이러한 룰을 깨고 기사의 위, 가운데에 배치하거나, 사각형인 광고물의 모양이나 4단, 5단 등의 크기를 다양하게 변형한다. 기존의 규격화된 신문광고의 위치, 모양, 크기를 벗어난 광고 형태가 바로 변형광고이다. 장점은 전형적인 광고 형태를 탈피했기 때문에 소비자들의 주의를 잘 끌고, 흥미나 관심을 효과적으로 유발할 수 있다는 것이다. 단점은 지나치게 억지스러운 변형광고는 소비자의 심리적 거부감이나 저항감을 불러일으킬 수 있다. 소비자들이 기사 읽는 것을 방해하여 짜증을 유발하는 등의 역효과를 일으키며, 나아가 신문의 질을 떨어트릴 수 있다.

변형광고의 사례로 맥도널드(McDonald's) 광고를 들겠다. 캐나다의 코제트 애틀랜틱(Cossette Atlantic) 광고회사가 맥도널드의 감자튀김과 햄버거를 알리기 위해서 제작했으며, 실제로 2006년『글로브 앤 메일(The Globe and Mail)』신문에 집행했다. 〈프라이(Fry)〉편은 전형적인 신문광고의 위치나 형태, 크기를 탈피해서 신문 하단에 감자튀김 케이스의 비주얼을 배치하고 신문기사를 감자튀김 색깔로 처리하여, 마치 맥도널드의 감자튀김처럼 보이게 만들었다. 〈버거(Burger)〉편 역시 일반적인 신문광고와 다르게 기사의 위, 아래에 햄버거 빵(bun) 이미지를 배치하고, 신문기사의 색깔을 치즈, 케첩, 고기 패티, 양상추를 상징하는 노란색, 빨간색, 갈색, 녹색으로 처리했다. 이를 통해 소비자들이 기사를 읽으면서 자연스럽게 맥도널드 감자튀김과 햄버거를 먹고 싶은 마음이 들도록 만들었다. 지면 일부분만 사용했음에도 불구하고 지면 전체를 장악하는 아이디어가 돋보이며, 전형적인 신문광고의 형태를 깨트려서 소비자의 주의를 잘 유도한다. 〈프라이〉편 광고는 2006년 칸 국제광고제에서 인쇄부문 은상을 수상했다.

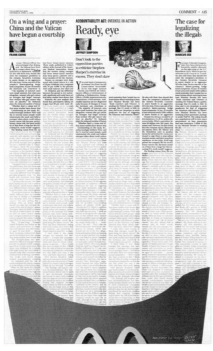

[그림 4-6] 맥도널드의 변형광고

출처: Ads of the world.

⑹ 멀티 광고

멀티 광고(multi advertisement)에서 멀티(multi)는 '다중의' '여러 개의' 의미이고, 이런 의미 그대로 멀티 광고(multi advertisement)는 같은 날, 같은 신문 매체 내에 동일 제품 또는 브랜드 등을 두 페이지 이상 연속하여 게재한 광고를 말한다.

사례로 포드 익스플로러(Ford Explorer) 광고를 들겠다. 이스라엘의 광고회사 BBR 사치 앤 사치(BBR Saatchi & Saatchi)가 제작하여, 2014년 10월『더마커(TheMarker)』비즈니스 신문에 집행했다. 광고회사는 총 세 개의 신문광고를 제작해서 같은 날, 같은 신문에 연속적으로 게재했다. 각각의 광고는 모두 포드 익스플로러 SUV의 장점을 구체적으로 전달한다. 특히 소비자가 스마트폰으로 광고의 QR 코드를 찍은 뒤 신문광고 위에 올려 두면, 포드 익스플로러 SUV가 핸드폰 화면에 표시되며, 안전한 주차와 편안한 운전, 넓은 적재공간을 가능하게 하는 파크 어시스트(park assist), 어댑티브 크루즈 컨트롤(adaptive cruise control), 파워 폴드(power fold) 기능을 설명한다. 같은 날 같은 신문 매체에 포드 익스플로러 광고를 3페이지에 걸쳐 연속 게재했으므로 멀티 광고의 사례에 해당한다.

[그림 4-7] 포드 익스플로러의 멀티광고

출처: Ads of the world.

⑺ 기사형 광고

기사식 광고 또는 **애드버토리얼**(advertorial)이라고도 하는데, 이는 광고를 뜻하는 advertisement와 편집기사, 사설, 논설을 뜻하는 editorial의 합성어이다. 단어 의미 그대로 기사형 광고는 기사 형식의 광고를 말한다. 신문의 기사형 광고는 광고의 형태, 내용 등을 마치 신문의 기사 형태와 유사하게 만든 광고이다. 특징은 제품이나 브랜드 등에 대한 구체적인 정보를 담고 있다는 것이며, 장점은 언뜻 보기에 신문기사처럼 만들어졌기 때문에 소비자의 광고에 대한 거부감, 불신감을 없애고, 신문의 신뢰감에 편승할 수 있다. 단점은 소비자들에게 혼동을 줄 수 있다는 점이다. 소비자들의 혼돈을 막고 광고와 기사와 구분하기 위해 신문 상단에 '전면광고' 또는 'advertorial' 등을 표기해야 한다. 「신문 등의 자유와 기능 보장에 관한 법률(신문법)」 제11조 제2항에서 정기간행물의 편집인에게 독자가 기사와 광고를 혼동하지 않도록 명확하게 구분해 편집해야 한다는 의무를 지우고, 제43조 제1항에서 만약 이를 위반했을 경우 2,000만 원 이하의 과태료를 부과하도록 규정했다.

3) 신문광고의 요금, 집행

(1) 신문광고의 규격

우선, 신문의 규격은 세로는 단, 가로는 센티미터로 표현하는데, 1단(세로, 1단은 3.4cm)×1cm(가로)가 표준 규격이다. 전체 신문지면의 크기는 보통 15단×37cm이다.

다음, 일반적인 신문광고의 규격 또한 '1단(세로)×1cm(가로)'이다. 광고 단은 아래로부터 4단, 5단, 7단, 8단, 10단, 15단 식으로 구분하며, 가로는 융통성 있게 운영한다.

그러나 신문에서 가로쓰기 편집이 보편화됨에 따라 2000년 한국신문협의회의 광고협의회는 표준 규격의 단위를 '1단(세로)×1컬럼(가로, 1컬럼은 3cm)'으로 변경하였다. 현재 조선일보를 비롯한 일부 신문사들은 신문광고 규격으로 1단×1컬럼을 사용하고 있다.

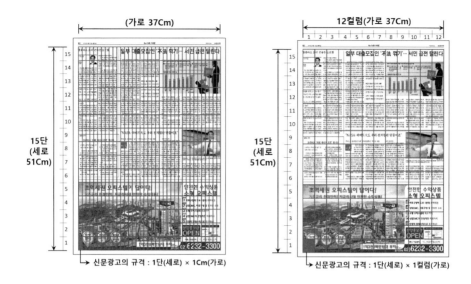

[그림 4-8] 신문광고의 규격 1단×1cm(좌), 1단×1컬럼(우)

출처: 조선일보.

(2) 광고요금

신문광고 요금은 각 '신문사'가, 광고 게재 면, 광고의 크기, 색상, 광고성격, 광고형태, 발행부수 등에 따라 책정한다. 광고 게재 면의 경우 보통 1면의 광고요금이 가장 비싸다. 광고크기의 경우 전면을 다 쓸 경우 광고요금이 높으며, 색상의 경우 컬러광고가 흑백광고보다 약 1.5배 정도 광고요금이 높게 책정이 된다. 광고성격의 경우 특수공고가 일반공고 등보다 광고요금이 비싸다.

광고회사, 광고주에 따라서도 관례적으로 형성되는 광고요금이 상이하다. 광고주 업종에 따라서도 광고요금이 다르게 책정되는데, 광고매체로 신문을 선택해야 하는 업종은 광고요금이 높게 책정된다. 반드시 신문 매체를 선택하지 않아도 되는 제약, 통신 업종 등의 광고주들은 광고요금 할인율이 높지만, 신문광고가 불가피한 건설 업종 등은 상대적으로 비싼 광고요금이 부과된다. 건설 업종은 소비자들에게 분양에 대한 시기, 장소, 장점 등 자세한 정보를 제공해야 해서 많은 정보를 담을 수 있는 신문 매체를 사용해야 하기 때문이다. 신문의 성격에 따라서도 다른데, 종합일간지의 경우 경제지, 스포츠지 등에 비해 가장 광고요금이 높게 책정된다.

신문광고 요금은 방송광고와는 달리 협상에 의해 가격 조정이 가능하고, 표준적인 요금 체계를 찾아보기가 어렵다. 4대 매체 중에서 가장 복잡하고, 다양한 단가 체계를 가지고 있다.

(3) 집행과정

신문광고와 잡지광고는 집행과정이 유사하기 때문에 통합해서 설명하겠다. 인쇄광고는 광고주가 직접 매체사(신문사, 잡지사)와 거래하거나, 광고회사를 통해서 집행한다. 인쇄광고의 구매는 방송광고와 달리 미디어렙을 거치지 않는다. 광고주, 광고회사가 매체사 광고영업부를 통해 바로 부킹(booking)을 함으로써 이루어진다.

집행과정을 살펴보면, 우선 광고주가 광고회사에 인쇄광고의 집행을 요청한다. → 광고회사에서는 비히클, 게재 일, 광고단가, 광고 게재 면 등을 협의하고 결정한다. → 매체사에 광고 게재를 의뢰하고 확정함으로써 광고지면 구매를 완료한다. → 광고회사에서 매체사에 필름, 인화지, 전자파일 등의 형태로 광고물을 전달한다. → 매체사는 광고를 집행한다. → 모니터링 및 정산이 이루어진다. 광고물이 요청한 일자, 면에 제대로 게재되었는지 확인하고, AE는 게재 결과를 증빙해서 광고주에게 청구서를 발송하며, 광고회사 경리팀은 AE를 통해 정산한다(이경렬, 2016, p. 271).

4) 신문의 특성

(1) 장점

신문 매체의 장점으로는, 첫째, 정보성을 들 수 있다. 신문은 정보매체로, 제품과 브랜드, 기업 등에 대해 자세하고 심층적인 정보를 제공할 수 있다. 각종 자료와 근거를 제시하여 소비자를 이성적, 논리적으로 설득할 수 있다. 이 때문에 냉장고, 에어컨 등 고관여, 이성적 제품의 광고매체로 적합하다. 또한 신문 매체는 TV, 라디오 매체와 달리 시간의 제한이 없다. 소비자가 원할 때까지 계속 볼 수 있기 때문에 자세한 정보를 싣는 것이 가능하다. 신문은 자세한 정보를 제공할 수 있다는 것이 방송매체와의 큰 차이점이자 가장 큰 장점이다.

둘째, 신문 매체는 신뢰성이 있다. 신문은 우리 사회에서 오랫동안 보도의 기능을 담당했고 교양 및 시사의 기능 등을 수행해 오면서, 공신력 높은 매체로 인정을 받았다. 아직까지는 신문이 인터넷, 모바일 매체보다 권위나 신뢰성이 더 부여되는 경향이 있다. 아울러 신문에 대한 신뢰도가 광고로도 전이되어, 신문광고도 신뢰성을 확보할 수 있다.

셋째, 안전성이 있다. 신문은 가장 계획적이고 안정적인 매체이다. 신문 독자의 대다수가 정기구독자이고, 지역별 배달부수나 배포지역 등이 비교적 명확하다. 이로 인해 지역에 따라 안전하고 계획적으로 광고계획을 수립 및 집행할 수 있다.

넷째, 기록성, 보존성의 장점이 있다. 신문은 상세한 정보를 제공하는 동시에 이를 기록하고 보존할 수 있다. TV 등의 방송매체는 전파를 이용하기 때문에 순간적으로 스쳐 지나가거나 다시 보기가 불편하다. 신문은 전파를 이용하는 것이 아니라, 종이에 인쇄되고 문자를 매개로 한다는 매체의 특성상, 한 번 보고 사라지는 것이 아니라 자연스럽게 광고나 정보를 기록, 보존하는 것이 가능하다. 신문을 보관하거나 스크랩하면 소비자가 마음대로 원할 때까지 반복해서 광고를 볼 수 있다.

다섯째, 신문 매체는 시의성이 있다. 시점성, 즉시성이라고도 한다. 신문은 일정 간격을 두고 정기적으로 발행되는 매체이다(정기성). 따라서 타이밍에 맞는 즉각적인 광고를 집행할 수 있다. 보통 매일 발행이 되기 때문에, 특정 일이나 사건, 이벤트 등에 맞는 정확한 시점광고가 가능하고, 시점성, 속보성을 살린 표현이 가능하다. 시즌에 맞춘 세일 광고, 특정 일에 맞춘 판촉행사 광고, 사과광고, 의견광고도 가능하다.

여섯째, 다양성이 있다. 우선, 신문은 다양한 지면을 가지고 있다. 신문의 정치, 경제, 사회 등 다양한 지면에 알맞게 다양한 내용의 광고를 배치할 수 있다. 기사와 관련된 광고를 게재해서 시너지 효과, 광고효과를 증대할 수 있다. 다음, 신문은 다양한 형태의 광고가 가능하다. 신문은 변형광고와 같이 광고목적에 맞게 광고의 위치, 형태, 크기, 색상 등을 변형한 다양한 형식의 광고를 집행하는 것이 가능하다.

일곱째, 융통성, 편리성이 있다. 신문은 광고목표에 따라 광고 게재 면이나 횟수, 집행 날짜 등을 유연하게 조정할 수 있다. TV 매체에 비해 편리하게 이용할 수 있기 때문에 예산에 따른 광고효과를 높일 수 있다. 빠른 시간 안에 광고 제작을 완료할 수 있고 집행절차도 간단하므로, 돌발적인 상황, 사건에 신속하게 대처 가능해서 융통성이 있다.

여덟째, 넓은 노출범위의 장점이 있다. 신문은 높은 보급률로 인해 전국적으로 다양한 소비자층에게 도달한다. 광범위한 도달범위로, 광고 역시 노출할 수 있는 범위가 매우 넓다.

(2) 단점

신문의 단점으로 짧은 수명을 꼽을 수 있다. 일반적으로 신문의 수명은 하루에 불과하며, 지난 신문을 다시 읽는 독자는 드물다. 따라서 신문광고의 수명도 짧고, 하루가 지나고 나면 광고가 읽힐 가능성이 떨어진다. 소비자가 광고를 따로 스크랩, 보관을 하지 않는 이상 광고효과가 사라진다. 잡지 매체에 비해 **회독률**이 낮다는 것도 짧은 수명에 일조한다. 회독률은 신문 등을 돌려 읽는 비율을 말하는데, 회독률이 높을수록 매체 수명도 길어지고, 발행부수보다 더 많은 소비자가 보기 때문에 광고효과도 높아진다.

신문 매체는 품질이 낮다는 문제점이 있다. 잡지에 비해 용지의 품질이 안 좋고, 인쇄 품질과 선명도도 나쁘다. 이로 인해 색깔을 정밀하고 아름답게 구현하기가 어렵고, 이미지나 분위기를 생생하게 전달할 수 없다. 실제 제품 그대로의 느낌, 질감을 살리지 못한다. 전반적으로 신문광고는 잡지광고에 비해서 완성도가 떨어지며, 화장품이나 보석, 음식, 의상 등 선명한 컬러를 제시해야 하는 제품의 광고에 적합하지 못하다.

수용자 세분화가 어렵다. 신문은 수용자층이 넓어서 다양한 계층의 사람들이 읽는다. 따라서 잡지에 비해서 소비자 세분화가 어렵다. 자사 제품의 메인 타깃(main target)뿐만이 아니라 다른 소비자들에게도 광고가 함께 전달되어, 광고비용이 낭비된다. 다시 말해, 신문 매체는 특정 소비자에게만 광고를 전달하는 선별적 능력 면에서 취약하다.

클러터가 심하다. 신문기사뿐만이 아니라 광고가 너무 많이 실려 있어서 광고 혼잡 현상이 심하다는 단점이 있다. 클러터로 인해 소비자들은 광고에 부정적인 태도를 갖게 되고, 광고를 회피하게 되어서, 결국 개별 광고의 효과가 하락한다.

일부 집단에게는 노출될 가능성이 낮다. 신문광고는 문자 해독이 가능한 사람에게만 도달한다. 글을 읽지 못하는 문맹자 등에게는 광고가 제대로 도달하지 않을 수 있다. 또한 신문은 갈수록 독자 연령층이 고령화되고 있어서, 신문을 잘 읽지 않는 젊은 층에게는 신문광고가 잘 도달하지 않는다는 단점이 있다.

신문 매체는 시각적 요소만 이용 가능하다. 신문은 청각적 메시지나 역동적인 영상을 제시할 수 없다. 비주얼이 결여되어 있기 때문에 광고 표현방법에 한계가 있다. 전반적으로 주목도가 떨어져 광고효과가 저하된다는 문제가 있다(김상준, 정차숙, 2018).

4. 잡지 매체

잡지 매체(magazine media)는 일정한 제호를 가지고 호를 거듭하여, 잡지성격에 따라 다양한 내용을 다루는 정기간행물을 말한다. 1980년 언론통폐합으로 인해 많은 잡지가 폐간되며 위축되었다가, 1987년 6.29 선언 이후 언론 자유화의 바람을 타고 활발한 창간 붐을 이루면서 활성화되었다. 1997년 외환위기 이후에는 독자 수 감소, 제작비 상승 등으로 광고수입이 급감했고, 상당수의 잡지가 휴간, 폐간되면서 광고매체로서 위상이 흔들렸으나 2000년대에 들어서 다소 회복되었다. 그러나 인터넷, 모바일 등 뉴미디어의 발전으로 독자 수가 줄어들고 광고주가 이탈하면서 점점 광고매체로서 입지가 줄어들고 있다. 이러한 잡지의 부진은 국내뿐만이 아니라 세계적인 현상이다.

잡지는 세분화 및 전문화되는 경향이 있다. 과거에는 대중 교양지(종합지)적인 성격이 강했는데, 사회와 독자의 관심 등이 갈수록 세분화됨에 따라 특정 연령, 성별, 취미 등이 공통된 소수집단을 대상으로 전문화(세부 전문지)되었다. 예를 들어, 여성지의 경우 과거에는 주부지, 미혼지로만 단순 분류되었으나 현재는 요리, 패션, 육아, 리빙, 뷰티 등으로 보다 세분화, 전문화되었다. 이런 특성으로 인해 잡지 매체는 광고주가 특정한 타깃 오디언스에게 광고를 노출시키고자 할 때 매우 유용한 광고매체가 된다.

1) 잡지의 분류

잡지 매체는 발행주기, 성격, 잡지 판형(크기) 등 기준에 따라 분류할 수 있다. ① 발행주기에 따라 주간지(7일), 월간지(1달), 격월간지(2달), 계간지(3달), 반 연간지(6달) 등으로 분류한다. ② 성격에 따라 여성지, 남성지, 학생지, 시사지, 일반교양지, 경제지, 취미·레저지, 스포츠지, 전문지, 특수지 등으로 구분한다. ③ 판형(크기)에 따라 4×6판, 4×6배판, 5×7판(국판), 5×7배판(국배판), 신5×7판(신국판), 크라운 판, 타블로이드판, 변형판 등으로 분류한다. 이 중 가장 많이 사용하는 판은 5×7배판(국배판)이다. 크기가 커서 갖고 다니기가 불편하다는 단점이 있지만, 지면이 커서 많은 정보를 담을 수 있다. 대부분의 여성지, 시사 주간지가 본 판형을 채택하고 있다.

2) 잡지광고의 종류

잡지광고의 종류는 위치와 형태를 기준으로 분류한다. 광고가 게재되는 면의 위치에 따라 표지광고, 내지광고 등으로 나눈다. 광고의 형태에 따라 블리드, 삽입광고,

접지광고, 기사 내 광고, 기사형 광고, 돌출광고 등으로 구분한다(김희진 외, 2007; 박현수, 2019).

(1) 위치

① 표지광고

표지광고는 잡지의 앞과 뒤 표지부분에 게재되는 광고를 말한다. 잡지광고에서 가장 주목도가 높기 때문에 광고주가 선호하는 지면이다. 표지광고의 유형은 표1면, 표2면, 표3면, 표4면 광고 등이 있으며, 각 잡지사마다 상이한 광고요금을 책정한다. 표1면 광고는 잡지의 맨 앞표지에 실리는 광고이다. 표1면에는 통상적으로 제호나 표지인물이 게재되기 때문에 우리나라의 경우 광고물은 잘 실리지 않는다. 표2면 광고는 앞표지 다음 면의 광고이다. 표지를 넘겼을 때 안쪽 면의 광고로, 소비자의 주목도가 높은 면이기 때문에 효과적이고 광고요금도 비싸다. 표3면 광고는 맨 뒤표지의 앞면에 실리는 광고이다. 표4면 광고는 잡지의 맨 뒤표지에 하는 광고이다. 앞표지의 색도와 동일한 색도를 사용하고 주목도가 높아서 광고효과가 크며, 광고요금이 비싸다.

② 내지광고

내지광고란 표지광고를 제외한 잡지 내의 광고지면을 의미한다. 본문광고라고도 부른다. 잡지 매체는 별도로 편집된 잡지 내 광고지면을 가지고 있으며, 많은 광고가 한꺼번에 게재되는 특징이 있다.

(2) 형태

① 블리드

블리드(bleed)는 광고의 배경 이미지가 페이지의 가장자리까지 확대되는 광고이다. 장점은 광고 아이디어의 표현에 유연성을 제공하고, 일반 페이지보다 좀 더 극적인 효과를 낼 수 있다는 점이다.

② 삽입광고

삽입광고(insert)는 광고를 별지에 인쇄해서 잡지 사이에 따로 끼워 넣는 방식의 광고이다. 삽지광고라고도 하며, 극적인 효과를 낼 수 있고 광고 메시지에 무게를 더할 수도 있다. 삽입광고가 있는 부분은 잡지가 쉽게 펼쳐지는 효과가 있기 때문에 소비자의 주의를 잘 끌 수 있으며, 할증 요금을 지불해야 한다. 삽입광고의 유형에는 북인북 광고, 제품 삽입광고, 쿠폰 광고 등이 있다. 북인북 광고는 잡지 속에 소책자 형태로 삽입된 광고이며, 제품 삽입광고는 광고지면에 제품의 샘플을 부착한 광고이고, 쿠폰 광고는 소비자가 사용할 수 있는 쿠폰을 제공해 구매를 유도하는 광고이다.

삽입광고 사례로 P&G(Procter & Gamble)의 타이드(Tide) 세제 광고를 들겠다. 인도에서 광고회사 레오 버넷(Leo Burnett)이 제작, 집행하였으며, 타이드 세제가 흰옷에 묻은 얼룩을 깨끗하게 지워 준다는 메시지를 전달했다. 여러 편이 집행되었는데, 각각의 잡지광고에는 잉크, 커피, 계란, 케첩이 흰 옷에 묻어 당황한 사람의 비주얼이 제시된다. 얼룩 부분에는 작은 샘플팩이 삽입되어 있고, 소비자가 샘플팩을 잡아당겨서 빼면 잉크 등의 얼룩도 함께 빠진다. 이것은 사실 얼룩을 작은 철가루로 제작하고 샘플팩에는 자석을 부착했기 때문에 샘플팩을 빼면 잡지 속의 얼룩도 함께 빠지는 것이다. 광고 집행 결과 약 4만 명의 소비자들이 타이드 세제 광고를 체험했고, 광고 집행 후 3개월 동안 시장점유율이 9.1%로 상승했으며, 2010년 칸 국제광고

[그림 4-9] 타이드의 삽입광고

출처: Ads of the world.

제에서 인쇄부문 은상 등 총 두 개의 상을 수상했다. 광고 안에 타이드 세제 샘플을 삽입하였으므로 삽입광고 사례라고 할 수 있다.

③ 접지광고

접지광고(folder)는 잡지 페이지에 맞춰서 접혀 있는 광고이다. 광고지면이 커서 잡지 페이지의 크기에 맞춰 접어 넣은 광고로, 접힘광고, 폴더 광고라고도 부른다. 일종의 삽입광고지만 접혀 있다는 점에서 차이가 있다. 장점은 소비자의 주의를 유발하고, 광고를 펼쳤다 접었다 하는 과정에서 참여와 광고 노출을 증대하며, 기억률을 높인다는 것이다. 유형에는 접힘 횟수에 따른 2쪽 접지광고, 4쪽 접지광고 등이 있으며, 할증 요금이 적용된다.

④ 기사 내 광고

기사 내 광고는 한 페이지의 반쪽에는 기사를, 나머지 반쪽에는 광고를 게재하는 방식의 광고다. 한 페이지의 전체 면을 다 사용하지는 않지만 한 페이지를 모두 사용한 것과 비슷하므로 같은 크기의 광고보다 비싼 광고요금을 지불한다.

⑤ 기사형 광고

기사형 광고(advertorial)는 기사 형식의 광고이다. 잡지의 기사형 광고는 광고를 잡지기사와 유사하게 만든 광고로, 잡지기사의 포맷이나 논조를 띤다. 제품, 브랜드 등에 대한 구체적이고 자세한 내용을 담고 있다는 특징이 있다. 얼핏 보면 잡지기사처럼 보이기 때문에 소비자들은 광고가 아니라고 생각하므로 광고에 대한 불신감, 거부감을 감소시킨다.

⑥ 돌출광고

잡지의 돌출광고는 표지, 별책 부록, 잡지기사 밑 부분 등에 위치한 소형 광고를 말한다. 특징은 일반적인 잡지광고에 비해 크기가 작다는 점이며, 단점은 소형 광고라서 많은 내용을 담기 어렵다는 것이다.

3) 잡지광고의 요금

잡지광고의 요금은 각 '잡지사'에 의해 결정되며, 광고 게재 면의 위치, 게재지 성격, 광고형태 등에 따라 책정한다. 광고 게재 면 위치의 경우 소비자들의 주목도가 높은 면은 비싸게, 주목도가 낮은 면은 저렴하게 광고요금이 책정된다. 따라서 주목도가 높은 표지광고가 내지광고보다 광고요금이 비싸다. 일반적으로 표4면의 주목도가 가장 높고, 표2면, 표2 대면이 그다음으로 주목효과가 크다. 광고요금이 가장 높은 광고는 표4면 광고이며, 낮은 광고는 내지광고이다. 한편, 내지광고 중에서도 앞부분(보통 목차 전)에 위치한 광고가 뒷부분에 위치한 광고보다 주목도가 높기 때문에 광고요금이 더 비싸게 책정된다.

잡지의 성격에 따라서도 광고요금이 다르다. '여성지냐' '주간지냐' '전문지냐' 등에 따라서 광고단가가 상이하며, 일반적으로 여성지, 시사지의 광고요금이 가장 높다.

잡지광고 요금은 신문 매체보다 협상에 의한 가격 조정의 범위가 더 크다. 광고주의 광고물량이나 장기계약 여부 등에 따라서 광고가격에 대한 협상이 가능하다.

4) 잡지의 특성

(1) 장점

잡지 매체의 장점으로, 첫째, 수용자 세분화가 가능하다는 점을 들 수 있다. 잡지는 소비자 선택성, 선별성이 높은 매체라서 대부분의 잡지가 세분화된 특정 독자층을 가지고 있다. 잡지는 공통의 라이프스타일을 띤 세분화된 계층을 독자로 확보하여 그 특정 독자층에게 배포된다. 비록 신문에 비해 도달범위는 협소하지만, 보다 구매력과 구매 가능성이 높은 독자에게 배포된다. 잡지는 인구통계학적 (demographic), 심리학적(psychographics)으로 세분화가 되어 있기 때문에 자사 제

4. 잡지 매체 ■ 129

품의 소비자에게 맞는 광고를 집행할 수 있어서 광고비 대비 광고효과가 높다. 잡지 매체는 특정 계층에 광고를 노출시켜야 할 때 매우 유용한 매체이다.

둘째, 신뢰성이 있다. 잡지는 우리 사회의 사건, 사고 등에 대한 정보를 제공하고, 해설을 해 주며, 대처방안, 해결방안 등을 제시하기 때문에 소비자들은 잡지에 대해 신뢰성을 갖고 있다. 특정 잡지를 정기 구독하는 사람들은 이미 그 잡지 자체를 신뢰하고 믿는 경향이 크다. 이러한 잡지의 신뢰성과 권위는 광고로도 전이된다.

셋째, 잡지는 표현성이 좋다. 신문 매체에 비해 종이 질이 좋고, 다색 인쇄가 가능하며, 인쇄 품질이 뛰어나다. 따라서 실제 제품 그대로의 느낌이나 질감을 살릴 수 있고, 분위기, 이미지를 생생하게 전달할 수 있다. 무드 광고나 선명한 컬러를 제시해야 하는 화장품, 의류, 보석, 음식 등의 광고에 적합하다.

넷째, 긴 생명력도 잡지 매체의 장점으로 꼽을 수 있다. 잡지는 긴 발행 간격, 보존성, 회독률 때문에 매체 생명력이 길다. 우선, 잡지 매체는 주간, 월간, 계간 등 신문에 비해 발행 간격이 길어서 다음 호가 나올 때까지 매체 생명력을 유지한다. 이로 인해 소비자는 비교적 오랫동안 반복적으로 광고를 볼 수 있다. 다음, 잡지는 보존성이 있어서 버리지만 않으면 반영구적이다. 보관이 가능하기 때문에 소비자는 필요할 때, 원할 때 반복해서 광고를 접할 수 있다. 마지막, 잡지의 회독률도 생명력을 높이는 데 한몫을 한다. 회독률이란 잡지 등을 같은 기호, 취향의 독자가 돌려 읽는 비율을 말한다. 잡지는 혼자만 읽고 버리는 것이 아니라 여러 사람이 돌려 보며 읽을 수 있기 때문에 원래 발행부수보다 더 많은 사람에게 노출되고, 매체 생명력도 길어질 가능성이 높다.

다섯째, 다양성이 있다. 잡지는 다양한 길이, 여러 색채, 독창적인 기법 등 폭넓은 광고방식이 가능하다. 광고지면을 접어서 소비자의 주의를 끌 수 있고, 향기를 가미할 수 있으며, 북마크 또는 필름 등을 부착할 수 있고, 샘플(화장품, 벽지, 차 티백 등)을 얇게 처리하여 광고에 부착, 배포할 수도 있다. 다양한 형식의 광고가 가능하기 때문에 설득력을 높일 수 있다.

여섯째, 잡지는 통합성의 장점이 있다. 잡지사들이 운영하는 웹사이트나 오프라인 이벤트 등과 잡지광고를 연계하여 프로모션을 통합적으로 집행할 수 있다. 이를 통해 광고주에게 입소문 유발, 광고 확산, 경제적 이윤 등의 혜택을 제공할 수 있다.

(2) 단점

잡지 매체는 클러터가 심하다. 잡지의 페이지 수가 많으며, 광고지면이 한두 섹션에 집중적으로 몰려 있다. 광고가 연속적으로 게재되는 데다 광고량이 많다 보니, 소비자들이 특정 광고주의 광고를 못 보고 지나치는 경우가 많고, 광고효과도 저하된다. 일부 여성지의 경우에는 광고지면 비율이 전체의 50% 이상을 차지하기도 한다. 아울러 잡지 구독자의 취미나 기호 등이 비슷하기 때문에 이들을 겨냥한 유사 업종, 경쟁 브랜드 등의 광고가 함께 집중적으로 집행되므로 클러터가 한층 가중된다.

융통성이 낮다는 단점이 있다. 잡지는 긴 발행주기와 광고 집행 시스템 때문에 최신 정보를 소비자에게 전달하는 시의성, 신속성이 떨어지고 유연성이 낮다. 우선 잡지 매체는 발행주기가 길기 때문에 신속한 광고 게재가 어렵고, 광고 노출이 지연되며, 잘못되었을 때 즉각적인 수정 및 교체, 중단 등이 어렵다. 또한 잡지광고는 사전에 광고지면을 구매한 뒤 미리 광고물을 제작해서 잡지사에 제출하고 잡지 발행일에 맞춰 집행되는 시스템이다. 따라서 긴급한 광고 집행에 한계가 있다. 아울러 광고물에 대한 소비자 반응도 느리다.

낮은 도달률의 문제가 있다. 특정 잡지의 독자가 신문이나 TV처럼 많지 않다. 잡지를 보는 소비자의 수가 적다 보니 전체적으로 잡지광고의 도달률도 낮다.

고비용의 단점이 있다. 잡지 매체는 발행주기가 길어서 융통성이 떨어지고, 도달률도 낮다는 여러 문제점에도 불구하고, 광고비가 상대적으로 고가이다. 인기 있는 대중잡지의 경우 특히 광고단가가 높다(김상준, 정차숙, 2018).

상기에서 살펴본 바와 같이 전통적인 4대 매체인 TV, 라디오, 신문, 잡지는, 인터넷, 모바일 등 뉴미디어로 인해 소비자 이탈과 광고매출의 감소로 큰 위기를 맞고 있다. 하지만 광고사를 살펴보면 새로운 광고매체가 급성장할 때 전통적인 광고매체들은 위협을 받았지만, 결과적으로는 일부 영역을 떼어 준 뒤 고유한 장점, 기능을 발전시키면서 살아남았다.

'뉴미디어의 출현 때문에 주요 올드 미디어가 사라지지는 않는다.' 이것은 **미디어 회복효과**와 **미디어 특화 현상** 때문이다. 우선 '미디어 회복효과'란 새로운 매체가 등장하면 신기함, 편리성 등의 이유로 뉴미디어의 수요가 급증하고 전통적 매체는 열세에 몰리지만, 시간이 경과하면서 서서히 전통적 매체의 수요가 다시 늘어 제자리를 회복하는 것을 말한다. 뉴미디어에 대한 식상함 등이 회복효과를 촉진하기 때문에 전통적 매체가 소멸되지 않는다. 그다음 '미디어 특화 현상'은 뉴미디어에게 종전의 지위를 빼앗긴 전통적 매체는 자신의 분야를 특화해서 소멸을 막는 것을 말한다(오택섭 외, 2009, p. 80). 이 때문에 라디오 매체가 등장했을 때 신문과 잡지가 없어지지 않았고, TV 매체가 출현했을 때 라디오가 사라지지 않았다.

전통적인 4대 매체는 앞서 살펴본 장점을 더욱 강화하고 뉴미디어를 적극 활용하면서, 소비자의 주의를 끌고 광고주를 유치해야 한다. 예를 들어, 신문 매체의 경우 핵심적인 장점은 제품, 브랜드에 대한 자세한 정보를 소비자에게 제공할 수 있다는 정보성이다. 정보성을 더욱 강화하면서 한편으로는 뉴미디어를 활용해 이런 가치를 더욱 높여야 한다. 전통적 4대 매체가 핵심을 강화하고 뉴미디어로 진출하는 것은 선택이 아니라 필수이며, 그럴 때 주요 광고매체로 남을 수 있다. ▪

"TV, 라디오, 신문, 잡지는 사라지지 않는다. 다만 형태를 바꿀 뿐이다."

제5장

스마트 미디어

이형석(한양대학교 광고홍보학과 교수)

◇◇◇

LTE, 5G와 같은 정보통신기술의 발전과 AR, VR, IoT와 같은 하이테크 기술의 발전은 스마트 광고 미디어 시장의 혁신적인 변화를 불러 왔다. 스마트TV, IPTV, OTT 서비스, 디지털 사이니지, 스마트폰, 웨어러블 기기로 대표되는 스마트 광고 미디어는 정보와 마케팅 커머스를 결합한 새로운 형태의 광고 개념으로, 전통적 광고의 일방향, 단순노출형 광고와는 달리 양방향, 미디어 융합적 개인 맞춤형 광고 미디어로 일컬어진다(김병희, 소현진, 이희복, 2015). 제5장에서는 스마트 광고 미디어를 대표할 수 있는 온라인과 모바일, IPTV, OTT를 중심으로 다루기로 한다.

1. 온라인과 모바일

1) 온라인과 모바일 광고시장

온라인/모바일 광고는 PC, 스마트폰, 태블릿 PC 등과 같은 디바이스를 통한 양방향, 개인 맞춤형 광고를 말하며, 흔히 검색광고와 디스플레이 광고로 나누어진다. 특히 광고의 제작과 집행, 광고효과 측정에 있어서는 광고주나 광고대행사에게 통제권이 주어지지만, 광고 이용에 있어서는 전적으로 매체 이용자에게 통제권이 주어지는 특징이 있다(KOBACO, 2018). 전통매체 광고시장이 지속적인 감소세를 나타내고 있는 반면, 온라인/모바일 광고시장은 2016년 처음으로 방송광고를 넘어선 후 매년 전년 대비 두 자리 성장세를 보이고 있다. 이는 인터넷(PC) 광고의 미미한 상승

세에도 불구하고 국내 광고매체 중 광고비 점유율 1위로 우뚝 올라선 모바일의 급속한 성장세에 기인한다고 할 수 있다(KOBACO, 2018). 특히 세계 1위의 스마트폰 보급률과 유튜브 및 페이스북 동영상 광고의 급속한 성장, 빅데이터 및 인공지능(AI) 기술을 통한 고도화된 개인 맞춤형 광고를 제공하는 모바일 디스플레이 광고(DA)는 모바일 광고시장의 장밋빛 미래이다.

또한 최근 디스플레이 광고의 효율성과 효과를 분석하는 시스템이 고도화됨에 따라 구매 대행사 없이 광고주가 직접 구매할 수 있는 셀프 서빙(self-serving) 미디어가 성장할 것으로 예상되며, 이는 디스플레이 광고시장의 성장을 주도할 것으로 보인다. 이 밖에도 네이버 플랫폼 내에서 보이는 디스플레이 광고 노출에 따른 브랜드 탐색 및 구매 등의 시너지 효과를 규명하는 AD Synergy 모델과 페이스북과 구글이 개발 운영하고 있는 AI 알고리즘 기반의 Data-Driven Attribution 모델은 다양한 디바이스를 크로스 채널별로 기여도를 분석하여 최적의 모델을 선택할 수 있게 한다(나스미디어, 2019).

2) 온라인과 모바일 매체 현황

온라인 및 모바일 매체는 현대인에게 필수적인 매체로 인식되고 있다. 특히 2011년 스마트폰 보유인구가 1,000만 명을 돌파한 이후 지속적으로 증가하여 2018년 기준으로 각종 조사에서 약 90%에 달하는 스마트폰 보유율을 보이고 있다(정보통신정책연구원, 2019b). 이는 67.9%에 불과한 PC 보유율과 비교했을 때 놀라운 조사 결과라고 할 수 있다. 또한 이미 스마트폰은 TV보다 높은 이용 빈도를 보이는 것으로 나타났으며, 이는 10대부터 50대까지 폭넓은 연령대에서 공통적으로 나타나는 현상이다. 더 나아가 스마트폰을 일상생활에 필수적인 매체로 인식하는 비율이 점점 증가하면서 2015년 이후 PC를 제치고 1위로 올라선 것은 주목할 만하다(방송통신위원회, 2018). 이는 스마트폰이 PC의 보완재적 성격이 아닌 대체재적 성격을 보이는 매체로서 발전하고 있으며 PC의 기능과 성격을 흡수하면서 온라인과 모바일 매체로서

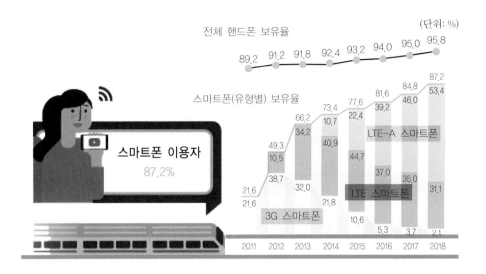

[그림 5-1] 개인 핸드폰 보유율 변화

출처: 정보통신정책연구원(2019a).

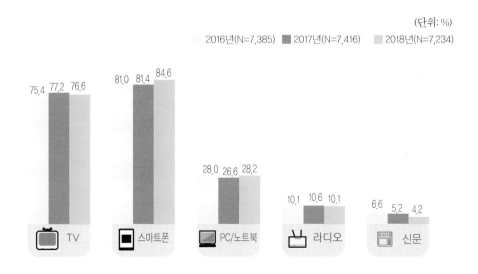

[그림 5-2] 매체 이용 빈도(주 5일 이상 사용 매체, 복수 응답)

출처: 방송통신위원회(2018).

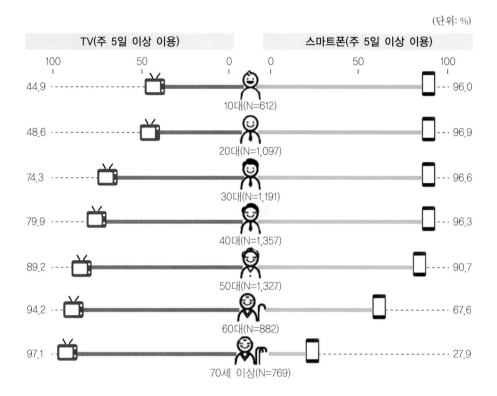

[그림 5-3] 연령대별 TV 및 스마트폰 이용 빈도

출처: 방송통신위원회(2018).

동시에 활용되고 있기 때문이라 할 수 있다. 이러한 현상들의 바탕에는 이동통신기술의 발달이 있다고 할 수 있다. PC의 고유 전유물이라고 할 수 있는 온라인 네트워크 서비스가 무선 인터넷 인프라가 갖춰지며 모바일로 넘어 왔고, 더 나아가 4G 서비스가 상용화되면서 동영상 서비스 등 PC가 우위를 가지고 있던 서비스 분야에서도 모바일이 크게 뒤처지지 않게 되었다. 2019년 4월 상용화된 5G 서비스는 PC에서 사용하는 유선 인터넷보다 빠른 속도를 보이기도 하였으며 이는 모바일을 활용한 AI(Artificial Intelligence), AR(Augmented Reality), VR(Virtual Reality) 등의 4차 산업혁명의 핵심 기술을 활용한 서비스가 가능하게 했다.

3) 온라인과 모바일 광고 현황

KOBACO(한국방송광고진흥공사)는 온라인 및 모바일 광고의 유형을 크게 디스
플레이 광고와 검색광고로 구분하고 있다. 2018년 유형별 광고비의 비중은 51%와
49%로 검색광고가 약 2% 높은 비중을 보이고 있다. 그러나 동영상을 중심으로 한
모바일 콘텐츠 소비가 더욱 보편화되고 늘어남에 따라 디스플레이 광고가 검색광고
를 추월하고 온라인 광고시장의 성장을 주도할 것으로 예상된다(KOBACO, 2018).

KOBACO에서 시행한 2018년 방송통신광고비 조사에 따르면 2017년에 비해
6.4% 성장률을 보이며 13조 6,836억 원에 달하는 2018년 한국 광고시장에서 온라
인, 모바일 광고는 5조 5,513억 원으로 약 40%의 비중을 차지하고 있다. 또한 매체
별 광고비 중 유일하게 15.5%라는 두 자리 수 성장률을 달성하기도 했다.

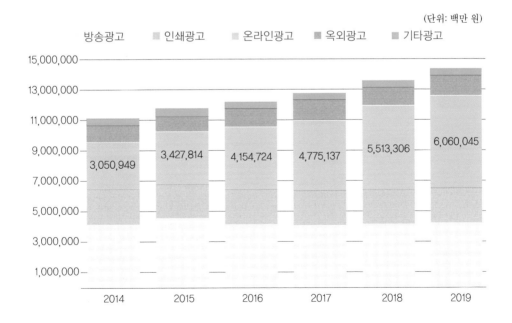

[그림 5-4] 광고비 규모 추이(2014~2019년)

출처: 과학기술정보통신부, KOBACO(2018).

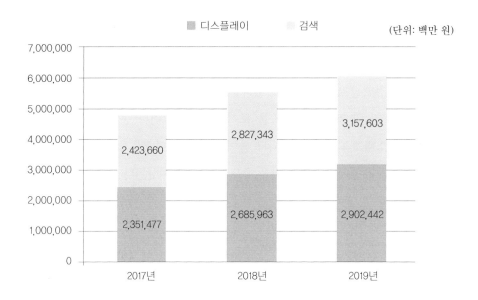

[그림 5-5] 온라인 광고시장 내 광고 유형별 규모 추이(2017~2019년 추정)
출처: 과학기술정보통신부, KOBACO(2018).

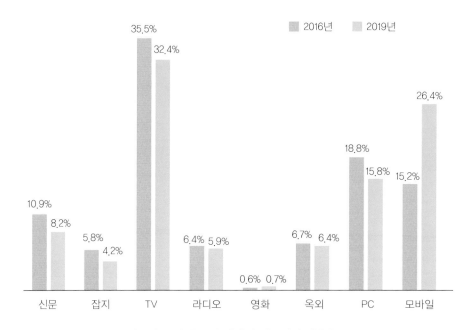

[그림 5-6] 글로벌 매체별 광고시장 점유율
출처: Zenith (2018); 과학기술정보통신부, KOBACO(2018)에서 재인용.

이는 비단 한국에 국한된 현상이 아니며 전 세계적으로도 유사한 광고비 현황을 보이고 있다. 실제로 2018년 전 세계 매체별 광고시장 점유율 조사에 따르면 PC와 모바일 광고비의 비중은 34.0%로 35.5%를 차지한 TV와 거의 비슷한 규모를 보였으며, 2019년 예상 점유율은 모바일 광고시장의 급속한 성장을 통해 온라인/모바일 광고비가 전체의 42.2%에 달할 것으로 예상했다.

2. IPTV

1) IPTV의 정의

IPTV는 Internet Protocol Television의 약자로 IP(internet protocol)와 TV(television)의 합성어이다. 실시간 방송 프로그램, 영화, VOD, T-commerce 등 멀티미디어 콘텐츠를 방송용 전파 대신에 인터넷 프로토콜(IP)을 이용한 패킷 방식으로 PC 모니터가 아닌 TV를 통해 시청자에게 제공하는 방송·통신 융합형 양방향 서비스이다. 한마디로 IPTV는 방송용 전파나 케이블 대신 ADSL, FTTH와 같은 초고속 인터넷망을 기반으로 하여 TV 단말기로 TV 방송을 시청하는 서비스이다(심성욱, 김운한, 신일기, 2011). 인터넷을 이용한 TV라는 의미에서 인터넷TV라고도 일컬어지며, 우리나라와 미국에서는 IPTV, 유럽에서는 ADSL TV, 일본에서는 브로드밴드 방송 등 국가별로 각기 다르게 일컫는다.

「인터넷 멀티미디어 방송사업법」에 따르면 IPTV는 '광대역통합정보통신망 등을 이용하여 양방향성을 가진 인터넷 프로토콜 방식으로 일정한 서비스 품질이 보장되는 가운데 TV 수상기 등을 통하여 이용자에게 실시간 방송 프로그램을 포함하여 데이터·영상·음성·음향 및 전자상거래 등의 콘텐츠를 복합적으로 제공하는 방송'으로 정의하고 있다.

현재의 케이블TV가 데이터 기반의 디지털 기술을 활용하여 IPTV와 마찬가지로 언제, 어디에서든 볼 수 있는 다양한 동영상과 실시간 TV 방송, VOD를 통한 TV 프로그램 '다시보기' 콘텐츠 서비스를 제공한다는 점에서 IPTV와 별다른 차이점이 없다고 할 수 있겠으나, 케이블TV는 케이블망을 이용하고 IPTV는 광대역 인터넷망을 통해 방송·통신 융합 서비스를 제공한다는 차이가 있다. 이러한 방송·통신 융합적 특성으로 인하여 케이블TV나 위성방송과는 달리「인터넷 멀티미디어 방송사업법」이라는 별도의 법령을 따르고 있다(KOBACO, 2018).

국내에서는 SK브로드밴드, LG U+, KT와 같은 기존의 이동통신 3사가 2008년 말에 사업 허가를 받고 2009년 초부터 상용화된 IPTV 서비스를 제공하고 있다. 이는 고화질의 영상을 송출할 때 발생하는 막대한 트래픽을 감당하고 전국적인 초고속 광대역 인터넷 네트워크가 구축되어 있어야 하기 때문이며, IPTV 3사 모두 이동통신, 인터넷 등 통신사업과 방송서비스의 결합상품을 제공하고 있다(정보통신정책연구원, 2018; KOBACO, 2018).

IPTV 사업자의 방송 매출은 IPTV 서비스 가입이나 주문형비디오(VOD) 서비스를 제공하여 얻는 유료방송 수신료, 광고를 팔아 얻는 광고수익, 홈쇼핑 송출 수수료 매출액, 가입 및 시설 설치 매출액, 단말장치 대여 및 판매 매출액, 기타 방송사업 매출액으로 이루어진다(정보통신정책연구원, 2018).

2) IPTV 광고

스마트 광고 미디어 중 하나인 IPTV 광고는 인터넷의 특성을 그대로 살린 양방향성, 셋톱박스와 빅데이터를 활용한 개인 맞춤형 타깃팅 광고가 가능하다는 장점이 있다. 이는 기존 TV 광고에 비해 자유도가 높고 형식에 구애받지 않는 다양한 형태의 광고 운영이 가능하고 시청자들이 적극적으로 이용하고 능동적으로 반응할 수 있다는 것을 의미한다. 또한 실시간으로 시청자 반응을 추적하는 것이 가능해 이는 인구, 연령, 라이프스타일 등 TV 시청 이력 빅데이터를 기반으로 특정 집단 혹은 시청자를 표적으로 한 고도화된 맞춤형 타깃팅 광고가 가능하다는 뜻이다(나스미디어,

2018; 심성욱 외, 2011).

표 5-1	기존 TV 광고와 IPTV 광고의 비교
구분	커뮤니케이션	광고 참여	비용효율성	영향성
일반 TV 광고	일방향	단순 노출	보통	높음
IPTV 광고	양방향	능동적 참여	높음	높음

출처: 다트미디어(2008), 심성욱 외(2011).

IPTV의 차별적 특성을 잘 보여 주는 사례는 다음과 같다.

(1) 실시간 채널, VOD, 홈쇼핑 시청 이력 등 고도화된 개인 시청 빅데이터를 활용하여 개인 관심사별로 그룹핑, 브랜드에 적합한 TV 시청 가구 또는 개인에게만 광고를 집중 노출하여 효과적이고 효율적인 광고 집행이 가능하다.

[그림 5-7] IPTV 빅데이터 기반 광고 상품 예시

출처: 나스미디어(2018).

(2) 콘텐츠 내용 및 시청 상황에 맞는 상이한 광고 메시지를 소구하여 높은 광고 몰입도를 형성할 수 있다. 예를 들어, 삼성전자 QLED TV는 '초고화질 프리미엄 TV'라는 제품의 특성을 전달하기 위해 고화질 콘텐츠가 포함된 카테고리 타깃팅을 통한 시청 VOD 장르에 따라 광고 메시지를 달리 소구하여 시청 상황과 광고 소재와 연계하고 있다. 이 밖에도 오리엔트골프, 야마하골프는 핵심 타깃의 선호도가 높은 다수의 콘텐츠를 선정하여 타깃별 적합한 제품을 노출하고 있다.

[그림 5-8] IPTV 시청 상황 맞춤형 광고 상품 예시

출처: 나스미디어(2018).

(3) 메인 타깃의 TV 시청 소비 시간에 광고를 집중 노출하여 타깃 접점을 극대화하는 시간 타깃팅이 가능하다. 예를 들어, 직장인이 주로 이용하는 웹 서비스를 제공하는 '드라마앤컴퍼니 리멤버'는 서비스 홍보를 위해 직장인이 퇴근한 이후 시간대에 광고를 집중적으로 노출하며, 이유식 브랜드인 '베베쿡'은 아기 엄마들이 주로 TV를 시청하는 오전 9시에서 오후 3시 사이에 집중적으로 광

고를 노출함으로써 타깃 접점을 극대화하고 있다.

[그림 5-9] IPTV 시간 타깃팅 기반 광고 상품 예시

출처: 나스미디어(2018).

(4) VOD 시청 전 광고뿐만 아니라 시청 중에도 콘텐츠 내용과 부합하는 자연스러운 광고의 노출이 가능하다. 예를 들어, 아모레퍼시픽 라네즈는 VOD 시청 중 광고 제품이 나오는 장면에 가상광고 형태의 이미지 광고가 노출되는 PPL Q를 진행하여 광고효과를 극대화하고 있다. 또한 카카오모빌리티 카카오 T는 시청자가 VOD 시청 도중 일시정지 버튼을 누르면 화면이 양분되게 리사이징됨과 동시에 현재 시청하고 있는 프로그램의 출연자가 광고 모델로 등장하는 pause 광고를 통해 자연스럽게 광고를 노출시키고 있다.

[그림 5-10] IPTV VOD 시청 광고 상품 예시

출처: 나스미디어(2018).

3) IPTV 현황

현재 국내 IPTV 가입가구는 2014년 1,000만 가구를 돌파한 이후 지속적인 성장을 통해 2019년 3월 기준으로 1,711만 가입 가구를 확보하고 있는 상황이다. 또한 IPTV 방송사업 매출은 2017년 2조 9,251억 원을 기록하며 2013년 이후 연평균 약 25%의 성장률을 보이는 것으로 나타났다. 또한 전체 방송사업 매출 내에서 IPTV 방송사업의 매출이 차지하는 비중 또한 2014년 10.1%에서 2015년 12.5%, 2016년 15.3%로 성장하고 있었다.

광고 매출의 경우에는 2018년 IPTV 대표 3사인 올레TV, LG U+ TV, SK B TV를 기준으로 1,149억 원을 기록하며 1,000억 원을 돌파하였고, 2019년에는 1,160억 원의 광고 매출이 예상된다(KOBACO, 2019). 이는 2009년 110억 원의 광고 매출을 기록한 10년 전과 비교하였을 때 10배가 넘는 성장을 기록한 것이다.

하지만 성장률의 둔화는 IPTV 광고시장이 해결해야 할 문제점으로 남아 있는데

구분	2014년	2015년	2016년	2017년	2016~2017년 증감률	연평균 증감률
방송사업 매출	14,872	19,088	24,277	29,251	20.5%	25.3%
유료방송 수신료	12,013	15,018	17,209	19,916	15.7%	18.4%
광고	147	436	846	994	17.5%	89.0%
홈쇼핑 송출 수수료	1,754	2,404	3,368	4,890	45.2%	40.7%
가입 및 시설 설치	15	50	384	905	135.6%	290.5%
단말장치 대여(판매)	506	842	1,637	1,701	3.9%	49.8%
기타 방송사업	437	339	832	845	1.5%	24.5%

표 5-2 IPTV의 방송사업 매출내역 연도별 추이 (단위: 억 원)

출처: 정보통신정책연구원(2018).

빅데이터를 기반으로 한 PCI(Personal Check In) 기술 등 이를 해결하기 위한 다양한 노력이 진행되고 있다. 특히 OTT 서비스와의 제휴, 키즈 콘텐츠 확대 등을 통해 2030세대의 젊은 고객들을 겨냥한 전략들이 실행되고 있다. 또한 IPTV의 광고 집행 트렌드를 보면 '식음료' 업종의 광고가 꾸준하게 상위권을 차지하고 있으며 금융, 전기/전자 등의 업종들이 IPTV 광고의 핵심 집행 업종으로 나타난다. 눈에 띄는 변화로는 소카, 밀리의 서재, 마켓컬리 등 공유 혹은 구독 서비스들이 인기를 끌면서 이와 관련된 애플리케이션 광고가 늘어나고 있는 추세에 있다는 점이다(나스미디어, 2018).

IPTV는 4차 산업혁명의 핵심 기술이라고 할 수 있는 AI 서비스와 5G 통신이 동시에 잘 접목되어 있는 매체라고 할 수 있다. 2017년 1월 올레TV의 '기가지니'의 출시 이후 12월 U+ TV는 '우리집 AI'를 출시하였으며, 이듬해 1월에는 네이버 AI 플랫폼인 '클로바'와의 제휴를 통해 서비스 범위를 확대하였다. SK B TV는 2018년 1월 AI 스피커 '누구'를 출시하면서 본격적으로 IPTV의 AI 서비스가 시작되었다. AI 기술의 접목과 함께 5G 기술을 통한 콘텐츠 들이 IPTV에 등장하고 있다. 2019년 4월 3일 한국에서 세계 최초로 5G 서비스가 상용화되면서 이를 활용한 서비스들과

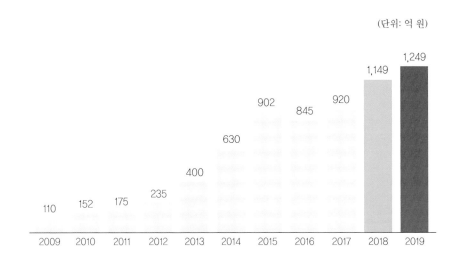

(단위: 억 원)

[그림 5-11] IPTV 연도별 취급고 추이(IPTV 3사 취합)

출처: 나스미디어(2018)에서 재인용.

콘텐츠들이 생겨나고 있다. 5G는 최대 다운로드 속도 20Gpbs, 최저 다운로드 속도 100Mbps인 이동통신기술로 기존 4G LTE의 속도보다 280배 빨라진 속도이다. 이에 앞으로의 IPTV 시장은 UHD급 초고화질 영상 콘텐츠, VR과 AR 콘텐츠를 통한 서비스 확대와 고객 유치가 진행될 것으로 보인다.

3. OTT

1) OTT의 정의

OTT는 Over The Top의 줄임말로 top, 즉 셋톱박스(set top box)와 연결된 TV 단말기를 통해 TV 프로그램, 영화 등의 동영상을 방송 네트워크가 아닌 범용 인터넷망을 통해 제공받는 서비스를 의미한다. 서비스 초창기에는 셋톱박스와 연결된 TV를 통해서만 방송 콘텐츠를 시청할 수 있었지만, 광대역 인터넷 네트워크와 이동통신의 발달로 스트리밍 서비스가 가능해지고, PC, 태블릿 PC, 스마트폰 등과 같은 다양한 기기의 등장으로 말미암아 최근에는 셋톱박스의 유무에 상관없이 인터넷 기반의 동영상 서비스 모두를 지칭한다. 한국콘텐츠진흥원(2014)에 따르면, IPTV는 ① 셋톱박스의 유무와 상관없이 유선 또는 무선 인터넷을 통해, ② 기존의 제3의 독립사업자들과 더불어 통신 및 방송사업자가 참여하여, ③ 영화나 실시간 방송을 포함하는 TV 프로그램, UGC 등의 다양한 동영상 콘텐츠를, ④ 주문형 비디오(VOD) 방식과 스트리밍(streaming) 방식으로, ⑤ 광고 기반의 무료 서비스 또는 월정액이나 건당 과금 방식의 유료 서비스로, ⑥ PC, 스마트TV, 셋톱박스, 콘솔, 블루레이, 스마트폰, 태블릿 PC 등의 이용 가능한 단말기에 제공하는 서비스로 정의된다. OTT 서비스는 인터넷망을 통해 동영상이나 방송 콘텐츠를 제공한다는 점에서 IPTV와 유사하지만 TV뿐만 아니라 PC, 스마트폰, 태블릿 PC 등 다양한 스마트 기기를 통해 시청할 수 있다는 점에서 차이가 있다.

또한 초기의 OTT 서비스는 넷플릭스와 같은 제3의 독립사업자들이 방송 콘텐츠나 영화를 독립적으로 빌려와 셋톱박스를 통해 유통하는 것을 의미하였으나, 이제는 애플이나 아마존 같은 IT 기반의 사업자, 콘텐츠를 보유한 방송사업자, 플랫폼을 지닌 인터넷 사업자들도 본격적으로 OTT 서비스에 진출하면서 오늘날 OTT 서비스는 실시간 방송을 포함한 동영상 콘텐츠를 인터넷 기반의 다양한 디바이스를 통해 전달하는 서비스로 총칭된다(송시형, 2019).

정보통신책연구원에서 2019년 발표한 『KISDI STAT Report』에 따르면, OTT 서비스란 '기존의 통신 및 방송 사업자와 더불어 제3사업자들이 인터넷을 통해 드라마나 영화 등의 다양한 미디어 콘텐츠를 제공하는 서비스'로서, 방송사업자가 제공하는 '푹' '티빙' '에브리온', 통신사업자가 제공하는 '올레TV' '옥수수', 포털사업자가 제공하는 '네이버TV' '카카오TV', 독립 플랫폼사업자가 제공하는 '유튜브' '넷플릭스' '왓챠플레이' '판도라TV' 등으로 규정하고 있다. OTT 서비스는 IPTV와 유사하게 서비스 이용자들이 시간적 공간적 제약 없이 언제 어디서든지 자신이 보고 싶은 콘텐츠를 선택하여 볼 수 있다는 장점과 기존의 케이블TV나 위성방송과는 달리, 자체적인 인터넷망을 가지고 있지 않은 사업자도 OTT 서비스 시장에 진출할 수 있다는 장점이 있다(송시형, 2019).

OTT 서비스의 주요 수익 모델은 크게 광고수익과 콘텐츠 구독료로 구성된다. 먼저 광고수익은 AVOD(Advertising VOD)로 일컬어지며, OTT 콘텐츠 시작과 중간에 광고를 노출시킴으로써 광고주에게 직접 광고비를 청구하여 콘텐츠 이용자는 직접 비용을 지불하지 않아도 된다. 유튜브, 네이버TV 등이 이러한 수익 모델을 운영하고 있다. 콘텐츠 구독료는 SVOD(Subscription VOD)라 명칭되며 이용자가 월정액 또는 건당으로 이용료를 지불하고 콘텐츠를 스트리밍과 다운로드 방식으로 자유롭게 시청할 수 있는 서비스로 넷플릭스, 아마존프라임, 왓챠플레이 등이 이러한 과금 방식을 운영하고 있다. 이 밖에도 푹, 티빙, 옥수수 등은 실시간 방송을 기반으로 한 단품 결제로 콘텐츠 구매도 가능한 하이브리드형 VOD 서비스 과금 방식을 운영한다(KOBACO, 2018).

2) OTT 현황

『Grand View Research』(2017)에 따르면 2014년 253억 달러 수준에 그쳤던 글로벌 OTT 시장은 지속적인 성장을 거듭해 2019년 616억 달러로 약 2.5배 성장할 것으로 보았으며 이후 연평균 약 18% 성장률을 기록하며 2025년에는 1,651억 달러 수준에 달할 것으로 예측했다. 글로벌 OTT 시장의 가장 큰 특징은 유료방송 시장의 가입자가 이탈하여 OTT 시장으로 넘어오는 '코드 커팅(cord-cutting)' 현상과 OTT 서비스 이용을 위해 저가 유료방송 요금제를 사용 하는 '코드 쉐이빙(cord-shaving)' 현상이다. 즉, OTT 서비스가 확대되고 시장이 성장함에 따라 유료방송 시장에 대한 잠식이 이뤄진다는 것이다.

현재 국내에는 네이버TV, 왓챠플레이 등 총 20개의 OTT 서비스가 주로 사용되고 있는 것으로 파악된다. 이 중 네이버TV, 유튜브, 페이스북, 푹 등이 타 OTT 서

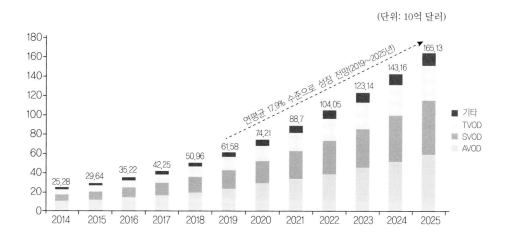

[그림 5-12] 글로벌 OTT 시장 규모 전망(2014~2025년)

출처: Grand View Research(2017).

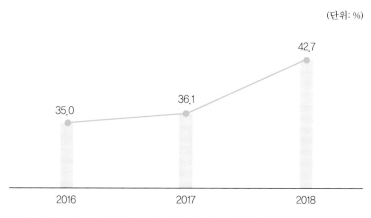

* 전체 응답자 기준, N=2018년 7,234명, 2017년 7,416명, 2016년 7,385명

[그림 5-13] OTT 이용률

출처: 방송통신위원회(2018).

비스 플랫폼에 비해 압도적인 점유율을 보이고 있다. OTT 서비스 이용률은 2016년 35.0%에서 2017년 36.1% 그리고 2018년에는 42.7%로 눈에 띄는 증가 폭을 보이고 있으며 지속적인 상승 추이를 보이고 있다(정보통신정책연구원, 2018). 방송통신위원회의 2018년 방송매체 이용행태 조사에 따르면, 이용기기에 대한 응답으로는 스마트폰과 스마트패드 등 스마트 기기를 활용한 사용이 99.1%로 압도적인 수치를 보였으며, 데스크톱과 노트북을 포함한 PC 기기를 통한 이용은 13.4%에 그쳤다. 이는 2010년 이후 4G 통신기술의 상용화를 바탕으로 스마트 기기를 활용한 이동시간 동영상 시청이 급격하게 늘어난 현상과 맥을 같이한다고 볼 수 있다.

연령대별 OTT 이용률은 스마트 기기에 친숙한 10대와 20대의 비율이 압도적으로 높았다. 이는 2017년, 2018년 모두 유사한 수치를 보였는데, 구체적으로 보면 2018년 기준으로 20대가 78.4%로 가장 높은 이용률을 보였으며 다음으로 10대(71.7%), 30대(64.2%), 40대(44.6%) 순으로 나타났다. OTT 이용은 성별에 따라서도 차이를 보였다. 남성과 여성 모두 오락/연예 방송프로그램의 이용이 압도적으로 높았으며, 남성은 스포츠 이용률이 41.3%로 두 번째로 높은 순위를 차지한 반면, 여성은 드라마(48.8%)가 두 번째로 높은 이용률을 나타냈다.

전술한 글로벌 OTT 서비스 시장의 특징인 '코드 커팅'과 '코드 쉐이빙'은 국내 OTT 시장에서 잘 나타나지 않는다. 이는 국내 IPTV, VOD, OTT 시장의 독특한 특징이라고 할 수 있는데, 우선 국내 OTT 서비스와 유료방송 간의 요금 격차가 크지 않은 것이 주요 원인이라고 할 수 있다. 또한 통신 서비스 사업자이자 IPTV 서비스 사업자가 운영하는 OTT 서비스(올레TV 모바일, B TV 모바일, LG U+ HDTV)와 유료방송 사업자인 tvN 등이 운영하는 OTT 서비스가 존재하기 때문에 코드 커팅 현상이 외국 시장에 비해 두드러지게 나타나지는 않고 있다. 그러나 최근 조사에 따르면 OTT 서비스 이용 후 TV 시청시간 변화를 측정한 결과 '줄었다'는 응답자가 '변화가 없다'고 한 응답자에 비해 약 1.5배 이상 많은 것으로 나타남에 따라 IPTV 혹은 유료 케이블 방송, 종편 채널 등에 분명한 위협이 될 수 있는 요소인 것은 분명하다고 파악된다(정보통신정책연구원, 2019c).

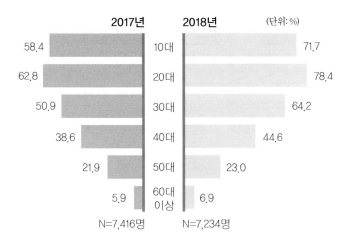

[그림 5-14] 연령별 OTT 이용률

출처: 방송통신위원회(2018).

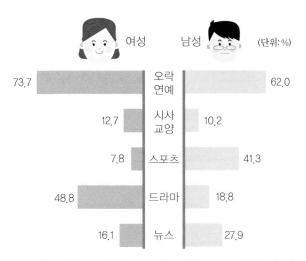

OTT 이용자 중 방송프로그램 시청한 1,565명(중복 응답)

[그림 5-15] 성별 방송프로그램 OTT 이용률

출처: 방송통신위원회(2018).

표 5-3 국내 주요 OTT 플랫폼

OTT 서비스명	서비스 제공업자	주요 서비스	사용 가능기기
티빙	CJ헬로	CJ 계열 케이블TV 실시간 방송 및 VOD	PC, 스마트 기기
푹	지상파 3사 및 EBS	지상파TV 및 종편 실시간 방송 및 VOD	
올레TV 모바일	KT	실시간 종편, 유료 채널, 해외 채널 방송 및 영화 VOD	스마트 모바일 기기
LG U+ HDTV	LG U+	영화 및 지상파TV 주요 프로그램	
옥수수	SK브로드밴드	실시간 종편, 유료 채널, 해외 채널 방송 및 영화 VOD	PC, 스마트 기기
에브리온TV	HON	종편 등 케이블 PP 및 독립 채널	스틱형 동글을 이용한 PC
판도라TV	판도라	UCC나 기존 방송 콘텐츠 VOD 등	
곰TV	곰&컴퍼니		
유튜브	구글		
네이버TV	네이버	방송 및 웹 전용 콘텐츠 UCC나 기존 방송 콘텐츠	
카카오TV	다음		
아프리카TV	아프리카TV		
넷플릭스	넷플릭스	영화 등 VOD 다시보기	PC, 스마트 기기
왓챠플레이	왓챠		
페이스북	페이스북	SNS를 통한 비디오 공유	
데일리모션	오렌지	유튜브형 서비스	
네이버V	네이버	유명인들의 아프리카TV형 서비스	
엠군	시냅스M	UCC 공유 서비스	
트위치	아마존	세계 최대의 아프리카TV형 서비스	
텔레비	스카이라이프	실시간 채널 및 영화 VOD	셋톱박스

출처: 정보통신정책연구원(2019d).

OTT 시장의 확대는 스마트 광고시장의 확대와도 밀접한 관계가 있다고 할 수 있다. 기존 TV 광고시장의 성장 이후 인터넷 보급률의 폭발적 증가로 인한 PC 중심의 온라인 광고시장 확대가 있었고 이후 2010년대에는 스마트폰의 보급, 4G 이동통신 기술의 발달을 토대로 한 광고시장의 발달에 OTT 시장이 중심에 있다고 할 수 있다. 실제로 2017년 디지털 타임즈에 따르면 광고 수입은 OTT 시장의 주 수입원 중 하나로 전체 수익의 54% 이상을 차지하고 있다. 이러한 OTT 서비스와 광고시장의 성장은 1인 크리에이터를 관리하고 수익 모델을 개발하며 광고 유치, 저작권 관리 등을 맡아서 진행하는 MCN(Multi Channel Network)이라는 새로운 비즈니스 형태를 탄생시키기도 하였다(KOBACO, 2018). ▪

제6장

디지털 시대의 옥외광고

주호일(㈜엔미디어 이사)

◇ ◇ ◇

　모든 미디어 영역에서 디지털화가 활발하게 이루어지고 있는 디지털(digital) 시대에 아직도 아날로그(analogue) 유형의 매체가 존재하는 매체영역이 옥외광고 영역이다. 하지만 최근 삼성동 코엑스 주변에 대한민국 최초로 등장한 '옥외광고자유표시구역(free zone)'을 중심으로, 옥외광고 매체들도 디지털화라는 거대한 변화의 물결에 직면하게 되었다. 따라서 단일 매체에 특정 광고주 하나가 독점적으로 광고 메시지를 노출하는 전통적 인쇄유형의 매체들과 복수의 광고 메시지를 노출할 수 있는 동영상 중심의 디지털 매체들을 함께 살펴보는 것은 점점 디지털화되고 있는 옥외광고시장과 다채널 다매체 시대를 이해하는 가장 중요한 선행 작업이 될 것이다.

　이 장은 4절로 이루어져 있다. 1절(옥외광고의 개념과 특성)에서는 옥외광고의 기본적인 개념을 이해하고, 옥외광고의 종류에는 어떠한 유형이 있으며, 다양한 영역에서 디지털화가 이루어지고 있는 디지털 매체들의 동향을 살펴볼 것이다. 2절(옥외광고 매체의 이해)에서는 1절에서 충분히 전달하지 못한 내용들을 실제 옥외광고 집행 사례들을 통해, 옥외광고의 기본적인 특성 외에 추가적으로 참고하면 좋을 만한 특성들을 정리해 보고자 한다. 3절(디지털 사이니지 광고)에서는 최근 업계의 트렌드를 주도하고 있는 디지털 사이니지의 정의 등 기초 정보와 변화과정을 살펴보고자 한다. 4절(옥외광고의 기획과 집행)에서는 실무에서 진행되고 있는 옥외광고 캠페인의 기획과 집행과정을 통해 옥외광고 매체전략의 이해를 돕고자 한다. 이러한 이론적이고 현장감 있는 각각의 병행접근으로 향후 옥외광고에 대한 학문적인 연구와 동시에 실무현장에서의 활용도를 높이고자 한다.

1. 옥외광고의 개념과 특성

옥외광고의 개념과 역사 그리고 매체의 전반적인 특성을 알아보려고 한다. 옥외광고는 인류의 문명이 시작되고 문자가 발명되기 이전부터 시작되었다고 보는 견해가 많다(서범석, 2001). 자급자족의 시대를 넘어 물물교환의 시대에도 상징(symbol)이나 기호(sign)의 형태로 메시지를 노출했으며, 지금의 간판이라는 매체로 자리 잡았다. 따라서 광고의 역사는 옥외광고에서부터 시작되었으며, 인류 최초의 커뮤니케이션 도구가 되었다. 문자가 발명되고 기술이 발달하면서 매체의 물리적 규격이 커지고, 인쇄에서 디지털의 형태로 전환되고 있는 추세이며, 다양한 공공의 영역에 등장하면서 주요 매체로 자리 잡았다.

1) 옥외광고의 개념의 이해

(1) 옥외광고의 정의

옥외광고는 법률적 정의와 일반적 정의의 두 가지로 구분할 수 있다. 먼저 「옥외광고물 등의 관리와 옥외광고산업 진흥에 관한 법률」 제13726호에 의하면, '옥외광고물이란 공중에게 항상 또는 일정 기간 계속 노출되어 공중이 자유로이 통행하는 장소에서 볼 수 있는 것(대통령령으로 정하는 교통시설 또는 교통수단에 표시되는 것을 포함한다)'으로 정의하고 있다. 반면, 일반적 정의는 '불특정 다수의 공중을 대상으로 옥외의 특정한 장소에서 일정 기간 계속해서 시각적 자극을 주는 광고물'을 의미한다. 따라서 법률에서 정하는 범주인 교통광고 외에 최근의 전광판 광고나 스포츠 시설물 광고까지 포함하여 보다 폭넓게 정의하고 있다. 법률에 의한 정의는 생활형 간판 중심으로 옥외광고물을 17개 유형으로 나누고, 표시방법 등의 관리를 중심으로 정의하고 있다. 이에 반해 일반적 정의는 고도화된 기술이 접목된 **디지털 사이니지**(digital signage)와 지하철, 버스 등의 대중교통을 넘어서 대형할인마트, 영화관, 각종 쇼핑시설물 등으로 매체의 설치 장소가 다양해짐으로써 단순한 매체의 물리적 유형이 아닌, 광고 메시지(commercial message)를 전달하는 광고매체(media) 개념으로 해석하고 있다(McLuhan & Fiore, 1967).

특히 디지털 사이니지 매체 구축의 활성화로, 2016년에는 「옥외광고물 등의 관리와 옥외광고산업 진흥에 관한 법률」을 수정하여 명문화하기도 하였다. 이는 최근 들어 디지털 매체가 옥외광고산업에서도 중요한 매체로 성장하였음을 뒷받침하고 있다.

⑵ 옥외광고의 역사

옥외광고의 역사는 해외와 국내 모두 인류 문명의 시작과 함께한다고 보는 견해가 대다수이다(서범석, 2001). 즉, 문자가 발명되기 이전부터 현대까지 많은 소상공인과 자영업자들이 사용하는 간판이 인류 최초의 광고이자 옥외광고의 시작으로 본다. 이 책에서는 지면관계상 국내의 역사만 살펴보겠다. 우선 국내 옥외광고 역사를 5기로 정리하여 재구성하였다. 원시기-도입기-성장기-성숙기(안대천, 주호일, 2013)의 4기에 신성장기를 추가하여 총 5기로 수정하여 구분하였다. 이는 4기의 주요 키워드인 '옥외광고 성숙기 및 디지털 사이니지 도입' 시기를 지나면서, 디지털 사이니지가 더욱 빠르게 대형화되고 옥외광고 시장의 지배적인 매체로 지속적인 성장을 하고 있기 때문이다.

첫 번째 시기인 원시기는 1890년대의 일제강점기로부터 1950년대까지를 의미하며, 소위 말하는 간판의 시대를 일컫는다. 신문광고 중심으로 간판과 입간판 등 다양한 모습을 갖춘 시기이기도 하다. 1925년 『조선상공안내』 책에서 '간판제작업'에 대한 부분을 특별히 명기할 정도로 일반화된 매체로 자리매김을 하였다. 물론 오늘날에도 간판을 업계에서는 'sign'이라고 명명하며, 이 시기는 현재까지도 생명력을 유지하고 있는 옥외광고의 기초이자 출발시기라고 할 수 있다. 두 번째 시기인 도입기는 1960년부터 1979년까지를 말하며, 제작에 대한 기술 확보와 함께 당시 호황을 누리며 경제 성장을 주도하던 의약품광고가 양적인 측면에서 옥외광고의 성장 기반을 마련하였다. 동아제약, 유한양행, 한독약품 등의 제약회사들이 대형 **빌**

보드(billboard), 즉 옥상광고를 다수 진행함으로써 지금까지도 옥외광고의 대명사를 빌보드라고 할 만큼 더욱 화려한 옥외광고의 시대가 열리게 된 시기이다. 세 번째의 시기는 성장기로, 1980년부터 1997년까지를 의미한다. 이 시기야말로 옥외광고를 대한민국에서 다섯 번째 규모의 매체로 한 걸음 성장시킨 국내 옥외광고 역사 중 가장 중요한 시기이기도 하다. 대한민국 유사 이래 전 세계의 이목이 집중되었던 86 아시안게임과 88 서울올림픽이 개최되었으며, 국제적인 스포츠 이벤트를 더욱 빛내기 위해 옥외광고의 특별법을 도입함으로써 더욱 다양한 매체가 등장하였다. 또한 제도적으로도 1980년 「옥외광고물관리법」이 제정되었고, 서울시의 경우 「광고물 등 관리시행규칙」이 공포됨으로써 규제대상이었던 네온 및 조명광고가 한시적으로 허용되었으며, 옥상광고를 비롯하여 버스 외부광고, 택시 외부광고 등 교통광고를 중심으로 옥외광고 시장을 외형적으로 성장시킨 중요한 시기로 평가된다. 특히 야립광고의 경우 지금까지도 특별법에 의해 옥외광고 업계의 상징적인 광고물로 운영되고 있다. 네 번째는 성숙기로서 1998년부터 2010년대 초반까지의 시기를 의미한다. 성장기와 함께 옥외광고를 대한민국 광고시장에서 다섯 번째 규모로 확고하게 입지를 굳힌 시기이다. 아울러 디지털 매체가 서서히 시장에 등장한 시기이기도 하다. 외형적으로는 2000년의 벤처기업 육성정책으로 ICT 사업의 활성화와 2001년 인천 공항을 시작으로 2014년 서울시의 버스 준공영제 실시 그리고 서울지하철의 9호선, 신분당선 개통 등의 광고매체의 양적인 증가로 단단하게 입지를 굳힌 시기이기도 하다. 마지막으로 2010년 초반부터 현재까지로 신성장기로 구분할 수 있겠다. 신성장기를 대표하는 키워드는 디지털 사이니지로 2017년 구축이 시작되어 지금까지도 구축이 진행 중인 '**옥외광고자유표시구역**의 등장'으로 더욱 확고한 성장을 이루고 있으며, 현재 옥외광고 시장의 대표적 매체로 자리매김하였다.

2) 옥외광고의 특성

옥외광고의 특징은 크게 두 종류로 구분할 수 있다. 첫 번째는 '물리적인 특성'이고, 두 번째는 '역할적 특성'이다. 물리적인 특성은 일본 관동네온협동조합에서 발표한 SSL로 대표되는 특성으로, 옥외광고의 외형적인 특성을 반영하여 설명하고 있다. 반면, 역할(기능)적 특성은 지역성을 기반으로 옥외광고 매체를 광고주들이 어떻게 전략적이고 속성적으로 활용하느냐를 설명하는 특성을 말한다.

(1) 물리적 특성(SSL)

SSL은 각각 'Scale, Subliminal, Landmark'를 의미한다. 이는 옥외광고는 규격이 크고, 잠재효과가 있으며, 매체 주변 환경에서 상징적인 존재가 된다는 것을 의미한다. 이러한 특성의 공통점은 일본의 관동네온협동조합의 매체가 대부분 옥상 네온으로 규격이 크고, 중요 상권이 되는 지역에 위치한다는 것을 배경으로 이해할 필요가 있다(서범석, 2001).

첫 번째 특성인 '스케일(scale)'에 대해 살펴보면, 옥상광고로 대표되는 옥외광고는 규격(size)이 큰 대형 매체로 이루어져 있어, 매체 주변의 이용객들에게 정보 및 이미지를 전달하고 침투시키기에 적합하다는 것을 의미한다. 실제 대형 옥상광고에 참여하는 광고주들은 간단하게 기업명이나 브랜드명 중심의 메시지를 전달하기 때문에 강력한 메시지 전달효과가 있다고 보는 특성이다. 두 번째 '서브리미널(subliminal)'은 대부분의 옥외광고가 버스 외부광고 등의 일부 교통수단 광고매체를 제외하고는 일정한 **스팟**(spot)과 **공간**(space)에 고정화되어 동일한 메시지를 특정 계약기간 동안 하루 24시간 반복적으로 전달하고 있다. 이러한 반복적 특성은 특정 위치의 매체 주변을 정기적으로 이용하는 이용객들에게 광고주의 상업적 메시지를 고정적으로 전달함으로써 자연스럽게 의식적이든지 무의식적이든지 기업 또는 브랜드 이미지를 소비자의 마음속에 정착시킬 수 있다는 것이다. 다만 이러한 잠재의식효과는 비단 옥상광고와 같은 대형 광고물뿐만 아니라, 지하철 스크린도어, 버스 쉘터 등 특정한 위치를 점유하고 있는 중·소형 매체들에게도 나타날 수 있는 특성임을 간과해서는 안 된다. 실제 반복적인 패턴을 보이는 통학생이나 출퇴근길의 직장인들의 하루 일과를 통해서 확인할 수 있다. 늘 동일한 시간대와 동일한 정류

[그림 6-1] 지역의 랜드마크가 되는 옥상광고(신사동 사거리)

출처: 현장 촬영.

장 및 지하철역 그리고 심지어는 빠른 환승이 가능한 위치를 미리 확인하고 이용하는 이용객들에게 반복적인 광고 메시지의 노출효과를 기대할 있다. 세 번째 '랜드마크(landmark)'는 문자 그대로 대형 광고물이 위치한 특정 지역에 대한 상징성을 점유할 수 있다는 것인데, 과거 옥상광고물의 기업명이나 브랜드가 약속장소를 대체할 정도로 지역에 대한 대표성을 가진다. 이는 결국 해당 기업의 직원들이나 임원들 그리고 판매사원들에게 자긍심을 고취시키며, 일반 이용객들에게도 제품을 구매할 때 긍정적 영향력을 행사한다는 것이다.

　이상으로 옥외광고의 가장 대표적인 특성인 옥상광고 중심의 SSL에 대해 알아보았다. 간단하게 정리하자면, 스케일은 광고규격의 크기가 영향력 있는 메시지 전달력을 가질 수 있다는 것이고, 서브리미널은 반복 소구를 통한 무의식적 이미지 제고가 가능하다는 것을 의미한다. 마지막으로, 랜드마크는 도심에서 건축물들처럼 주요 지역에서의 상징적 시설물이 되어 내부의 직원들뿐만 아니라 소비자들에게 구매를 유도하는 데 긍정의 영향을 미칠 수 있다는 것이다. 하지만 최근에는 지하철과 쇼핑몰, 극장 등 실내에 많은 종류의 매체들이 등장하였고, SSL의 특성이 실내 매체에도 적용될 수 있는지 주목할 필요가 있다.

(2) 역할적(기능적) 특성

옥외광고의 기능적 특성은 크게 지역성과 공간성을 지닌다는 것이다. 온라인과 모바일을 포함한 디지털뿐만 아니라 전통적 매체인 4대 매체들 가운데 물리적으로 지역성(local)을 지닌 것이 옥외광고의 첫 번째 특성이다. 현재 대한민국에서 가장 쟁점이 되고 있는 삼성동 코엑스의 옥외광고자유표시구역 내의 **K-POP스퀘어(SM타운 벽면)**나 **밀레니엄 광장의 기둥형 디지털 사이니지 광고**를 경험하기 위해서는 직접 삼성동 코엑스를 방문해야 한다. 또한 서울지하철 2호선 강남역 스크린도어 광고매체를 접촉하기 위해서도 직접 강남역을 방문하지 않으면 해당 매체를 물리적으로 접할 수 없음은 옥외광고의 가장 대표적인 특징이다. 따라서 이러한 지역성을 활용하여 특정 지역을 기반으로 하는 소상공인이나 자영업자 등의 영세 상인들에게는 가장 중요한 커뮤니케이션 도구(tool)로 사용되고 있다. 물론 병원광고주를 중심으로 모바일광고가 지역 기반의 옥외광고와 경쟁을 하는 시대가 되었지만, **브랜드 경험**(brand experience)이라는 측면에서는 옥외광고의 차별적 우위점이 있는 것으로 판단된다(김건표, 2015), 옥외광고 매체 중 지하철 포스터와 도착 안내방송 광고(역사 도착 안내방송 후 송출되는 출구 안내광고) 유형은 지역성을 기반으로는 하는 지역 마케팅에 최적화되어 있다.

두 번째 옥외광고의 특성은 공간성으로, 공간성에는 장소와 공간이라는 두 가지 요소를 포함하고 있는데, 옥외광고는 이 두 가지 요소를 근간으로 구축되고 운영된다. 장소의 개념은 계속해서 언급하고 있는 삼성동 코엑스나 지하철 2호선 강남역 등의 특정 장소를 의미하는 것이고, 공간은 해당 장소에서 물리적으로 광고가 설치되는 특정 위치를 의미한다. 즉, 삼성동 코엑스가 장소적인 개념이라면, SM타운 벽면이나 밀레니엄 광장의 기둥매체 등은 공간적인 개념이 되는 것이다. 즉, 지하철 2호선 강남역이 다수의 이용객으로 가장 인기 있는 역사이기는 하지만, 출구나 지하철 이용객들의 이동 동선에 따라 노출효과가 뛰어난 공간은 11번 출구와 12번 출구가 되기 때문이다. 따라서 장소와 공간은 옥외광고의 특성 중 여타의 타 매체들과 확실하게 구분되는 차별적 특성이다.

2. 옥외광고 매체의 이해

이 절에서는 옥외광고 매체의 전체적인 유형과 각각의 매체 특성을 알아보고자 한다. 현재 국내에서 운영되고 있는 **교통광고**를 중심으로 옥상광고와 이벤트 연계 매체 등을 순차적으로 알아보고자 한다. 교통광고는 옥외광고의 가장 기본이 되는 매체이며, 광고주의 선호도가 높아 광고 참여율이 높은 매체로 평가받고 있다. 또한 각각의 매체들이 인쇄유형에서 디지털화되는 옥외광고의 동향을 확인해 보고, BTL 매체로 취급받고 있는 옥외광고의 ATL적 특성을 통해 심화된 옥외광고의 특성을 알아보고자 한다(이경렬, 2016).

1) 교통광고의 이해

교통광고는 서두에서 살펴본 것처럼, 「옥외광고물 등의 관리와 옥외광고산업 진흥에 관한 법률」에 따르면, '옥외광고물이란 공중에게 항상 또는 일정 기간 계속 노출되어 공중이 자유로이 통행하는 장소에서 볼 수 있는 것(대통령령으로 정하는 교통시설 또는 교통수단에 표시되는 것을 포함한다)'에 의하여 옥외광고의 범주에 속해 있다. 그리고 옥외광고 전체 시장 가운데 규모면에서 40%대의 점유율을 차지하고 있을 만큼 가장 중요한 매체라고 할 수 있다(〈표 6-1〉 참조). 따라서 교통수단에 상관없이

표 6-1 옥외광고와 교통광고 매체 취급고 현황 (단위: 억 원)

구분	2013	2014	2015	2016	2017
전체 취급고	9,645	9,362	10,051	10,091	10,268
교통광고 취급고	4,388	3,885	4,339	4,328	4,544
교통광고 점유율(%)	45.5	41.5	43.2	42.9	44.3

출처: 제일기획(2017).

모든 교통광고 매체는 교통수단과 교통시설을 활용하여 매체를 구축하였으며, 현재 활발하게 운영 중이다. 하지만 동일한 대중교통이지만 제도적 차이, 교통수단과 교통시설의 물리적인 크기 등이 상이하여 유사성과 함께 차이점도 있음을 전제하고 각각의 교통수단별로 살펴보도록 하겠다.

(1) 지하철 광고

① 지하철의 역사와 광고

지하철 광고매체를 이해하기 전에 지하철의 개통 역사를 살펴보는 것이 필요할 듯싶다. 그 이유는 지하철 개통과 함께 지하철 광고의 역사도 함께 시작되었기 때문이다. 1974년 서울지하철 1호선 개통과 발맞추어 전홍(지하철 광고 공식 판매사)이 1975년 민간사업자로서 지하철 광고 판매를 시작하였다. 따라서 지하철의 역사가 곧 지하철 광고의 시작이므로, 지하철의 노선 증가와 함께 광역화와 복선화 등에 따른 이용객 증가는 지하철 광고가 옥외광고 시장에서 주요 매체로 성장하는 데 최적화된 환경을 제공하였다.

대한민국 최초로 1974년 서울역에서 청량리까지 1호선이 개통된 이래, 1980년에 순환선인 2호선이 개통되었고, 이후 1985년에 3, 4호선이 개통되어 본격적인 1기 지하철 시대가 시작되었다. 또한 1995년 도시철도공사(2017년 서울메트로와 서울교통공사로 통합됨)의 지하철 5호선과 1996년 7, 8호선 그리고 2000년 6호선이 개통되어 2기 지하철 시대가 도래하였다. 그리고 2009년 9호선을 비롯한 신분당선 연장선 등 서울을 중심으로 수도권은 물론 남쪽으로는 아산 그리고 동쪽으로는 춘천에 이르기까지 광역화 시대를 열었다. 그리고 서울을 시작으로 부산광역시, 대구광역시, 인천광역시, 광주광역시, 대전광역시의 순서로 지하철이 개통되었다. 부산광역시는 1985년부터 2011년까지 총 네 개의 호선이 구축되어 운행 중이며, 대구광역시는 1997년을 시작으로 2015년까지 세 개의 호선이 구축되어 운행 중이다. 인천광역시는 1999년에 1호선이 개통되었고, 2016년까지 2호선이 개통되었다. 광주광역시는 2004년에 지하철이 개통되어 현재까지 단일노선으로 운행 중이다. 마지막으로 대전광역시는 2006년에 개통되어 현재까지 단일노선으로 운행 중이다(서울교통공사, 부산교통공사, 대구도시철도공사, 인천교통공사, 광주도시철도공사, 대전도시철도공사 홈페이지). 코레일(KORAIL)과 민간 자본 투자 노선을 제외한 지방자치단체가 운영하는 지하철은 전국 단위로 2018년을 기준, 총 여섯 개 광역시에 19개 노선에 이른다.

② 지하철 광고매체의 종류

지하철 광고는 지역 및 호선과 상관없이 법률상에 명기되어 있는 **교통수단 광고**와 **교통시설 광고**로 양분화된다. 그리고 교통수단은 다시 차량 내부와 차량 외부로 구분된다. 교통시설은 교통수단을 이용하는 장소적 개념이 되기 때문에 일반시설과 편의시설 등으로 구분된다. 〈표 6-2〉과 〈표 6-3〉 또한 교통수단과 교통시설을 광고의 유형에 따라 구분하게 되면, 인쇄형과 동영상 형태 그리고 음성형의 세 가지로 구분할 수 있다. 최근에 홀로그램 등의 특수한 유형이 등장하기도 하였으나, 아직은 시범적 운영이라 분류상에서는 제외하도록 하겠다(이정교, 이예승, 강미성, 구은연, 2004).

표 6-2 지하철 교통수단 광고 유형: 전동차 내/외부 차량광고

종류	형태	매체명	운행호선	비고
차량 내부	인쇄형	액자형	전국지하철	-
		모서리형	전국지하철	내부조명 포함
		천정걸이형	전국지하철	-
		노선도	전국지하철	-
		인통문 상단	5대 광역시	서울 제외
		스티커	부산, 인천	-
		천정걸이형	전국지하철	내부조명 포함
		래핑	서울지하철	전체, 부분

		벽면 부착		–
	동영상	천정걸이형	전국지하철	–
		노선도		–
		모서리형		–
	음성형	음성광고	전국지하철	출구정보 안내
	변형광고	프로모션 매체	전국지하철	목업, 래핑 외
차량 외부	인쇄형	포스터형	서울지하철	–
		부분 래핑	서울지하철	면적의 1/4

출처: 안대천, 주호일(2013) 재구성.

표 6-3 지하철 역사시설 광고 유형

종류	매체명	비고
편의시설 매체 (인쇄+동영상)	스크린도어(PSD)	내부조명
	매직 애드비전(애드미러)	내부조명
	승강장 안전펜스	내부조명
	지하철 노선 안내도	비조명
	공기청정기	내부조명
	대형 멀티비전	동영상
	에스컬레이터 래핑 광고	비조명
	열차정보 안내기(행선 안내기)	승강장 외
	지역(종합)정보 안내도	역사 내
	핑거터치, 행복 쿠폰	승강장 외
일반시설 매체 (인쇄+동영상)	와이드 칼라(플렉스 칼라)	내부조명
	기둥 조명광고	원형, 사각기둥
	터널비전	LED 동영상
	투명 LCD 동영상 광고	승강장 벽면
	역 구내 게이트	비조명
	디지털포스터	동영상
음성 광고	안내방송 계	승강장
공간 활용	브랜드 존(brand zone)	디지털 사이니지

출처: 안대천, 주호일(2013) 재구성.

　지하철 광고 중 교통수단, 즉 전동차를 활용한 광고매체를 세부적으로 알아보면, 전동차 차내 광고는 가장 기본이 되는 매체가 인쇄유형의 액자형과 모서리형 그리고 천정걸이형으로 구성된다. 서울지하철뿐만 아니라 지방의 지하철도 광고물 위치와 크기의 차이만 있을 뿐 유형은 동일하다. 다만 최근 들어 모서리형과 천정걸이형이 비조명에서 조명이 가능한 형태로 바뀌었고, 서울지하철 1~8호선을 중심으로 천정걸이형 위치에 디지털 사이니지 유형의 매체가 설치되어 운영 중이다. 그리고 스티커, 인통문 상단 등의 매체유형은 대표적으로 신규열차가 유입되면서 자연스럽게 사라지고 있으며, 래핑 등의 프로모션 형태로 변형되어 진행되는 사례가 많아지고 있다. 또한 경쟁 매체라 할 수 있는 스마트폰의 영향을 가장 직접적으로 받고 있는 매체로, 이용객들의 주목률을 높일 수 있는 BTL 매체로 지하철 광고매체의 선호도가 바뀌고 있다.

　지하철 시설광고의 경우, 기본적으로 일반시설 매체와 편의시설 매체로 구분할 수 있으며, 음성광고는 전동차 내 송출 이후, 역사 승강장에서도 열차 도착 안내방송 이후 음성의 형태로 매체가 구축되었다. 그리고 역 구내 공간을 활용하는 매체유형들이 지속적으로 구축되어 운영되고 있다. 일반시설 매체에는 **조명광고**(light box)가

[그림 6-2] 지하철 전동차 차내 광고 및 변형광고 집행 사례

출처: 그린미디어(2006), 현장 촬영.

기본인데, 와이드칼라, 플렉스칼라라는 명칭으로 혼용해서 오래전부터 사용하고 있는 용어이며, 세 가지 명칭이 전혀 상이한 것은 아니다. 내부에 형광등 조명(현재는 LED로 대체되는 추세임)으로 광고 메시지를 전달하며, 광고물 규격이 대표적으로 가로, 세로 각각 4×2.25m로서 직사각형의 폭이 넓다는 것을 의미하며, 광고물의 제작소재가 플렉스(flex)라는 유연성 원단을 사용하기에 붙여진 이름이다. 최근에는 지하철뿐만 아니라 장소와 무관하게 유사한 매체들이 많이 생겨, 조명광고라는 명칭으로 통일해서 사용하는 추세이다. 그리고 기둥광고와 역사 개찰구 게이트 광고, 포스터 형태들은 대표적인 지하철 역사시설 매체라고 볼 수 있다. 또한 편의시설 매체는 가장 대표적인 것이 **승강장 스크린도어**(platform screen door)이다. 2004년 서울 지하철에 처음 등장하였으며, 설치 이전의 승강장은 여러 가지 안전사고 및 열차 도착 시 발생하는 소음과 먼지 등 환경적으로도 불편했던 장소였음이 분명하다. 따라서 스크린도어가 설치되면서 지하철 이용객들로 하여금 안전하고 쾌적한 환경에서 지하철을 이용할 수 있게 되었으며, 스크린도어 벽면에 광고물을 설치하여 운영하고 있다. 최근까지도 지하철 교통수단과 교통시설 매체들 가운데 가장 광고주의 선호도

[그림 6-3] 지하철 역사시설 내 주요 매체(포스터, 스크린도어, 조명광고, 지역 안내도)
출처: 현장 촬영.

가 높아 참여율이 높다(심성욱, 신일기, 2008). 다만 스크린도어의 근본적인 안전(비상문 개폐)에 문제가 발생되어, 광고계약이 만료되는 시점까지 순차적으로 스크린도어 광고매체를 철거하고 있는 상황이다. 그 밖의 편의시설 매체에는 열차 도착 등의 정보를 안내해 주는 행선안내기, 지역정보 안내도 등이 있다. 전동차 차내 매체와는 달리 역사시설의 규모가 커서 점차 지하철 광고매체들도 대형화되는 추세이다.

③ 지하철 광고매체의 현안과 기회요인

지하철 광고매체는 다른 교통수단 및 교통시설보다도 많은 종류의 매체와 수량이 존재한다. 개통 초기부터 지하철에 대한 관심과 지하철 이용객이 급속히 증가하면서 가장 대표적인 옥외광고 매체가 되었고, 한정된 공간에서 매체 간 좋은 주목도를 차지하기 위한 위치 경쟁도 항상 치열하다(정동운, 2015). 하지만 과거 지하철 입구에서 무료로 나누어 주던 무가지(무료신문)를 시작으로 최근 들어 스마트폰의 보급 확산과 지하철 이용객들의 디지털 기기 이용이 점점 심화되면서 광고주의 지하철 매체 선호도가 점차적으로 하락하는 추세이다. 따라서 전동차 차내 광고들은 수량을 줄이고 있으며, 역구내 매체들은 점점 대형화되고 디지털화되어 가고 있다. 스마트폰에 빼앗긴 시선을 다시 지하철 매체로 옮겨 오기 위한 시도가 계속해서 시도되고 있다. 이러한 가운데, 기존의 ATL 매체의 한계를 극복하고자 지속적으로 새로운 컨셉의 주목률을 높일 수 있는 BTL 매체를 개발하여 광고주의 니즈(needs)를 충족시키려는 노력이 활발하게 이루어지고 있다. 이는 점차 늘어나고 있는 지하철 노선과 그에 따른 이용객들의 점진적 증가로 출퇴근 시간이나 통학시간의 직장인과 학생들뿐만 아니라, 시민의 발이라는 대중교통으로서의 집객을 결코 간과할 수 없기 때문이다.

(2) 버스 광고

① 버스의 역사와 광고

대구에서 시작된 버스운송사업은 1928년 서울에서 본격화되면서 대중교통의 서막을 열었다. 처음에는 전차의 보조 수단으로 운영되었으나, 전차보다 비싼(7전) 요금으로 수요가 줄어 결국 1932년 전차운영업체였던 경성전기주식회사로 인수되었다. 한국 전쟁 이후 미군에서 사용했던 군용 트럭을 개조한 버스들이 거리를 누볐으며, 1957년부터 꾸준하게 승객이 증가하면서 전차를 앞질렀다. 이후 국내에서 대우버스 등 버스 생산이 본격화되면서 대중교통 수단으로의 입지를 굳혀 나갔다. 그리고 1980년대 들어와서는 버스하면 떠올리던 안내양(안내담당자)을 대체하는 하차벨이 등장하였고, 출입문도 슬라이딩 방식으로 바뀌고, 대기오염의 개선을 목적으로 천연가스버스가 도입되기 시작했다. 그리고 2004년 서울을 시작으로 버스의 준공영제가 시행되면서 버스가 지하철과 함께 대중교통 수단의 중요한 축으로 자리 잡았다.

이렇듯 역사로 보면 지하철보다 훨씬 앞서 있지만, 버스의 광고역사는 1980년대 86 아시안게임과 88 서울올림픽 등 국제 행사를 지원하기 위해 만들어진 옥외광고 특별법 제정 이후에 처음으로 시작되었다. 가장 대표적인 매체였던 버스 외부광고는 사람이 승차하는 인도면과 차량이 통행하는 도로면의 두 개면에 동일한 규격(2.7×0.5m)의 광고를 붙임으로 시작되었다. 이후 2004년 서울시의 **버스 준공영제** 실시로 도로면의 규격이 커지면서(3.7×1m) 본격적인 옥외광고 대표 매체로서의 역할을 시작했다. 또한 버스 전용차로가 기존의 도로 마지막 끝 차선에서 1차선으로 이동하면서(차선 변경 때문에 준공영제를 중앙차로제라고 불리기도 함) 버스 승강장(bus shelter)도 도로 중앙에 떠 있다는 개념의 **아일랜드**(island) **쉘터**로 불렸다. 결국 준공영제의 실시와 함께 버스 광고도 교통수단의 버스 외부와 교통시설의 아일랜드 쉘터가 지하철 스크린도어와 함께 광고주들의 선호가 높은 매체가 되었다.

②버스 광고의 종류

버스 광고도 지하철과 동일하게 교통수단 광고와 교통시설 광고로 나뉜다. 하지만 지하철과 동일한 교통광고이지만, 교통수단 및 교통시설이 상대적으로 지하철보다는 작고 협소하여 다양한 유형과 광고물 수량이 많지 않다. 교통수단 광고(〈표 6-4〉참조)와 교통시설 광고(〈표 6-5〉참조)를 살펴보겠다.

| 표 6-4 | 전국 시내버스 차량 내/외부 광고물 현황 |

구분	지역	형태	매체명	규격(m)	비고
차량 내부	서울	음성형	시내버스 CM	1회 12초	정류장 안내방송 직후
		인쇄형	전면유리상단	0.68×0.27	–
			출구 좌, 우	0.6×0.24	중앙출입문 광고
			천장 모서리	0.7×0.245	–
			내부전면 행선판	0.45×0.19	디지털
			내부전면 행선판	0.59×0.28	디지털
			시트커버(레자)	0.26×0.12	오프셋 인쇄/100대 기준
			시트커버(천)	0.23×0.115	전사인쇄
			차내 조명광고	0.785×0.220	경기, 대원고속(현재 철거)
		동영상	차내 LCD 모니터	23인치 외	서울 및 경기, 광역버스
차량 외부	서울	인쇄	버스 외부광고	3×0.5~3.7×1	서울 및 전국(도로면)
	기타			2.5×0.5~4×1.1	서울 및 전국(인도면)

출처: 안대천, 주호일(2013) 재구성.

| 표 6-5 | 전국 시내버스 교통시설(승강장)광고물 현황 |

구분	지역	매체명	규격(m)	비고
교통시설 광고	서울 및 광역시 지방 주요 도시	시내버스 쉘터	1.33×1.87×2면	–
	서울	아일랜드 쉘터	1.185×1.175×2면	중앙버스 쉘터
	서울	마을버스 쉘터	1.16×1.86×2면	강남, 서초지역
	전국	정류장 표시판	0.6×0.4×2면	–
	서울	버스 정류장 표시판	0.42×0.26×2면	–
			0.6×0.35×2면	–

출처: 안대천, 주호일(2013) 재구성.

버스 차량 광고의 경우 교통수단인 버스 외부와 버스 내부에 광고물을 게재할 수 있으며, 버스 내부의 경우 대부분 인쇄광고 유형으로 되어 있다. 대표적인 매체로는 내부전면 행선안내판, 천장 모서리, 중앙출입문, 버스시트 광고 등이 있다. 음성형태로는 버스 정류장 안내방송과 동영상 형태로는 운전석 후면 LCD 모니터와 하차문 LCD 모니터가 설치되어 운영 중이다. 버스 외부는 유일하게 접착식 시트(sheet)로 부착하는 버스 래핑 광고가 있다. 대부분의 기업이나 브랜드가 선호하는 매체이기도 하며, 지역마다 주요 상권을 경유하는 버스노선은 매체 구매의 어려움이 빈번하다.

버스 교통시설 광고물은 버스의 승하차를 위해 설치되어 있는 승강장(쉘터)에 내부조명 방식으로 설치되어 있는 인쇄형태의 조명광고물을 말한다. 최근 서울의 강남역 주변을 중심으로 동영상 형태의 디지털 사이니지가 설치 운영 중인 정류장도 있다. 주로 사람들이 오가는 인도변(가로변)에 설치되어 있는 가로변 승차대(쉘터)로, 시내버스와 공항버스 그리고 마을버스를 이용하기 위한 시설물로 구분된다. 2004년 이후 서울시에 중앙버스 승차대가 등장하면서 광고주들의 선호도가 더욱 높아졌으며, 강남대로, 종로 등 주요 지역의 승차대도 매체 구매에 어려움이 빈번하다.

[그림 6-4] 버스 내/외부 광고(전면 행선안내, 천장 모서리, 시트 광고, 중앙출입문, 버스 외부)
출처: 그린미디어(2006), 현장 촬영.

[그림 6-5] 버스 승차대 광고(시내버스, 마을버스, 공항버스, 중앙버스)

출처: 현장 촬영.

③ 버스 광고의 특성과 동향

버스 광고는 버스 외부광고를 중심으로 영화, 게임 등의 엔터테인먼트 광고주들이 선호하는 매체로 자리 잡았으며, 최근에는 여행 및 숙박 애플리케이션 업종의 활용도가 높다. 아울러 버스노선이 경유하는 지역 병원이나 학원 등의 지역 광고주에게도 선호도가 높다. 특히 버스 외부광고는 여타의 옥외광고 매체와는 달리 이동이 가능함으로 메시지 커버리지가 높고, 버스를 직접 이용하지 않는 도보 이용객이나 타 교통수단을 이용하는 사람들에게도 메시지를 노출시킬 수 있다. 이러한 장점이 광고주들의 매체 선호도를 높이는 중요한 요인이 되고 있다. 또한 최근에는 유럽처럼 버스 외부에 디지털 사이니지를 설치하여 시범 운영할 예정으로 있어, 상용화 매체로 정착될 수 있을지 결과가 주목된다.

버스 승차대는 중앙차로제 이전에는 인도에만 시내버스 승강장이 있어, 가로수나 주변 상점의 적재물 등 메시지 노출을 방해하는 요인들이 존재하였고, 강남역이나 압구정 등 주요 지역을 제외하고는 광고주 선호도가 높지 않았다. 하지만 도로중앙에 승차대가 설치되는 중앙차로제 이후에는 버스 이용객뿐만 아니라 다른 교통수단 이용자들에게도 메시지 노출의 기회가 확대되어 광고주 선호도가 높아졌다. 또한 중앙차로제 실시 이후 중앙버스 승차대에는 일반적인 인쇄유형 외에 특수형태도 설치가 가능해져 광고주 매체 선호도를 더욱 증가시키고 있다. 그리고 빠르게 디지털화가 진행될 것으로 예상되어 향후 광고매체로서의 가치가 주목된다.

(3) 택시 및 기타 교통광고

① 택시의 역사와 광고

택시도 버스와 유사하게 1912년 일본인에 의해 미국산 포드자동차 1대를 도입하여 조선총독부의 허가로 받아 시작되었다. 1919년 경성택시회사가 설립됨으로써 본격적인 택시의 시대가 열리게 되었다. 이후 1962년 새나라 택시가 등장하고, 1967년에는 개인택시와 1970년 콜택시, 1988년 중형택시 그리고 1992년 모범택시가 등장하였고, 최근에는 카카오택시, 타다 등 공유택시까지 등장하게 되었다. 택시는 크게 법인택시와 개인택시로 구분되는데, 전국적으로 법인택시는 8만여 대가 있으며, 개인택시의 경우 16만여 대 정도가 있어, 총 24만여 대가 운행 중이다(전국택시운송사업조합연합회, 2019).

택시 광고는 버스와 동일하게 1980년대 특별법에 의해 광고매체로 활용되기 시작했다. 주요 대중교통 매체(버스, 지하철) 중 교통수단의 물리적 크기가 상대적으로 작아 광고물의 종류와 수량이 많지 않으며, 교통시설인 승차대는 택시의 이용 특성상 이용객들과의 접촉도가 떨어져 광고주의 선호도가 상대적으로 떨어진다. 따라서 택시는 차량광고를 중심으로 성장하고 있으며, 서울시의 경우 2015년 택시 외부광고 사업자를 새롭게 선정함으로써 본격적인 옥외광고 시장에서의 경쟁에 돌입하게 되었다.

② 택시 광고의 종류와 특성

택시 광고는 지하철과 버스와 동일하게 교통수단인 차량광고와 시설물 광고로 구분된다. 차량의 경우는 내부보다는 외부광고의 광고주 선호도가 높은 편이며, 차량 내부에는 과거 조수석 등받이 광고와 택시비전(taxi-vision)이라는 동영상 매체가 있었다. 최근에는 차량 내부 광고는 거의 사라진 상황이며, 택시 외부광고가 가장 주요 매체가 되었다. 택시 외부광고도 버스와 동일하게 운전석과 조수석 양면에 부착이 되며, 일부 지역에서는 택시 후면에도 광고를 게첨하고 있다. 또한 새로운 매체로서 택시 탑등광고가 대전광역시에서 시범사업을 진행하고 있어 타 지역에서도 상용화될지 귀추가 주목되고 있다. 택시 광고는 운영 특성상 정해진 노선을 운행하는 것이 아니고, 광고물의 폐·게첨과 A/S 등 관리의 물리적 한계로 인해 개인택시보다는 법인택시 중심의 광고사업이 활발하게 이루어지고 있다. 다만 최근에는 개인택시운송조합을 통해 개인택시도 택시 외부광고 사업을 시작하였다. '띠띠빵빵'이라는 애플리케이션을 만들어 광고물의 부착과 운영을 확인하고 관리할 수 있도록 만들어 사업을 진행 중이다.

한편, 교통시설광고인 택시 승차대는 이용 특성상 공항이나 기차역사 등의 지정된 정류장을 제외하고는 대다수가 이용객들의 편의장소에서 승하차가 이루어지기 때문에, 광고에 대한 직접적인 접촉이 어렵다는 단점이 있다. 따라서 버스 승차대와는 달리 광고주의 매체선호도가 떨어진다. 다만 택시 승차대가 인도에 설치되어 있기

표 6-6 택시 광고의 종류

종류	매체명	규격(m)	비고
차량 내/외부 광고	조수석 등받이	0.35×0.11	-
	차량 외부	2×0.5×2면	2015년 기준(서울)
	택시 비전	6.8인치(0.32×0.24)	500대 기준
시설물 이용 광고	승차대 광고	1,185×1.75	25개면 패키지

출처: 안대천, 주호일(2013) 재구성.

[그림 6-6] 택시 광고 유형(택시 쉘터, 차내 동영상, 택시 외부, 개인택시 애플리케이션, 택시탑 등)
출처: 에스엠애드(2016), 현장 촬영.

때문에 직접적으로 택시를 이용하지 않더라도 매체 주변을 오가는 행인들과 타 교통 수단 이용객들에게 광고 메시지의 노출 기회를 기대할 수 있어, 지역 마케팅을 실시 하고자 하는 광고주들에게는 대안매체로 활용되기도 한다.

⑷ 공항광고

① 공항의 역사와 광고

대한민국의 첫 운항기록은 1913년에 시작되었다. 일본군 연병장이었던 용산에서 잠시 동안의 이착륙이었으며, 연병장이 최초의 비행장이 된 것이다. 1916년에는 당 시 경기도 시흥군 여의도에 육군 간이 비행착륙장이 개설되면서 본격적인 비행의 역 사가 시작되었다. 이후 일본군에 의해 1939년 김포공항의 건설이 시작되었고, 일본 군의 비행훈련장으로 활용하였다. 해방 이후에는 관할권이 미군으로 넘어갔으며, 1958년에 미국과의 협의를 통해 김포공항이 국제공항으로 지정되었다. 국내선과 국 제선으로 구분하여 운영하였으며, 2001년 인천공항이 개항되기 전까지 대한민국의 관문 역할을 하였다. 이후 김포를 포함해 14개의 지방 공항이 운영 중이다.

공항광고의 첫 시작시점은 공식적으로 확인된 바는 없으나 김포공항을 시작으로, 현재 인천공항에 이르기까지 모든 공항에서 운영 중이다. 공항매체는 각 공항별로 최고가 입찰방식을 통해 광고판매사를 선정하고 있다. 인천공항 개항 전, 전국의 공항카트는 '익산(회사명)'에서 독점으로 통합 관리하고 영업도 진행하였다. 다만 최근의 사업자 선정을 위한 입찰은 국제선과 국내선을 개별적으로 진행하고 있다. 그리고 공항매체에 참여하는 광고주는 터미널과 기차역처럼 도착지 광고(destination advertising)를 중심으로 운영 중이다. 지방자치단체와 지방 특산품, 지방대학 등이 대다수를 차지하고 있으며, 인천공항은 대한민국의 대표공항으로 글로벌 기업들의 참여가 다수를 차지하고 있다.

② 공항광고의 종류와 특성

공항광고도 교통수단인 항공기와 교통시설인 공항광고로 양분된다. 다만 항공기 내부광고는 옥외광고 범주로 취급하지 않고 있으며, 외부광고는 존재하지 않는다. 또한 교통시설에 속하는 공항광고는 조명광고를 중심으로 배너 광고, 핸드폰 충전기 광고, 프로모션 광고 등으로 구성되어 있지만, 최근에는 많은 매체가 디지털화로 전환되어 설치 운영 중이다.

공항매체는 조명광고가 가장 대표적인 매체이며, 인천공항뿐만 아니라 전국의 모든 공항에 해당된다. 조명광고가 가장 많은 지하철역이나 쇼핑몰 등 실내에 설치되어 있는 조명광고 중 가장 규격이 크며, 광고료 역시 가장 고가로 책정되어 있다. 입국장과 출국장에 설치가 되어 있으며, 출국장은 출국을 목적으로 공항을 이용하는 이용객을 대상으로, 입국장은 입국자들을 기다리는 일반 이용객들을 포함한 이용객들을 대상으로 한다. 따라서 대부분 입국장 주변 매체들의 광고주 선호도가 높은 편이다. 또한 최근에는 인천공항을 중심으로 조명광고 외에도 디지털 사이니지의 동영상 매체들이 속속 구축되고 있는데, 인쇄유형과 동영상이 혼합된 유형도 등장했다. 이 밖에도 공항 이용객들의 편의제공을 위한 핸드폰 충전기 광고와 차량 전시나 부

표 6-7 공항 및 항공기 광고매체의 종류

구분	지역	형태	매체명	규격(m)	비고
시설물 광고	전국 공항	인쇄형	조명광고	다양	인천 포함 전국
			캐노피	다양	택시 및 버스 정류장
			푸시카트	다양	전국 공항
			조형물 야립	10×20	김포, 제주
			야립	10×20	인천, 김포
		동영상	LED, LCD	다양	문자 및 동영상
		특수매체	핸드폰 충전기	식	인천공항 외
		전시/이벤트	프로모션	식	인천공항 외
항공기 광고	기내	인쇄형	보딩패스	다양	아시아나
			가이드북	–	아시아나 및 대한항공
		동영상	기내 영상광고	–	–

출처: 안대천, 주호일(2013) 재구성.

[그림 6-7] 공항매체(조명, 동영상, 조명+동영상 복합, 카트 광고, 전시 프로모션, 핸드폰 충전기)
출처: 동아일보(2019), 현장 촬영.

스 운영 등의 프로모션 매체도 집행이 가능하다. 공항을 이용하는 이용객들을 대상으로 시음행사나 신차 전시 등 다양한 이벤트가 가능하여 단순한 노출 중심의 매체 운영보다는 집객과 입체적인 메시지 노출이 가능하다. 인천공항의 경우 현대자동차와 기아자동차가 정기적으로 차량 전시를 통해 공항 이용객들과 소통하고 있다.

공항매체는 인천공항을 포함한 전국의 15개 공항 모두 각 지역을 경유하는 관문으로서 상징성이 크다. 또한 기차역이나 터미널 등과 유사하게 해당 공항을 통해 경유하는 도착지 광고와 해당 지역을 중심으로 마케팅을 펼치고 있는 지역 광고주 그리고 이동통신사들에게 선호도가 높은 매체로 포지셔닝하고 있다.

2) 옥상광고 및 야립광고의 이해

옥상광고와 야립광고는 옥외광고의 주요 특성인 SSL의 모델이 되는 매체이다. 특히 옥상광고는 1960년대부터 등장하여 현재까지 도시의 주요 상권에 설치·운영 중이며, 간판을 제외한 가장 역사가 오래된 매체로, 상징성은 다른 옥외광고 매체보다 매우 높다. 제작기술의 발전으로 네온도 단순한 점멸 수준이 아니라 그라데이션(gradation) 효과를 낼 수 있어 광고를 넘어 도시미관에도 긍정적인 영향을 주고 있다. 야립광고는 특별법에 의해 구축된 정부주도의 매체로, 고속도로 및 주요 자동차 전용도로의 랜드마크가 되는 매체이다. 물리적 규격이 크며, 옥상과는 달리 주변 건물이나 타 광고물 등의 간섭효과가 적어 광고 메시지 노출에 용이하다. 따라서 주요 도로에 설치된 야립광고는 광고주의 참여 선호도가 높다.

그리고 옥상 전광판이라는 디지털 사이니지 매체가 1984년에 최초로 구축되어 현재 전국적으로 200여 개가 설치 운영 중이며, 야립은 올해부터 디지털 사이니지를 적용하는 시범사업이 개시된다. 옥외광고의 디지털화가 교통광고를 시작으로 디지털 사이니지 시장규모를 확대하고 있다.

(1) 옥상광고

① 옥상광고의 이해

1958년 부산 미당백화점 네온사인으로 시작된 옥상광고는 최근까지도 옥외광고의 대명사가 되었다. 옥외광고를 의미했던 'billboard'는 정확히 말하면 옥외광고의 한 종류이며, 옥외광고는 'outdoor'를 지나 'OOH(Out Of Home) 미디어'로 명명하고 있다. 그리고 옥상광고는 1970년대 오일 파동으로 인한 네온사인의 허가 제한과 86 아시안게임, 88 서울올림픽을 계기로 등장한 적용 매체의 활성화 특별법, 1997년 IMF로 인한 옥외광고 시장의 침체 등 옥외광고사의 중심에 있었다.

옥상광고는 야립과 함께 국내 옥외광고물 중 물리적으로 큰 규격을 특징으로 한다. 주로 상업지역의 주요 상권에 설치되어 운영 중이며, 주간 광고효과보다는 내부 조명을 활용한 야간 광고효과가 뛰어나다. 그리고 옥상광고를 집행할 때는 **광고대상**(target)에 따른 설치 지역을 먼저 고려하게 되는데, 2030을 광고대상으로 한다면, 강남역이나 신촌 그리고 종로 등이 후보 지역이 될 것이다. 지역 선정 이후에는 최대한 광고물의 가시가 우수한 매체를 선정하여 집행하게 되는데, 광고대상과 상관없이 강남대로와 도산대로는 모든 광고주가 가장 선호하는 지역으로 많은 옥상광고가 운영 중이며, 광고료는 전국 평균보다 높다.

② 옥상광고물의 종류 및 특성

옥상광고물은 광고주의 성격에 따라 상업용과 자사용으로 구분된다. 자사용은 해당 건물의 1/2 이상을 사용하는 기업이 옥상을 활용하여 자사의 기업명이나 로고 등을 광고하는 것을 말한다. 반면, 상업용은 건물의 사용과는 무관하게 상업적인 메시지를 광고하는 것을 말하며, 대다수의 옥상광고물이 이에 해당된다.

한편, 광고소재(material)에 따른 분류는 화공, 플렉스, 네온으로 구분되는데, 화공은 조명 없이 옥상구조물에 실사출력물을 게재하는 방식이고, 플렉스는 내부 형광등을 조명으로 게재하는 방식으로 가장 일반적인 방식이다. 다만 일부 광고물에는 내부조명 방식이 아닌 외부조명 방식을 선택하는 경우도 있는데, 차별화된 광고효과

[그림 6-8] 옥상광고물(플렉스 주간, 플렉스 야간, 외부조명, 일반 네온, 특수 네온)

출처: 현장 촬영.

를 목적으로 활용하기도 한다. 네온은 옥상구조물에 네온관을 설치하여 광고하는 방식으로 초기의 점멸 네온을 탈피하여 CR 네온 등 광고효과가 우수한 특수 네온을 활용하기도 한다. 그리고 애드벌룬 방식의 광고물도 있었으나, 회전축 고장과 과부하로 인한 화재 등의 이유로 운영 중인 매체를 찾아보기는 어렵다. 그리고 옥상광고물중 LED를 활용한 전광류도 있는데, 디지털 사이니지에서 다루도록 하겠다.

옥상광고는 대부분 1년 이상의 장기 계약을 통해 진행되기 때문에 상업용 옥상광고물의 경우, 기업과 브랜드의 슬로건이나 정체성 등을 무의식적으로 전달하기에 적합한 매체로 평가되고 있다. 따라서 야립광고와 함께 기업 이미지 구축에 활용되고있다 그리고 법적으로는 시ㆍ도마다 상이하지만, 대부분 5층 이상 15층 이하의 건물에 설치가 가능하며, 광고물 간 수평거리 50m 이내에는 설치할 수 없도록 규정되어있다. 반면, 자사용 광고는 상업용과는 달리 회사명이나 로고 등의 제한적 메시지에한해 이격 거리 등의 법적 제한이 없다. 그리고 옥상광고는 보통 네 개의 화면으로구성되는데, 해당면의 광고방식은 광고주의 임의 선정이 아닌 해당 지방자치단체로부터 사전허가를 통해 정해진다. 따라서 일반적으로 하나의 옥상광고에 네온과 플렉스, 플렉스와 플렉스 등 복합유형으로 설치된다.

(2) 야립광고

① 야립광고의 이해

야립광고는 1985년에 88 서울올림픽을 계기로 옥외광고물에 대한 일반법이 아닌 특별법에 의해 구축된 매체이다. 2006년 12월 일반법과의 형평성에 위배되어 폐지되었다가 2010년 세계무역박람회 지원을 위해 다시 부활하였다. 야립광고는 대규모 스포츠 대회나 박람회 등의 국제행사를 지원하기 위한 재원 마련 목적으로 시작되었다. 또한 2010년 야립광고의 부활 시에는 체계적인 관리와 운영을 위해 지방재정공제회 산하에 **옥외광고센터**를 개소하였다. 옥외광고센터는 야립광고의 안정적 운영을 통한 국제행사 재원 마련을 중심으로, 대한민국 옥외광고산업 발전을 위한 간판개선사업 및 교육, 연구 등의 다양한 업무를 지원하고 있다.

야립광고는 옥상광고와 함께 규격이 가장 큰 매체의 하나로, 고속도로를 포함한 자동차 전용도로에 설치되어 있다. 특별법 초기에는 야립광고를 비롯해 옥상광고와 교통광고에도 적용되었지만, 2008년 부활 이후에는 야립광고만 운영되고 있다. 현재 야립광고는 경부고속도로, 인천공항 고속도로 및 88올림픽대로 등 전국적으로 220여 개가 설치되어 운영 중이다. 광고사업자 선정방식은 최고가 입찰 방식을 취하며, 4차 사업을 위한 입찰이 2018년 12월에 있었다. 입찰 결과 전홍과 CJP 등이 선정되었고, 권역별로 디지털 사이니지 형태의 매체를 시범 설치할 수 있도록 하였다.

② 야립광고의 특성

야립광고는 하나의 지주에 18×8m 규격의 광고판을 지상으로부터 23m 이내에 설치하여 운영하고 있다. 조명 방식은 LED를 내부조명으로 선택하고 있으나, 과거에는 형광등을 조명 방식으로 활용하였고, 비조명 형태의 광고물도 있었다. 또한 비조명 소재에 외부조명 방식(투광기)을 선택한 광고물도 있었으며, 지주의 형태도 지금은 원폴(one pole) 형태이지만, 초기에는 지주의 개수가 2~3개로 구성된 광고물

[그림 6-9] 야립광고(일반형 광고, 현대자동차 사옥 앞, 고속도로 주변 옥상, 차량탑재 광고)
출처: 현장 촬영.

도 있었다. 그리고 규격도 20×10m로 현재의 매체 규격보다 면적이 56m²(제곱미터) 더 큰 것이 차별점이다. 하지만 지금은 과거와 동일한 일반형 외에도 복합형의 돌출 형태도 있어 운전자들의 주목률을 높이고 있다.

한편, 야립광고에 대한 광고주의 높은 선호도 때문에 주요 고속도로 주변의 매체 들은 1년 이상의 장기계약을 통해 미판매 매체가 없을 만큼 판매가 잘 이루어지고 있다. 따라서 고속도로 주변 건물을 이용한 옥상광고나 차량 탑재용 조명광고, 고속 도로 주변 물류창고를 지어 상단에 야립을 대체할 매체들을 야립의 대안으로 활용하 고 있다. 또한 일부 광고주들에게는 본사와 근접한 야립광고를 활용하여 기업의 문 패로 사용하고 있다. 서울 양재동에 위치한 현대자동차와 경기도 오산IC 부근에 위 치한 교촌치킨 등이 좋은 사례이다.

3) 특수매체 및 엔터테인먼트 매체의 이해

많은 유형의 매체가 등장하면서, 보편적으로 오프라인과 온라인(현재는 디지털 매체로 통합사용하고 있음)이라는 이분법적 분류체계로 매체를 구분한다. 또한 ATL (Above The Line)과 BTL(Below The Line)이라는 개념을 사용하여 매체를 분류하기도 하는데, 온라인과 디지털 기반의 매체가 등장하고, 새로운 개념의 매체를 통해 기업과 브랜드가 차별화된 메시지 전달을 시도하고 있기 때문이다. 이러한 매체를 특수매체로 정의할 수 있다. 특수매체는 기존의 매체와 명확히 차별화될 수 있는 BTL 매체와 이벤트와 연계한 매체의 두 가지로 구분할 수 있다. 이는 IMC(Integrated Marketing Communication: 통합 마케팅 커뮤니케이션) 차원에서의 광고 메시지 전달과 브랜드 체험을 동시에 실현하여 강력한 커뮤니케이션을 이루는 데 그 목적이 있다.

한편, 극장과 쇼핑몰 그리고 각종 프랜차이즈 업체 등 사람들이 모이는 집객장소가 증가하고 있는데, 동시에 일상에서 접할 수 있는 **생활밀착형**(ambient) **매체**로 불리는 옥외광고 매체들도 늘어나고 있다. 극장을 시작으로 현재에는 카페, 미용실, 학원, 골프존 등 다양한 영역에 등장하기 시작했다. 증가하고 있는 생활밀착형 매체를 인지하고 있으면 광고대상에 따른 최적화된 광고전략을 유용하게 수립할 수 있다.

(1) 특수매체의 이해(특성과 종류)

특수매체의 종류에는 ATL 매체의 낮은 주목률을 극복하고자 개발된 매체와 이벤트와 연계한 매체로 구분할 수 있다. 포괄적으로는 BTL 매체라고 총칭할 수 있으나, ATL 매체를 확장한 개념의 매체를 포함한다. 이는 매체 유형 그 자체가 크리에이티브라고 할 수 있으며(노근정, 2010), 지하철 손잡이 광고와 차내 래핑 등과 같은 존재하지 않았던 개념의 매체뿐만 아니라 지하철 편성광고처럼 기존 매체들의 새로운 조합을 통해 차별화된 매체로 재탄생할 수도 있다.

[그림 6-10]에서 보듯이 지하철 전동차 내부광고에도 액자형과 모서리형 등 ATL 매체들이 기본이지만, 펩시나 배달통의 손잡이 모형광고 그리고 11번가의 차내 래핑

[그림 6-10] 지하철 차내 광고[손잡이 모형광고(펩시, 배달통), 지하철 차내 래핑 광고, 편성광고]
출처: 현장 촬영.

등의 BTL 매체로 확장한 광고 캠페인이 가능하다. 또한 ATL과 BTL의 이중적 성격을 가지고 있는 **브랜드 트레인**(brand train, 편성열차)의 경우 기존 매체(액자형, 모서리형)를 활용한다는 공통점은 있지만, 차량 내부의 모든 매체를 한 광고주가 독점으로 활용함으로써 **스토리텔링**(story-telling) 기법을 적용하기가 용이하다. 그리고 이러한 매체의 운영은 지하철 외에 브랜드 버스(brand bus)와 같은 차량광고에도 적용되는 등 ATL과 BTL 매체의 균형 있는 매체 운영이 중요하다.

한편, 이벤트성 매체는 이벤트를 위한 장소 임대나 이벤트와 연계한 현장매체들을 사용하는 것을 의미한다. 코엑스몰이나 영등포 타임스퀘어, 용산역 등 사람들이 모이는 장소에서는 항상 기업들의 이벤트가 활성화되어 있다. 전시나 참여형 이벤트를

[그림 6-11] 프로모션 매체[건물 래핑, 이벤트, 룩보드(look-board), 바이크 광고, 비행선 광고]
출처: 현장 촬영.

집행할 때 주변 매체들을 활용하여 메시지 전달의 상승효과를 목표로 한다. 코엑스몰의 경우 최근 디지털 사이니지 매체들이 새로이 구축되었는데, 이동통신사를 중심으로 이벤트와 매체를 동시에 집행하는 사례가 증가하고 있다. 이는 단순 매체 집행보다는 이벤트를 연계한 통합 마케팅 커뮤니케이션이 브랜드 체험에 가장 좋은 수단임을 알고 경험했기 때문이다.

(2) 엔터테인먼트 매체의 이해(특성과 종류)

엔터테인먼트 광고는 그 매체 자체가 하나의 엔터테인먼트, 즉 즐길 수 있는 목적물이 될 수도 있지만, 극장을 중심으로 코엑스몰이나 공연장 등 쇼핑이나 문화 등을 체험할 수 있는 엔터테인먼트 콘텐츠를 경험할 수 있는 공간을 의미한다. 엔터테인먼트 공간의 대표가 극장(cinema)인데, 극장은 오래전부터 상영관 내 **스크린 광고**(screen advertising)를 운영 중이다. 또한 상영관을 벗어난 극장 내 로비 등 비(非) 스크린 광고(non-screen advertising)도 구축하여 기업들의 마케팅 수단으로 활용하고 있다. 국내 3대 극장 체인인 CGV, 롯데시네마, 메가박스 등의 상영관과 극장 로비에 광고를 집행함으로써 매체 접촉도와 메시지 노출을 극대화하고 있다. 실제로 극장 스크린 광고는 버스 외부, 중앙버스 쉘터, 서울지하철 2호선 스크린도어와 함께 국내 광고주의 선호도가 높은 4대 매체(Big 4)에 포함된다.

한편, 삼성동 코엑스몰, 여의도 IFC몰, 영등포 타임스퀘어, 강남역 지하 쇼핑센터 등의 공간에 광고매체를 구축하여 기업들의 커뮤니케이션 수단으로 활용하는 사례가 많아지고 있다. 코엑스몰의 경우 2000년 오픈 이후 사이버트리(cyber tree)라는 매체를 시작으로 코몰라이브(stand digital signage), 삼성역과 밀레니엄 광장 연결통로(래핑), 밀레니엄 광장 전광판 등이 구축되었고, 현재는 다양한 형태의 디지털 사이니지 매체들이 구축되어 운영 중에 있다. 코엑스몰 이후 도심 여러 곳에 쇼핑몰이 생기고, 쇼핑몰 안에 실내 전광판 등 다양한 형태의 매체들이 구축되었다. 그리고 앞서 소개했던 전시와 체험 이벤트를 수시로 개최하여 소비자와의 접점을 강화하고 있다.

[그림 6-12] 코엑스 매체(사이버트리, 밀레니엄 광장 전광판, 코엑스 연결통로, 광장 기둥, 코몰라이브)
출처: 그린미디어(2006), 엔미디어(2018), 현장 촬영.

3. 디지털 사이니지 광고

전통적인 옥외광고 매체는 인쇄유형들이 대부분이었다. 1987년 국내에 처음으로 옥상전광판이 구축되면서 디지털 시대의 도래를 알렸지만, 2000년대 초반부터 본격적으로 옥외광고 시장에 디지털 사이니지(digital signage)가 등장하게 되었다. 현재에는 대다수의 옥외광고 매체가 지하철뿐만 아니라 쇼핑몰 등 장소의 구분 없이 디지털화가 가속화되고 있다. 이는 인쇄매체의 독점적 메시지 노출의 장점과 대비하여 복수의 광고주가 참여하지만 고화질의 대형화 매체를 통한 강력한 메시지 전달을 위한 옥외광고의 변화를 보여 주는 대표적인 현상이다. 또한 디지털 사이니지는 온라인과 모바일로 대변되는 디지털 매체와의 접점이 될 것이다. 따라서 디지털 사이니지의 개념과 매체로서의 특성과 가치를 이해하는 것이 향후 다른 매체들과의 연계 활용을 전략적으로 가능하게 할 것이다. 이미 광고 영역에서는 상호 매체 간의 영역이 허물어지는 융합의 시대가 시작되었기 때문이다.

1) 디지털 사이니지의 정의 및 종류

(1) 디지털 사이니지의 정의

디지털 사이니지는 기업들의 마케팅, 광고, 트레이닝 효과 및 고객 경험을 유도할 수 있는 커뮤니케이션 도구로 정의되고 있다. 또한 디지털 사이니지는 네트워크를 통해 원격 제어가 가능한 디지털 디스플레이인 LED와 LCD 등을 공공장소나 상업공간에 설치하여 정보, 엔터테인먼트, 광고 등을 제공하는 디지털 미디어를 의미한다(채송화, 2012). 즉, 공공장소나 상업공간에서 문자, 영상 등의 다양한 정보를 디스플레이 화면에 보여 주는 서비스로 방송과 통신의 결합 모델이라고 할 수 있다.

「옥외광고물 등의 관리와 옥외광고산업 진흥에 관한 법률」에 의하면, 디지털 사이니지는 과거 옥외광고물의 정의에 포함되어 있지 않았다. 따라서 증가하는 디지털 사이니지를 법률적으로 정의할 필요가 있었고, 2016년 법률 개정을 통해 디지털 사이니지를 디지털 광고물로 명명하였다. 2016년 1월 개정된 법률에 따르면, '옥외광고물이란 공중에게 항상 또는 일정 기간 계속 노출되어 공중이 자유로이 통행하는 장소에서 볼 수 있는 것(대통령령으로 정하는 교통시설 또는 교통수단에 표시되는 것을 포함한다)으로서, 간판, 디지털 광고물(디지털 디스플레이를 이용하여 정보, 광고를 제공하는 것으로서 대통령령으로 정하는 것을 말한다), 입간판, 현수막, 벽보, 전단과 그 밖에 이와 유사한 것을 말한다'로 「옥외광고물 등의 관리와 옥외광고산업 진흥에 관한 법률」 제2조에서 정의하였다.

(2) 디지털 사이니지 매체 유형

디지털 사이니지의 매체 유형을 구분하는 첫 번째 방식은 디스플레이 기술방식으로, LCD, LED, PDP로 나눌 수 있다. 실내에는 주로 LCD와 PDP로 구축되는 것이 보편적이며, 실외는 LED로 구축하는 것이 일반적이다. 하지만 2018년 코엑스 밀레니엄 광장에 설치된 기둥 사이니지는 대한민국 최초로 실외용 LED를 실내에 구축한 사례가 되었고, 광고주의 반응이 뜨겁다. 향후 실내에 실외용 LED를 활용한 디지털 사이니지의 등장이 봇물을 이룰 것으로 예상되며, 디지털 사이니지의 유형 분류의 두 번째는 설치 장소에 따른 분류이다.

〈표 6-8〉에서도 보듯이, 디지털 사이니지는 주요 장소에 설치되어 우리 일상에서 자주 접할 수 있는 매체가 되었다. 다만 설치되는 매체 모두가 광고시장에 성공적으로 안착하는 것은 아니며, 영업성과에 따라 생성과 소멸을 반복하고 있다. 하지만 생활밀착형 매체로서 지속적으로 다양한 영역에 등장할 것으로 예측된다.

표 6-8 디지털 사이니지의 유형(설치 장소에 따른 분류)

구분	위치	매체명	규격(m/inch)	비고
실외	삼성동 외	밀레니엄 전광판	6×3.6m	삼성동 코엑스몰 광장 벽면
		차량이동용 전광판	5×3m	전국 주요 지점
	강남역	미디어폴	46인치	강남대로 22기
	부산 서면	미디어폴	LCD: 0.6×4.18m / LED: 1.12×5.76m	서면 로터리 주요 위치 8기
	전국 주요 지역	전자현수막	5.6×0.8m 외	기존 현수막 대체
	전국	GS & TV	46, 21.5인치	전국 GS칼텍스 주유소
실내	지하철 차내	LCD	15인치	1기 국철 구간 일부
	지하철(KTX) 역사 내	PDP 및 LCD	60, 40, 32인치	1~8호선 주요 역사
		프로젝션	145인치	5~8호선 주요 역사
		디지털 뷰	46인치	1~4호선 역 구내
		SPIN TV	2.5m(원형)	1~4호선 역 구내
		실내 전광판	15.8×2.1m 외	서울역 외
	메가박스 내	실내 전광판	2.88×4.32m	매표소 입구(삼성동)
	시내버스 내부	LCD 모니터	23인치 외	서울 및 경기지역 버스 외
	아파트 엘리베이터	LCD 모니터	15인치	서울/전국 주요 아파트 단지
	T.G.I Friday's	PDP TV	60인치	서울/수도권 일부 매장
	골프장 클럽하우스	PDP TV	약 60인치	전국 주요 골프장
	커피매장 내	LCD, PDP TV, 큐비	42인치 외	커피빈/카페베네/탐앤탐스 등
	편의점 내	LCD TV	42인치 외	전국 GS편의점 매장 외
	대형 할인점	PDP TV	42인치 외	전국 이마트, 홈플러스 매장

출처: 안대천, 주호일(2013) 재구성.

2) 디지털 사이니지 시장동향과 옥외광고자유표시구역

(1) 디지털 사이니지 시장동향

① 설치 장소 및 광고주의 다양화

디지털 사이니지 유형의 매체들은 옥상전광판을 시작으로 설치되었고, 일부 지하철 전동차와 아파트 엘리베이터에 설치되었다. 하지만 최근에는 지상을 넘어서 극장, 카페, 주유소, 스크린골프장, 백화점을 포함한 쇼핑몰, 볼링장 등 엠비언트 매체라는 칭호에 걸맞게 다양한 장소에 설치되고 있다. 특히 지하철과 버스, KTX 등의 교통수단 내부와 지하철, 기차 역사를 중심으로 디지털 사이니지가 운영되고 있으며, 광고주도 지하철 역사 주변의 지역기반 소상공인, 병원, 프랜차이즈를 넘어서 공연(영화, 뮤지컬 등), 게임, 지방자치단체, 정부산하기관, 대기업에 이르기까지 참여 범위가 넓어지고 있다.

② 디지털 트랜스포메이션(transformation)의 가속화

전통적인 옥외광고의 특징은 인쇄유형이다. 하지만 기술의 발달로 인해 인쇄매체가 디지털 사이니지 매체로 고도화되고 있다. 특히 지하철 역사 매체들의 고도화가 활발하게 진행되고 있어, 점점 디지털 사이니지 매체가 증가하고 있다. 고도화의 방법은 네 가지로 구분할 수 있는데, 첫 번째가 인쇄유형의 매체가 디지털 사이니지로 변형되는 형태이다. 두 번째는 효용가치가 없는 지하철 시설물을 디지털 사이니지로 구축하는 형태이다([그림 6-13] 참조). 세 번째는 기존의 역사시설물을 디지털 사이니지로 구축하는 형태이고, 네 번째는 기타 지하철 공간을 활용한 디지털 사이니지의 고도화이다([그림 6-14] 참조). 이러한 디지털화의 속도라면 지하철 전동차 차내의 대표적 매체인 액자광고도 조만간 디지털 매체로 진화될 것으로 예측된다.

[그림 6-13] 인쇄매체 유형의 디지털 사이니지화

출처: 엔미디어(2018), 현장 촬영.

[그림 6-14] 기존 시설물의 디지털 사이니지화, 공간을 활용한 디지털 사이니지화

출처: 현장 촬영.

(2) 특정 장소의 디지털 사이니지를 통한 광고 존(zone) 구축

서울지하철 2호선 삼성역은 코엑스 전시관, 무역협회, 현대백화점, 스타필드, 메가박스 등과 접한 MICE 산업의 대표적인 장소이다. 삼성역도 조명광고를 중심으로 다수의 인쇄광고 유형의 매체들이 구축되어 있었으나, 점차적으로 디지털 사이니지 유형의 매체들로 대체되었다. 역사 플랫폼의 스크린도어와 조명광고를 제외하고는 대부분 디지털 사이니지로 구성되어 있어, 삼성역 플랫폼을 올라와 개찰구를 통해 코엑스로 진입하는 과정에서 접하는 대다수 매체의 디지털화가 완료되어 디지털 구역(digital zone)을 형성하였다. 또한 스타필드가 새롭게 입점하면서 디지털 사이니지 매체 중심의 디지털화를 완료하였다. 그리고 2016년 삼성동 코엑스몰이 옥외광고자유표시구역으로 지정되면서 광고 디지털 **구역화**(zoneing)의 정점을 찍게 되었다.

[그림 6-15] 삼성역과 코엑스몰 구역의 디지털 사이니지
(디지털 포스터, 브랜드 시어터, 미디어 터널, 채널 코엑스, 아트 갤러리)

출처: 엔미디어(2018), 현장 촬영.

⑶ 옥외광고자유표시구역

① 옥외광고자유표시구역의 정의와 의미

옥외광고자유표시구역이란, 2016년 개정된 「옥외광고물 등의 관리와 옥외광고산업 진흥에 관한 법률」에 근거하여 구축된 한국판 타임스퀘어를 말한다. 한마디로 기존의 법적 한계를 벗어나는 **옥외광고 특구**를 의미하며, 공간의 특성과 환경을 고려해 다양한 옥외광고물 등의 설치와 표시가 가능하게 함으로써 옥외광고 산업을 진흥시켜 지역경제 활성화와 일자리 창출에 기여한다는 것을 목적으로 한다. 행정자치부의 주관으로 지방자치단체가 참여한 2016년 사업지역 선정에 총 11개 지역이 신청하였고, 1, 2차에 걸친 심사를 통해 삼성동 코엑스 일원이 선정되었다.

② 옥외광고자유표시구역의 진행과 옥외광고 산업 발전

옥외광고자유표시구역은 새로운 랜드마크를 지향하며, 디지털 사이니지를 매체를 중심으로 구축 중이다. 1단계 사업으로, 2017년 12월 코엑스 전시관 동측 크라운미디어로부터 2018년 3월과 9월에는 SM타운 외벽 미디어 파사드(K-POP스퀘어)와 밀레니엄 광장 기둥에 새로운 디지털 사이니지 매체가 구축되었고, 2019년 5월 현대백화점 벽면 디지털 사이니지가 구축되었다. 올해 말까지 파르나스 호텔과 영동대로에 지주형 디지털 사이니지 매체가 구축될 예정이다. 이후 2020년의 영동대로 명소화와 2023년 대상지 전체에 미디어 아트를 송출한다는 계획이다.

한편, 옥외광고 산업 발전을 위한 옥외광고자유표시구역의 목적을 달성하기 위해서는 상업용 콘텐츠뿐만 아니라 공익 콘텐츠를 통해 공공성을 확보해야 할 것이며, 매체 간 유기적인 상호협력을 통해 뉴욕의 타임스퀘어와 같이 동일 메시지를 연계성 있게 표출할 수 있는 솔루션의 개발이 필요하다. 단순하게 대형화된 매체와 단순한 메시지 전개를 극복함으로써 지역 명소화에 한 걸음 더 다가갈 수 있음을 간과하지 말아야 한다.

[그림 6-16] 옥외광고자유표시구역매체
(크라운미디어, K-POP스퀘어, 밀레니엄 광장 기둥, 현대백화점 전경)

출처: 현장 촬영.

4. 옥외광고의 기획과 집행

옥외광고는 전통의 4대 매체나 뉴미디어인 디지털 매체와는 공통점과 함께 차별점도 있다. 그중에서도 매체에 대한 접촉이나 경험이 매체 설치지역 내에서만 가능하다는 것이 공통점 중 하나이다. 따라서 특정 지역을 마케팅 사이트로 하는 광고주(기업 또는 브랜드)뿐만 아니라 해당 지역을 기반으로 타깃팅을 하는 지역 광고주(병원, 식당 등)에게 그 효용가치가 있다. 다만, 동일한 지하철 역사라도 해당 역사의 가용 매체가 상이할 수 있어, 미디어 플래너(media planner)는 많은 매체 정보를 습득하고 있어야 하며, 제한된 예산으로 최적화된 매체 집행을 기획하고 실행해야 한다. 지금까지 소개한 개별 매체 정보를 광고목표에 따라 전략적으로 풀어 나가는 것이 옥외광고의 기획이라고 할 수 있다(진흥근, 2011).

1) 옥외광고 기획의 정의

(1) 옥외광고 기획의 정의와 특성

옥외광고는 4대 매체를 중심으로 한 다른 유형의 매체들과는 달리 지역성이라는 특성을 기반으로 구축되며, 공간을 활용한 매체 운영이 기본이다. 따라서 기 구축된 매체들과 새롭게 개발 가능한 매체를 동시에 운영하는 투트랙(two-track) 전략을 통해 광고 캠페인의 목적을 효과적으로 달성할 수 있는 최적화된 매체 운영이 필요하게 되었으며, 이러한 과정이 옥외광고의 기획이다.

또한 옥외광고 기획이란 많은 형태의 옥외광고 매체를 설정된 목표 타깃과 목표 지역에 적합하게 확보된 예산(budget)에 맞추어 효과적으로 찾아내고, 필요에 따라 새로운 매체를 개발하는 것까지를 포함한 일체의 과정을 의미한다.

한편, 시대별로 옥외광고 기획 과정의 주체들이 광고주에서 대행사로, 대행사에서 미디어렙사로 점차 확대되는 과정을 거쳐 왔는데, 상호 관계와 수행하는 역할의 다름을 이해할 필요가 있다. 이는 옥외광고 기획 과정뿐만 아니라 실제 집행과정에도 적용되기 때문에 중요하다.

(2) 옥외광고 기획의 필수 3요소

옥외광고를 집행함에 필요한 세 가지 요소가 있는데, 그 요소들은 각각 다음과 같다.

① 경쟁사 집행 현황 분석(타사 옥외광고 집행 내역 파악)

큰 틀에서는 마케팅 분석에 해당되나, 그중에서도 해당 업종 내 경쟁사들의 과거 집행 사례와 현재 어떤 유형의 매체에 어느 정도의 예산으로 집행하는지를 광고주는 가장 궁금해한다. 따라서 경쟁사 분석이야말로 매체 기획의 가장 중요한 선행 작업이라 할 수 있다. 이를 통해 주요 다른 경쟁사와의 비교 우위를 선점하거나 최소한 맞대응할 수 있도록 전략적 접근을 시도하게 된다.

② ATL과 BTL 매체 중심의 미디어 믹스(최적화된 매체 운영을 위한 전략)

옥외광고 기획 과정에서 많은 고민이 필요한 부분이 기존 매체 집행 외에 차별적 개념의 신규 매체 개발 이슈이다. 타 경쟁사와의 가장 확실한 차별점이자 강력한 커뮤니케이션 수단이 되기 때문으로, 옥외광고에서의 BTL 매체를 의미한다. 물론 기존의 정형화된 ATL 매체를 배제하거나 간과한다는 것이 아니라 상호 유기적 연계를 통한 메시지 전달의 시너지 효과를 얻기 위한 믹스(mix) 전략이 필요하다.

③ 기대효과 분석(광고 집행 시 예상효과 분석 등)

마지막으로 옥외광고 집행 시 광고주들이 가장 궁금해하는 것 가운데 하나가 집행매체를 통한 광고효과이다. 옥외광고에 대한 광고효과 측정에 대한 한계는 오래전부터 광고주들에게는 제안단계부터 문제로 제기된 부분이기도 하다. 따라서 광고집행 후 설문조사 등을 통한 광고효과와는 달리 사전효과 내지 매체에 대한 기대효과라고 할 수 있으며, 메시지에 대한 광고효과와는 다른 개념이기도 하다. 주로 해당 매체에 노출될 수 있는 **유효인구**(circulation)와 해당 매체의 광고료를 기반으로 CPM(Cost Per Mille)을 분석하여 집행 전 기대효과를 파악하는 것을 말한다.

2) 옥외광고 기획의 과정과 집행 사례

옥외광고는 PMN(Personal Media Network) 전략과 함께 **미디어 믹스**(media mix) 전략을 바탕으로 기획되는 것이 일반적이다. 사람들의 일과에서 외출이 늘어남으로 하루일과 중 옥외광고를 접할 기회가 많아지면서, 광고대상들의 이동 동선상의 접점에 있는 매체를 활용하여 광고 메시지 노출 기회를 극대화하는 것을 목표로 한다. 따라서 경쟁사들의 광고 집행 사례와 함께 타깃의 **라이프스타일**(life style)과 **라이프사이클**(life cycle)을 통한 소비자 분석이 중요한 요소가 된다.

한편, 타깃 동선상의 접점 장소를 선정한 후 해당 장소에서 가용할 수 있는 ATL 매체와 주목률을 높일 수 있는 BTL 매체를 설정하게 된다. 물론 ATL 매체와 BTL 매

체를 각각 집행하는 경우도 있지만, 혼용하는 사례도 많다. 또한 단순한 매체 집행
으로의 메시지 노출효과가 약할 경우나 이벤트를 진행하면서 메시지효과를 높이려
고 할 경우에는 IMC 관점에서 옥외광고와 이벤트를 동시에 진행하는 경우도 흔히
볼 수 있는 커뮤니케이션 전략이다.

(1) BTL 매체를 통한 광고 캠페인

BTL 매체를 일반적으로 프로모션 매체로 부를 정도로 소비자들의 눈길을 사로잡
는 강력한 도구가 되기도 한다. 따라서 주목할 만한 캠페인들은 시대를 넘어 현재에
도 특정 콘셉트를 차용하는 사례가 나타나기도 한다. 2007년 서울지하철 2호선 손잡

[그림 6-17] 지하철 손잡이 목업 광고(펩시콜라, 배달통, 비자카드)
출처: 그린미디어(2006), 현장 촬영.

이에 설치했던 펩시콜라 캠페인이 대표적인 사례인데, 새로운 캔 디자인을 타깃들에게 입체적으로 알리기 위해 실제 비율로 제품을 본 떠 만든 **목업**(mock-up) 형태로 캔 모양을 만들어 냈다. 많은 지하철 이용객을 통해 회자되었으며, 지금까지도 많은 영향을 미치고 있다. 배달통과 비자카드가 각각 2017년과 2018년에 펩시의 컨셉을 차용하여 목업 형태로 광고를 진행했다.

(2) ATL과 BTL 매체의 혼용을 통한 광고 캠페인

많은 기업이 선택하는 매체전략 가운데 하나가 기존 매체와 개발 매체를 동시에 집행하는 것이다. 기존 정형화된 매체로는 메시지 전달에 한계가 있기 때문에 선택하는 전략으로, 최근 스마트폰의 지배적 대중화로 인해 지하철 광고들의 선호도가 점점 떨어지고 있는 것은 혼합전략의 등장 원인이 되었다. 따라서 2006년부터 시작된 BTL 매체를 활용한 광고 캠페인이 광고주들로부터 높은 선호도를 보이며 지하철에서 종종 집행되고 있다. 이는 다수의 지하철 이용객에게 임팩트 있는 노출이 가능

[그림 6-18] 지하철 전동차 래핑 광고(니콘카메라, 한국야쿠르트, 요기요, 11번가)

출처: 그린미디어(2006), 현장 촬영.

하다는 장점 때문으로 기인된다. 실제 2006년의 전동차 내부 부분 래핑으로 시작된 프로모션 매체가 2017년과 2018년에는 전동차 바닥으로까지 확대되며 지하철에 등장하였다. 2006년 니콘카메라에 이어, 2017년부터는 한국야쿠르트와 요기요 그리고 11번가가 지하철 래핑 광고를 진행하였다.

(3) 옥외광고와 이벤트의 연계 집행

브랜드 경험이라는 측면에서 이벤트는 강력한 커뮤니케이션 도구이다. BTL 매체도 강력한 커뮤니케이션 도구이지만 대부분 브랜드의 인지적 경험을 통한 인지도 창출과 강화 등의 목적으로 활용된다. 하지만 이벤트는 인지적 경험과 함께 행동적 경험을 동시에 전달할 수 있기에 더욱 강력하다고 볼 수 있다. 따라서 옥외광고를 집

[그림 6-19] 코엑스 밀레니엄 광장 IMC(갤럭시노트9 기둥 체험 이벤트, 갤럭시S10 기둥 이벤트)
출처: 현장 촬영.

행과 함께 이벤트를 동시에 진행하는 사례가 늘어나고 있다. 물론 이벤트를 진행하면서 동시에 주변 매체를 활용하는 사례도 빈번하다. 대표적인 장소가 코엑스 밀레니엄 광장으로 새롭게 구축된 옥외광고자유표시구역 매체의 하나인 광장 기둥 디지털 사이니지와 광장 프로모션을 동시에 집행함으로써 상호 시너지 효과를 창출하고 있다. 주로 핸드폰 단말기 제조사인 삼성전자와 LG전자가 주도하고 있으며, 매년 신제품 출시에 맞추어 진행하고 있다.

옥외광고는 아직도 4대 매체의 보조 매체라는 인식이 광고주들에게 남아 있다. 실제로 많은 과거 캠페인이나 최근 캠페인에서 목격되고 있다. 하지만 옥외광고가 가장 중요한 차별화가 되는 광고 캠페인 역시 지역 마케팅을 중심으로 실행되고 있다. 따라서 주요 매체와 보조 매체라는 이분법적 접근이 아니라, 하루 일상에서 접할 수 있는 기회매체라는 개념으로 접근하는 것이 타당할 것이다. 스마트폰을 중심으로 많은 매체가 우리 일상에 침투해 있고, 옥외광고도 점차 디지털화 되어 가는 변화와 방향성에 주목하고, 광고목표 달성을 위한 최적화 전략의 매체 기획과 실행을 이루길 바란다. ■

제7장
새로운 광고매체와 유형

김지혜(경기대학교 융합교양대학 초빙교수)

◈◈◈

    우리는 현재 급변하는 미디어 환경 속에서 살고 있다. 불과 10여 년 전인 2000년 중반, 우리는 MP3를 통해 음악을 듣고, PMP에서 영화와 드라마 등의 영상 콘텐츠를 접하였다. 그러나 지금은 융합 미디어인 스마트폰 하나로 영상, 음성, 텍스트 등 다양한 정보를 접하고 필요에 의해 정보를 수집·편집하여 개인의 목적을 달성한다. 이러한 새로운 미디어 테크놀로지는 사람들의 생활환경과 매체 환경에 많은 변화를 불러일으키고 있다. 인터넷, 케이블TV, DMB, 모바일 등 다양한 스마트 미디어의 등장은 수용자의 관심과 이용을 이끌어 내었고, 결과적으로 기존 매체들의 효과를 감소시켰다. 동시에 수용자의 매체 이용방식, 정보 처리, 사고방식에도 많은 변화를 가져왔다. 〈표 7-1〉을 통해 미디어와 수용자의 변화 그리고 광고의 밀접한 연관성을 찾아낼 수 있다.

    2015년에 비해 2018년 세계 광고비는 기존의 대중매체인 TV, 신문, 잡지, 라디오, 옥외 미디어는 감소하는 반면, 인터넷과 모바일 인터넷, 극장 광고비는 증가할 것으로 보았다. 이는 새로운 미디어의 등장으로 수용자의 미디어 이용 패턴이 기존과는 전혀 다르게 반영되었기 때문이다. 이러한 변화로 인해 수용자의 특성과 욕구에 따라 그들이 새로운 미디어를 어떻게 이용하고 있으며, 어떠한 생각을 지니고 있는지를 파악하는 것은 매우 중요한 부분임을 강조한다(김지혜, 김병희, 2017). 그러므로 이번 장은 최근 등장한 4차 산업혁명에서 다루어지는 가상현실과 증강현실, 사물인터넷, AI, 디지털 사이니지를 살펴보고 새로운 미디어의 특성을 바탕으로 광고 및 다양한 분야에서의 활용도를 알아보고자 한다.

매체	2015년	2018년	대비
TV	37.2	34.1	-3.1
인터넷	29.5	37.7	8.2
(데스크톱 인터넷)	(20.2)	(19.0)	(-1.2)
(모바일 인터넷)	(9.2)	(18.7)	(9.5)
신문	12.8	9.9	-2.9
잡지	6.5	5.0	-1.5
라디오	6.6	6.0	-0.6
옥외/교통	6.9	6.6	-0.3
극장	0.6	0.7	0.1
총계	100.0	100.0	-

표 7-1 매체별 세계 광고비 구성 (단위: %)

출처: 김병희, 손영곤, 김지혜(2017)에서 재인용.

1. 가상현실과 증강현실

1) 가상현실

(1) 가상현실이란

가상현실(Virtual Reality: VR)은 인공적인 공간인 3D 가상공간 속 환경 또는 상황, 기술과 수용자 간의 상호작용을 이루는 기술로서, 수용자의 오감(시각, 청각, 후각, 미각, 촉각)을 통해 몰입감을 느끼게 하여 현실로 받아들이게끔 만드는 융합 기술을 말한다(김익재, 2016; 김치호, 2017). 그리고 수용자가 가상의 환경을 현실처럼 체험하기 위한 인공의 세계이며, 가상현실의 개체들과의 상호작용을 통해 지구 반대편의 현장을 생생하게 체험하거나 더 나아가 가상 인공물, 환경 속에서 새로운 경험을 할 수 있다(공병훈, 2018).

수용자의 오감을 자극하여 비현실적인 상황, 환경, 자극을 현실처럼 느끼게 만드는 가상현실을 체험하기 위해서는 관련 장비가 필요하다. 수용자는 수용자 머리에 장착하는 고글 형태의 장치인 HMD(Head Mounted Display), 조이스틱, 장갑, 특수복 등 가상현실 구현에 필요한 정보를 주고받을 수 있는 장비를 착용해야 한다. 이러한 장비에 부착된 센서는 사용자의 움직임을 포착하여 실시간으로 화면에 반영한다. 수용자는 본인의 움직임이 가상현실에서 적용되어 현실과 상상의 경계를 자유롭게 넘나들며 상황을 느끼고 통제하는 체험을 하게 된다(공병훈, 2018).

(2) 가상현실의 특징

가상현실은 1968년 머리에 쓰는 디스플레이 장비를 착용하고 시야를 완전히 차단한 상태에서 360도 3차원 영상을 통해 가상의 현실을 구현했다. 지금으로부터 50여 년 전에 등장한 가상현실은 최근에 많은 분야에서 관심을 보이며 활용되고 있다(보스턴컨설팅그룹 서울오피스, 2018). 그 이유를 크게 네 가지로 설명할 수 있다. 첫 번째, 공간의 제약이다. 현재 가상현실을 체험할 수 있는 장소를 가 보면 이동할 수 있는 장소보다는 현실적인 환경을 차단할 수 있는 고정적인 장소가 대부분이다. 가상현실 체험을 위해서는 필요한 장비를 착용하여 관련 정보를 받아들이고 수용자의 반응, 움직임 등의 정보를 보내야 하기 때문이다. 두 번째, **가상현실 멀미**(VR sickness)로 신체 평형기관과 시각적 정보 사이의 괴리와 3D 화면 구현의 지연시간으로 발생된다. 이런 멀미 증상은 가상현실을 활용하는 많은 분야에서 발생되어 가상현실을 체험한 수용자에게 부정적인 반응을 형성하기도 한다. 세 번째, VR 콘텐츠 사용 시 모기장 효과로 알려진 **스크린도어 현상**(screen door effect)으로, 흔히 초점 거리가 짧은 환경에서 수용자 눈에 픽셀 간격이 두드러져 보이는 것이다. 이것은 수용자가 접하는 3D 정보의 해상도 문제로 최근 디스플레이 해상도 3840×2160, 하드웨어 디코딩 최대 7680×3840 해상도를 표현하여 수용자가 가상현실에서 느끼는 오차를 줄이고 있다(전기신문, 2019. 5. 23.). 마지막은 가격의 한계를 들 수 있다. 초창기 가상

현실의 체험에 필요한 장비는 매우 비쌌다. 그러나 최근에는 기술과 미디어의 발전
으로 다양한 정보통신 관련 장비들이 등장하였고 대중적으로 보급되고 있다. 특히
2016은 VR 원년이라 불리는데, 가상현실을 구현하기 위한 관련 장비들을 이전보다
쉽게 마련할 수 있는 환경이 갖춰졌기 때문이다. 이는 최근 높은 관심과 관련 분야
의 적용이 활발해진 IoT(Internet of Things)에 의한 센서, 디지털카메라, 드론 등의
기자재들의 진화로 다양한 정보를 수집할 수 있으며, 대중적인 미디어인 스마트폰의
발달로 반도체 부품, 액정 패널 등의 관련 부품이 저렴하게 보급되었기 때문이다(닛
케이 BP사 편, 2017). 물론 아직 HMD, 조이스틱, 장갑 등 가상현실과 관련된 장비들
이 일반 가정까지 보급된 상황은 아니지만 VR 게임기 또는 주변의 VR 체험관, 문화
시설, 공공시설에서 가상현실을 체험할 수 있는 기회가 많아지고 있다.

2) 증강현실

(1) 증강현실이란

증강현실(Augmented Reality: AR)이란 컴퓨터로 구현된 가상의 객체를 현실세계
속에서 결합하고 실시간 상호작용으로 가상현실이 현실세계에 자연스럽게 연결되
어 수용자에게 몰입감과 현실감을 통해 실제 환경의 모습이 증강된 경우를 의미한다
(Azuma et al., 2001; Kye & Kim, 2008; Milgram & Kishino, 1994).

증강현실은 1968년 미국의 컴퓨터 과학자인 이반 서덜랜드(Ivan Sutherland)가 발
표한 "Head Mounted 3차원 디스플레이"에서 제시한 HMD로 센서가 부착된 헬멧
을 쓰면 수용자가 가상현실을 단순하게 볼 수 있는 방식에서 시작되었다(박기덕, 정
진헌, 2014; 이형익, 이길형, 2014). 1990년에 보잉사의 톰 코델(Tom Caoudell)이 엔
지니어 교육에서 항공기 전선 조립과정에서 실제 화면에 가상 이미지를 겹쳐서 설명
하는 방식에서 '증강현실'이라는 용어를 사용하였다. 그 후 2000년대 중반까지 증강
현실은 IT 기술과 접목하여 산업현장에서 유용하게 사용되어 왔다.

증강현실은 가상현실의 한 분야이나 가상현실과는 차이점이 있다. 증강현실에서

수용자는 현실과 가상의 세계를 모두 접하면서 가상의 객체와 정보를 접하게 된다. 다시 말하면 증강현실은 현실세계에 가상의 객체와 정보를 중첩시킴으로써 현실세계의 정보를 보충하여 현실에서 접할 수 없는 경험과 정보를 전달하게 되는 것이다.

(2) 증강현실의 특징

증강현실은 현실세계에 존재하고 있는 대상을 보는 동시에 가상세계의 정보를 받아들일 수 있다는 점이 가장 큰 특징이다. 수용자가 실제 존재하고 있는 대상과 함께 디지털화된 정보를 통해 가상세계를 경험할 수 있으므로 현실세계와 가상세계의 정보 차이를 느끼며 관심과 흥미를 이끌어 낼 수 있다. 이러한 현실세계와의 접목은 수용자와의 활발한 상호작용을 유도하고 있다. 예를 들어, 애플리케이션을 이용하여 증강현실에 접한 수용자는 본인이 원하는 장소와 시간, 이용 정도 조절 등의 수용자 통제가 원활하다. 그리고 가상현실과는 달리 VR 멀미를 유발하지 않아 수용자의 부정적인 반응이 적다.

다음으로 장소의 제약이 적다. 최근 스마트폰 애플리케이션을 통한 증강현실이 대중에게 많이 이용되고 있다. 우리나라 스마트폰 보급률은 포화상태에 이르렀으며, 일상생활의 많은 부분에서 스마트폰을 이용하고 있다. 그러므로 수용자의 이용 패턴이 자유로운 스마트폰 애플리케이션을 통해 시간과 장소의 제약을 벗어나 원하는 장소와 시간에 증강현실을 접할 수 있다. 이러한 사용의 편리함으로 인해 교육, 게임, 엔터테인먼트 등 다양한 분야 및 개인적인 활용까지 넓게 사용되고 있다.

마지막 특징은 수용자의 인지적 영역에서 긍정적인 효과를 발생시킨다는 점이다. 증강현실을 가상현실과 비교할 때, 증강현실은 VR 멀미나 장비의 착용에서 오는 불편함이 적고 간단한 조작을 통해 정보를 쉽게 접할 수 있다. 이와 함께 수용자가 현실세계와 가상세계를 함께 접하면서 인지 차이를 통해 흥미와 참여를 유도하여 정보를 적극적으로 받아들이고 지속적인 참여를 유지할 수 있다(소요환, 2016; 이규영, 2017).

3) 가상현실과 증강현실의 비교

가상현실과 증강현실은 콘텐츠, 플랫폼, 네트워크, 디바이스가 결합된 C-P-N-D 생태계형 산업이라 할 수 있다(이민화, 주강진, 2019). 먼저 콘텐츠는 엔터테인먼트 및 게임 분야에서 많은 비중을 차지하고 있으나 그 외 분야는 아직 개발 중인 수준에 머물러 있다. 이러한 이유로 현재 가상현실을 일반 대중들이 쉽게 접할 수 있는 분야 및 장소는 대형 테마파크, VR 체험관, VR 게임 등을 들 수 있다. 다음으로 가상현실과 증강현실과 관련된 플랫폼은 대기업 주도로 형성되어 있다. 콘텐츠 제작 및 개발도구를 제공하는 기술 플랫폼과 수용자에게 보급하는 유통 플랫폼이 모두 삼성과 구글 등 글로벌 IT 기업이나 소니와 같은 대기업 등에 한정되어 있다. 가상현실과 증강현실 구현에 매우 중요한 부분인 네트워크는 최근 우리나라에 도입된 5G 서비스로 매우 원활한 서비스가 제공될 것으로 예측된다. 가상현실과 증강현실 모두 관련 장비에 정보를 제공하고 수용자의 반응, 움직임 등을 전달받아 비현실적 환경을 구현하기 때문에 초고속, 초저지연 데이터 송신이 필요하다. 그러므로 지금까지 전 세계적으로 압도적인 데이터 전송속도를 보였던 우리나라는 2019년 SKT, KT, LG U+의 5G 상용화로 앞으로의 가상현실과 증강현실의 전망을 긍정적으로 예측할 수 있다. 마지막으로 디바이스는 가상현실과 증강현실의 발달과 함께 수용자의 편리함이 적용되고 있다. 아직까지 가상현실과 증강현실의 콘텐츠는 엔터테인먼트 및 게임 분야에 한정되어 있으나, 관련 디바이스는 시간이 갈수록 발전하고 있다. 수용자의 머리에 씌워 시야를 차단하고 정보를 제공하는 HMD는 과거에 비해 무게와 크기가 줄어 이용에 불편함을 줄였으며, 데이터 수집을 위한 컨트롤러, 360도 영상촬영기기를 통해 현실감을 극대화하였다. 그리고 가상현실을 수동적으로 받아들이기보다 조이스틱과 장갑 등을 통해 수용자 스스로 상황을 체험하고 통제할 수 있도록 하였다.

그러나 아직까지 가상현실과 증강현실을 혼동하거나 비슷한 부분으로 여기고 있는 경우가 많다. 물론 기본적으로 기술적 활용 부분과 가상의 세계를 포함한다는 점

표 7-2 가상현실과 증강현실의 차이

구분	가상현실(VR)	증강현실(AR)
중심세계 (현실/가상)	• 가상세계 중심(~100%)	• 현실세계 중심(80% 이상)
사용자 핵심 감각	• 몰입감: 현실세계와 완전한 차단에 기반을 둔 감정이입	• 현실감: 현실세계에 디지털 정보를 결합하여 정보성 강화
대표 디바이스	• Samsung Gear VR • VR 체험관	• Google Glass • 스마트폰(포켓몬 GO)
한정적 요소	• 사용 공간의 제약 • VR 멀미/스크린 도어 효과 • 고속/초저지연 통신기술	• 촬영으로 인한 개인정보 이슈 • 고속/초저지연 통신기술

출처: 보스턴컨설팅그룹 서울오피스(2018).

은 공통적인 부분이다. 하지만 가상현실과 증강현실의 차이는 〈표 7-2〉를 통해 자세히 살펴볼 수 있다.

먼저 가상현실과 증강현실의 가장 큰 차이점은 현실세계의 적용이라 할 수 있다. 가상현실은 현실과의 차단을 통해 100% 가상세계를 보여 준다. [그림 7-1]에서 알 수 있듯이 가상현실은 현실과의 차단을 위해 HMD를 머리에 씌워 시야를 차단한 뒤, 가상의 상황 정보를 제공한다. 그러므로 증강현실에 비해 수용자의 몰입감이 매우 높다. 반면, 증강현실은 현실과 가상세계가 공존한다. [그림 7-2]에서 볼 수 있듯이 수용자가 존재하고 있는 현실적인 공간에서 관련 디바이스를 통해 가상세계를 접할 수 있다. 현실세계에 디지털 정보를 결합하여 정보성을 강화하였기 때문에 현실감을 높일 수 있으며, 디바이스를 통해 새로운 경험을 할 수 있다. 그러나 가상현실과 증강현실 모두 한계점이 존재한다. 먼저 가상현실을 사용하기 위한 공간이 제한되어 있다는 것이다. 증강현실은 관련 디바이스를 구비하고 있다면 자신이 원하는 장소 또는 이동 중에도 접할 수 있다. 그러나 가상현실을 접하기 위해서는 관련 디바이스가 마련되어 있는 고정적인 장소에 가야만 한다. 그리고 가상현실의 몰입도를 극대화하기 위해 현실세계를 차단한 뒤 관련 정보를 제공하는데, 가상의 경험을

[그림 7-1] 가상현실 - VR 게임

[그림 7-2] 증강현실 - 포켓몬 GO

한 뒤 많은 수용자가 VR 멀미를 호소하기도 한다. 증강현실에서는 현실세계와 가상세계의 접목이 이루어지는 콘텐츠이기 때문에 몰입도가 낮으나 현실감을 높일 수 있다. 하지만 관련 콘텐츠가 마련되지 않았다면 원하는 장소와 지역에서 활용할 수 없고, 촬영으로 인한 개인정보 노출과 같은 단점이 존재하고 있다.

이러한 가상현실과 증강현실의 특성은 많은 분야에서 관심을 보이며 활용을 위해 노력하고 있다. 특히 관광, 교육, 광고, 게임, 의료, 산업제조, 공연, 국방 등 일반인들과 밀접한 분야에서 가상현실과 증강현실이 사용되고 있다. 이들 분야에서 사용되는 가상현실과 증강현실은 수용자의 체험과 적극적인 참여를 통해 각 분야의 정보 전달의 양과 이해를 극대화하고 있다.

4) 가상현실과 증강현실의 활용

(1) 국방 분야와 가상현실, 증강현실

과거 가상현실과 증강현실 기술은 국방을 위한 목적으로 많이 활용되었다. 전쟁 상황에 대한 시뮬레이션과 조종기 훈련과 비상 상황을 대비한 시뮬레이션 훈련이 가장 대표적인 사례이다. 국방 분야에서의 가상현실과 증강현실은 최근 홀로렌즈 또는 HMD의 적용 방안에 관심이 고조되어 있다. 전쟁 상황에서 현실적인 지형지물을 전자공간에 투사하여 증강현실을 통해 주위환경(건물, 도로, 나무 및 기상 정보 등의 상황 인지 및 분석)을 파악하고 군사작전 시 필요한 시·공간에 대한 식별과 인식 그리고 이에 대한 군사전술로의 반영에 도움이 될 수 있다(강진석, 노병희, 2018). 미국의 사례를 보면, 이라크전에서 전장 환경에 대한 모델링을 통한 사전 정보를 기반으로 작전계획을 수립한 뒤, 모든 전쟁수행 절차를 가상·증강현실을 이용하여 수차례 시뮬레이션을 하였다. 이러한 시뮬레이션으로 발생하는 돌발 상황 및 문제점을 찾아 해결한 뒤 실제 병력과 장비를 투입하여 이라크전에서의 피해를 최소화하였다(강진석, 노병희, 2018; 박상준, 김지원, 김경민, 김회동, 2018; 이민화, 주강진, 2019).

국방 분야 외에도 재난 대응 훈련에서 증강현실은 효과를 보인다. 지금까지의 재난 대응 훈련은 시나리오의 비현실성과 부실한 훈련내용으로 비판을 받아 왔다. 이런 비판으로 관련된 부처 간 연계를 통한 훈련체계의 필요성과 함께 다양하게 발생되는 재난의 형태, 현실 상황에서 실질적인 훈련의 한계점 등으로 인해 증강현실에서의 시뮬레이션의 실효성이 급부상하게 되었다. 국내에서는 중앙소방학교의 지휘 훈련, 통합지휘 훈련, 긴급재난 대응 훈련 시스템과 한국소방안전원의 소방시설 시뮬레이터, 서울소방학교의 10여 개 시뮬레이터가 재난 대응 분야의 증강현실을 활용한 훈련을 실시하고 있다. 그러나 증강현실을 기반으로 한 재난 대응 훈련의 효과를 극대화하기 위해서는 현장감을 높일 수 있도록 재난 상황과 유사하고 실시간 수용자의 반응을 바탕으로 한 시나리오가 필요하며, 수용자의 관심과 집중력을 지속적으로 유지시킬 수 있는 시나리오 제작이 필수적이다(김영진, 이광희, 문일, 2015; 윤준영, 이종욱, 정덕훈, 김찬오, 2015).

(2) 의료 분야와 가상현실, 증강현실

의료 분야 역시 다른 분야에 비해 가상현실과 증강현실의 도입이 오래전에 이루어졌다. 정신적 질환을 지닌 환자들이 의료진 및 상담사와의 접촉을 부담스러워할 경우 가상현실 및 증강현실을 통해 이들의 상황을 분석하고 정해진 치료 방식을 환자 스스로 가상의 세계에서 접하여 상태를 호전하는 방향으로 사용되었다. 이러한 방식은 환자들이 무서워하거나 문제가 되는 상황에 그들을 지속적으로 노출시킴으로써 증상을 감소시킨다. 현실에서 상황과 강도를 통제하기보다 가상세계에서 의사가 환자의 상태에 따라 상황과 강도를 조절하여 다양한 상황 정보를 환자에게 제공하고 이를 접한 환자들의 반응을 데이터로 수집하여 절적한 상황을 처방한다(이민화, 주강진, 2019).

국내에서는 의료진에게 응급 환자의 증상을 의료진에게 전달하여 신속하게 조치를 취할 수 있도록 3단계 증강현실을 활용하고 있다. 먼저 1단계에서는 증강현실에 사용되는 IT 기기에서 환자의 생체 정보를 실시간으로 수집하는 것이다. 이 단계에서는 환자의 상태를 실시간으로 의료진에게 보내게 된다. 2단계에서는 의료진에게 전달된 환자의 상태를 분석하는 과정이다. 분석된 결과에 따라 의료진은 환자에게 필요한 의료 처치 방식과 정도를 판단하여 거리상 떨어져 있는 환자에게 응급 의료 서비스를 지원할 수 있는 정보를 전달한다. 마지막 3단계는 의료진에게 전달받은 의료 처치를 환자에게 신속하게 적용하는 단계로 증강현실 기반의 IT 기기를 통해 의료진이 신속하게 파악한 응급 처치를 거리의 한계를 뛰어넘어 지원할 수 있다(정윤수, 김용태, 박길천, 2017).

⑶ 교육 분야와 가상현실, 증강현실

교육 분야에서 가상현실과 증강현실은 매우 흥미로운 이슈로 자리 잡고 있으며, 국외는 물론 국내에서도 가상현실과 증강현실을 교육 방안에 접목하여 효과를 얻고자 많은 노력이 이루어지고 있다. 우선 2017년 12월 교육부는 초등학교 3~4학년이 사용하는 사회·과학 디지털 교과서에 학생들의 흥미를 높이는 방안으로 가상현실과 증강현실을 새롭게 적용한다고 밝혔으며, 2020년까지 초등학교 3~6학년과 중학교 1~3학년에게 디지털 교과서를 순차적으로 보급하기로 하였다(독서신문, 2017. 12. 30.).

교육 전문 업체에서는 가상현실과 증강현실을 활용한 애플리케이션을 출시하고 있다(게임조선, 2016. 12. 6.; 부산일보, 2016. 4. 12.). 학생들에게 가상현실과 증강현실이 접목된 교육 콘텐츠를 통해 실감 나는 환경에서 학생들의 몰입도를 높여 학습할 수 있도록 하며, 지속적인 흥미를 유발하여 학습한 내용을 적극적으로 복습할 수 있도록 유도하고 있다. 이러한 교육용 애플리케이션의 가장 큰 장점은 학생들의 적극적인 참여이다. 지루하고 어려운 학습이 아닌, 새로운 방식을 통해 스스로 정보를 접하고 이를 지속적으로 받아들이는 방식으로 교육의 효과를 높이는 것이다.

⑷ 게임 분야와 가상현실, 증강현실

가상현실과 증강현실은 게임 분야에서 매우 활발하게 사용되고 있다. 증강현실은 가장 대표적으로 '포켓몬 GO'를 통해 대중들에게 알려지고 사용되었다. [그림 7-3]을 보면 스마트폰 애플리케이션을 통해 가상세계에 접속하여 현실에는 없는 포켓몬스터를 잡는 방식이다. 스마트폰 화면 밖의 현실세계에는 없는 포켓몬스터를 스마트폰을 통해 수용자 자신만이 볼 수 있고 잡을 수 있다. 이러한 현실세계와 가상세계의 차이점을 통해 수용자는 흥미와 재미를 느끼면서 게임 속으로 빠져들게 된다.

가상현실은 소니, 닌텐도와 같은 대형 게임 회사는 물론 VR 체험관 및 VR 게임방을 통해 최근 확산되고 있는 상황이다. [그림 7-4]에서 알 수 있듯이 수용자 머리에 씌워진 HMD를 통해 가상의 정보를 받아들이고 손에 쥔 조이스틱으로 정보에 대한

[그림 7-3] 증강현실을 활용한 포켓몬 GO

[그림 7-4] 가상현실을 활용한 VR 게임

수용자의 반응을 전달하여 실시간 상호작용을 통해 몰입감을 극대화한다.

　이러한 게임 분야에서의 가상현실의 활용은 현재 높은 인기를 얻고 있는 e스포츠로 자리 잡을 수 있는 가능성을 보여 주고 있다. 2019년 7월 18일 중국 시안 국제컨벤션센터에서 개최된 글로벌 e스포츠 축제인 'World Cyber Games'에서 가상현실과 관련된 게임 부스에 관람객들의 이목이 집중되었으며, 많은 관객이 VR 게임을 체험하였다. 국내에서도 2019년 7월 18일에 출시된 VR 액션 게임인 '고든'에 다양한 액션 구현과 높은 몰입감으로 긍정적인 평가를 받고 있으며, 서울시는 미래 가치가 높은 상상산업 활성화 방안으로 게임 및 VR/AR 분야의 지원 계획을 발표하였다(뉴시스, 2019. 7. 19.; 더게임스, 2019. 7. 19.; 무한게임정보포탈, 2019. 7. 19.).

(5) 광고 분야와 가상현실, 증강현실

광고 분야에서 활용되는 가상현실, 증강현실은 앞에서 살펴본 분야에 비해 활용도가 적지만 높은 관심을 보이고 있다. 현재 일반적으로 접할 수 있는 가상현실을 활용한 광고는 [그림 7-5]와 같다.

현실세계에서는 볼 수 없으나 미디어를 통해서는 관련 브랜드의 광고를 접하는 형식으로 드라마, 스포츠 경기, 예능 프로그램을 통해 많이 노출되고 있는 상황이다. 그러나 이러한 가상광고보다 가상현실과 증강현실 기술을 적극적으로 사용한 광고들이 존재하고 있다. 그중 증강현실을 활용하여 수용자의 눈길을 사로잡았던 광고로 'BMW MINI'를 들 수 있다. [그림 7-6]에서 알 수 있듯이 BMW는 New MINI Cabrio의 출시를 알리기 위한 방법으로 증강현실을 이용한 광고 프로모션을 진행하였다. 먼저 BMW는 자동차 전문 잡지의 표4면에 광고 프로젝트 홈페이지 주소와 설

[그림 7-5] 가상현실을 활용한 광고

[그림 7-6] 증강현실을 활용한 광고

출처: 증강현실 BMW MINI Caribo 프로모션.

명이 적힌 광고를 실었다. 수용자는 잡지를 구입한 후 웹캠이 설치된 PC에서 프로젝트 홈페이지 주소에 접속하여 증강현실을 볼 수 있는 프로그램을 설치한다. 설치 후 광고가 실린 페이지를 웹캠에 대면 [그림 7-6]의 노트북 화면처럼 잡지광고의 페이지 위에 3D 형태의 MINI Cabrio의 모습이 나타나면서 자동차의 360도 모습과 함께 많은 정보를 접할 수 있다.

2. 사물인터넷

1) 사물인터넷이란

사물인터넷이란 모든 것이 인터넷에 연결되는 시대를 의미하는 IoT(Internet of Things)를 말한다. 이 용어는 최초로 1999년 글로벌 기업 피앤지(P&G)의 브랜드 매니저인 캐빈 애슈턴(Kevin Ashton)이 "모든 사물에 컴퓨터가 있어 인간의 도움 없이 스스로 판단한다면 고장, 교체, 유통기한 등에 대해 고민하지 않아도 될 것이다. 바로 이런 사물인터넷은 인터넷이 했던 것 그 이상으로 세상을 바꿀 것이다"라는 이야기를 하면서 처음 세상에 나왔다. 이후 여러 표준화 단체에서 "사물이나 디바이스가 인터넷에 연결되면서 추가적인 가치를 사용자에게 제공할 수 있는 기술"이라고 정의하였다(매일경제 IoT 혁명프로젝트팀, 2014; 이성훈, 이동우, 2014). 이 정의를 바탕으로 현재 사물인터넷은 상황 판단 및 학습능력 등의 기능을 포함한 디바이스를 인터넷과 같은 네트워크를 통해 연결하여 사람과 사물, 사물과 사물의 커뮤니케이션이 가능해져 편리함과 유용한 가치를 제공하는 기술이라 볼 수 있다(공병훈, 2018; 신동희, 정재열, 강성현, 2013). 이런 새로운 기술을 통해 약병이 환자에게 약 먹을 시간을 알려 주거나 자동차가 도로 주변 상황을 분석하여 최적의 경로를 찾아 운전자를 실어 나르고 냉장고에서 유통기간이 지난 음식물을 찾아 알려주는 등 사물 스스로 필요한 정보를 수집하고 분석하여 우리 생활의 편리함을 전해 줄 수 있다.

2) 사물인터넷의 유형 및 특징

사물인터넷의 주요 구성요소로는 '인간' '사물' '서비스'를 들 수 있다. 여기서 사물인터넷은 기존 인터넷의 개념을 확장하여 이 세 가지 요소를 연결시켜 주는 역할을 하고 있으며, 이를 통해 사물과 인간, 서비스 간 커뮤니케이션이 가능하게 된다(이성훈, 이동우, 2014). 이러한 새로운 커뮤니케이션은 [그림 7-7]과 같이 '센서 네트워크' '빅데이터' '클라우드' 순의 진행 단계를 보인다.

센서 네트워크는 정보를 수집하는 단계로 우리 주변의 사물에 센서가 부착되어 다양한 정보를 실시간으로 수집한다. 센서 네트워크에 모인 정보는 매우 방대하며 정해진 목적 달성에 도움이 되는 정보 외에 가치가 낮거나 활용되지 못하는 정보까지 포함되어 있다. 그러므로 센서가 보낸 다양한 정보를 한곳에 모은 **빅데이터**에서 정보를 분석하여 유의미한 인사이트를 추출해야 한다. 이후 추출된 인사이트를 언제 어디서든 쉽게 활용할 수 있어야 하며, 이를 가능하게 하는 것이 바로 **클라우드**이다.

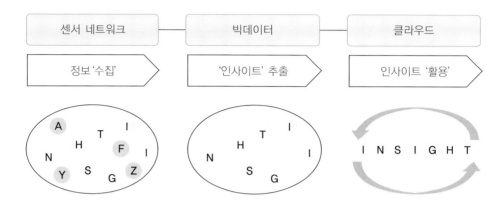

[그림 7-7] 사물인터넷의 단계

출처: 매일경제 IoT 혁명 프로젝트팀(2014).

사물인터넷의 활성화를 위해서는 클라우드 서비스가 먼저 확산되어야 한다. 개인이 사물인터넷의 센서가 쏟아 내는 수천만 건의 정보를 처리하기 위해 무한대로 서버와 스토리지를 구입할 수 없기 때문이다. 그러므로 사물인터넷과 빅데이터가 필요로 하는 인프라를 구축하기 위해 클라우드의 확산이 필수적으로 이루어져야 한다. 이렇게 사물이 인터넷에 연결되어 나의 정보를 지속적으로 관리하여 데이터를 기반으로 한 개인 맞춤형 정보와 서비스를 다양하게 제공함으로써 수용자의 삶의 가치를 높일 수 있다(이성훈, 이동우, 2014).

이러한 장점에도 불구하고 사물인터넷은 보안이라는 큰 문제점을 안고 있다. 앞서 살펴봤듯이 개인의 다양한 정보를 지속적으로 수집하고 이를 분석하여 유용한 인사이트를 활용하는 것이 사물인터넷의 가장 핵심적인 부분이다. 여기서 지속적인 정보의 수집과 정보를 한곳에 모아 분석하는 과정에서 개인의 사생활 침해 및 해킹과 같은 정보 보안의 문제가 발생할 수 있다. 수용자의 개인적인 정보와 사생활이 제3자에게 노출된다면 다른 사람을 사칭하거나 범죄에 이용되어 사회적인 문제를 발생시킬 수 있다. 이러한 개인의 정보 노출에서 더 나아가 방대한 정보가 모여 빅데이터를 형성하고 이를 분석하는 클라우드 역시 보안 위협에서 벗어날 수 없다. 이는 오늘날 대형 인터넷 쇼핑몰 및 은행 사이트 등에서 발생하는 회원들의 정보 노출은 물론 개인의 생활 및 전반적인 사회기반시설을 마비시켜 사회의 큰 혼란을 야기할 수 있다. 그러므로 사물인터넷의 보안 문제를 제도적·기술적인 부분 모두 살펴보고 극복하기 위한 지속적인 노력이 필요하다.

3) 사물인터넷의 활용

사람과 사물, 서비스를 연결하는 사물인터넷은 2010년을 기점으로 스마트폰의 연결성보다 사물인터넷의 연결성이 커졌고, 2020년대에 세계 인구의 약 10배에 해당하는 500억 개의 기기와 제품을 연결하여 활발한 정보의 수집과 분석이 이루어질 것으로 예상되고 있다(닛케이 BP사 편, 2017; 이민화, 주강진, 2019). 이러한 예상은 현재 사물인터넷의 활발한 적용 사례를 통해 현실화되고 있다.

주변에서 가장 쉽게 접하는 사례는 사물인터넷을 통해 사람과 공간이 상호작용하는 부분이다. 예를 들어, 아침시간에 사람이 침대에서 일어난다면 침대의 센서가 정보를 보내고 커피 포트가 그 정보를 받아 주인이 일어났다는 것을 알게 된다(이민화, 주강진, 2019). 이와 비슷하게 국내에서 LG자이와 한샘 팔렛의 IoT 조명, LG U+의 우리집 IoT를 들 수 있다. [그림 7-8]과 [그림 7-9]에서 표현한 사물인터넷 적용 사례는 모바일을 통해 집의 조명, 난방, TV, 블라인드 등 네트워크에 연결된 사물들을 통제할 수 있다. 이와는 약간 다르게 [그림 7-10]의 LG U+의 우리집 IoT에서는 집 안의 여러 사물을 통제하는 AI(Artificial Intelligence)가 접목된 하나의 통합 리모콘을 강조하고 있다.

이 사례의 가장 큰 차이점은 AI이다. LG자이와 한샘 IoT 조명에는 모바일을 통해 수용자가 직접 집안의 사물들을 통제한다. 반면, LG U+의 우리집 IoT에서 보여준 AI리모컨은 수용자의 명령을 받은 뒤 리모콘 스스로 정보를 분석하고 이를 스스로 행한다는 점이 다르다. AI는 컴퓨터 공학에서 시스템에 의해 만들어진 지능 시스템으로서 인공적인 지능을 뜻한다(공병훈, 2018). 아직까지는 완벽하게 기기 스스로

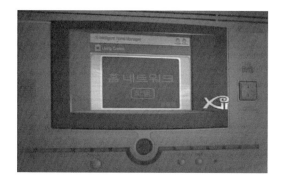

[그림 7-8] 사물인터넷과 LG자이

출처: TVCF a.

[그림 7-9] 사물인터넷과 한샘 팔렛의 IoT 조명

출처: TVCF b.

[그림 7-10] 사물인터넷, AI와 LG U+의 우리집 IoT

출처: TVCF c.

인식하고 정보에 대한 지각력을 갖춘 상태는 아니지만, 수용자의 명령에 최적의 해결 방안을 도출하고 이를 시행함으로써 주변의 생활 및 환경의 편리함을 제공하고 있다.

일반 가정에서의 사물인터넷의 활용과 더불어 의료 서비스 및 헬스케어는 '차세대 거대시장(next big thing)'으로 불리며 많은 기대를 받고 있는 대표적인 사례이다. 사물인터넷이 도입된 의료 서비스는 기존의 서비스 제공 방식과는 큰 차이를 보인다. 현재 일반적인 의료 서비스는 환자가 병원을 방문하여 문제를 해결하기 위한 검사를 받고 의료진은 검사에서 수집된 정보를 바탕으로 환자의 치료 방식을 결정한다. 여기서 환자가 자신의 몸의 이상을 자각한 시기와 이를 해결하기 위해 병원을 방문하는 시기가 문제 해결에 매우 중요한 요인으로 작용한다. 만약 너무 늦은 자각 및 병원 방문은 문제점을 키워 치료 자체가 불가능할 수 있기 때문이다. 그러나 사물인터넷이 적용된 의료 서비스는 이러한 문제를 줄일 수 있다. 원격 모니터링 시스템을 구축하여 환자에게 부착된 센서를 통해 생체 데이터를 수집, 실시간으로 의료기관에 정보를 전송한다. 의료기관에서는 실시간으로 전달받은 정보를 통해 문제점을 예측하여 사전 진단을 하고 이에 따른 적절한 치료 방식을 제공한다. 치료를 끝낸 이후에는 홈케어를 통해 재발을 방지한다(김준호, 2016; 정윤수, 2017).

3. 디지털 사이니지

1) 디지털 사이니지란

디지털 사이니지(digital signage)는 일상 속에서 쉽게 접하고 있는 안내 표시, 포스터, 간판이나 광고판 등을 기존의 방식과는 다르게 IT 산업을 기반으로 디지털 디스플레이를 활용하여 정보와 다양한 콘텐츠를 제공하는 새로운 커뮤니케이션 미디어라 할 수 있다(박천일, 양승연, 차재상, 2017; KT경제경영연구소, 2012). 이러한 디지털 사이니지는 최근 LCD, LED 등을 기반으로 하는 지능형 디지털 영상장치의 급속한 발전으로 제4의 스크린으로 불리며 광고 및 정보기술 등 각종 분야에서 차세대 디바이스로 각광받고 있다.

특히 디지털 디스플레이를 통해 시각화된 정보를 제공하여 사람들의 눈길을 사로잡고 이들의 흥미와 참여를 유도하여 수용자와 상호작용하는 미디어 크리에이티브의 형태를 띠고 있어, 미국 등 해외에서 디지털 사이니지는 지역 중심의 공간 마케팅 및 PR, 도시 디자인 등의 영역에서 현실적인 미디어의 장으로 이해되고 있다(이

[그림 7-11] 디지털 사이니지 – 남산타워

출처: LG 홈페이지.

[그림 7-12] 디지털 사이니지 – 롯데타워

출처: LG 홈페이지.

현우, 김운한, 2016; Lee, 2010). 우리나라에서도 [그림 7-11]과 [그림 7-12]와 같이 거리 및 공공건물에 설치되어 수용자의 눈길을 사로잡거나 새로운 경험을 통해 직접적인 참여를 유도하고 있다.

2) 디지털 사이니지의 유형 및 특징

우리의 주위에서 존재하면서 수용자에게 정보를 전달해 주며 많은 영향을 주었던 주요 미디어들의 진화과정은 〈표 7-3〉에서 볼 수 있듯이 크게 독립미디어와 융합미디어의 두 가지 분류로 나눌 수 있다. 먼저 **독립미디어**에는 1세대 신문과 2세대 라디오, 영화, 3세대 TV, 4세대 컴퓨터까지를 포함하고 있으며, **융합미디어**에는 최근 많은 이용행태를 보이는 5세대 스마트폰, 인터넷, 모바일과 6세대 디지털 사이니지를 포함한다.

1세대부터 6세대까지의 진화과정에서 과거 많이 이용되었던 독립미디어(1~4세대)는 일방향적인 커뮤니케이션으로 수용자와의 상호작용보다는 메시지 전달에 중점을 두었다. 그리고 각 세대별 정보를 전달하는 형식이 텍스트, 영상, 음성 등 한 가지 유형에 한정되어 있다. 그러나 융합미디어는 이와는 반대로 수용자의 반응과 참여에 중점을 두고 있으며 쌍방향 커뮤니케이션에 중점을 둔 미디어이다. 그리고 정보 전달의 형식은 이전 독립미디어와는 다르게 텍스트, 영상, 음성을 모두 사용하여 다양하고 정확한 정보를 전달함과 동시에 수용자의 이해와 설득을 확대하였다. 더불어 6세대 미디어인 디지털 사이니지는 독립미디어가 지닌 광고, 정부 등의 콘텐

표 7-3 주요 미디어의 발전과정

독립미디어				융합미디어	
1세대	2세대	3세대	4세대	5세대	6세대
신문	라디오, 영화	TV	컴퓨터	스마트폰, 인터넷, 모바일	디지털 사이니지

출처: 나카무라 이치야, 이시도 나나코(2010).

츠와 플랫폼 시스템 등의 하드웨어는 물론 현재 각광을 받고 있는 스마트폰, 인터넷를 영향력을 이을 차세대 융합 커뮤니케이션 시스템으로서 주목 받고 있다(나카무라 이치야, 이시도 나나코, 2010).

이렇게 디지털 사이니지의 특성과 유용성에 따라 다양한 유형이 존재하고 있으나 크게 설치 장소, 이미지 노출 방식, 노출 형태로 나눌 수 있다. 먼저 설치 장소에 따라 '아웃도어(outdoor) 디지털 사이니지'와 '인도어(indoor) 디지털 사이니지'로 나누어 볼 수 있다. **아웃도어 디지털 사이니지**는 건물 외벽에 스크린을 설치하여 동영상 콘텐츠를 제공하는 가장 일반적인 형태이다. 유동인구가 많은 거리 및 대중교통의 흐름이 활발한 장소에 설치되며 수용자의 눈길을 사로잡기 쉬운 크기를 선정하여 화려한 동영상 콘텐츠를 통해 관심을 끌고 있다. 삼성역 주변의 대형 전광판, 버스 쉘터 등이 대표적인 사례이다.

인도어 디지털 사이니지는 건물 안에 설치된다는 점이 아웃도어 디지털 사이니지와 가장 큰 차이점이다. 인도어 디지털 사이니지 역시 유동인구가 많은 건물 또는 역이 있는 건물의 내벽에 터치스크린 기능과 카메라, NFC 등 새로운 디지털 기술을 탑재한 LED, LCD 모니터를 설치하여 다양한 형태의 정보를 제공하고 있다. 잠실역 등 지하철 역내에 있는 디지털 뷰가 대표적인 사례이며, 간단한 터치 방식을 통해 역내 정보와 함께 노선정보, 지도정도, 실시간 이슈 등을 제공한다.

다음으로 디지털 사이니지의 이미지를 노출하는 방식을 통해 플랫 패널 디스플레이(flat panel display), 터치 패널 디스플레이(touch panel display), 미디어 파사드(media fasade)로 구분할 수 있다. 먼저 플랫 패널 디스플레이는 수용자의 요구에 의한 정보 탐색이 아니라 일방향적인 정보를 전달하고 있다. 그러므로 터치가 불가능한 디스플레이 형식을 띠고 있으며, LCD, LED, PDP 등을 사용하는 엘리베이터 안, 편의점 매장, 병원, 쇼핑몰 등에 설치된 디지털 POP 광고가 대표적인 사례이다. 터치 패널 디스플레이는 플랫 패널과 매우 유사하나 쌍방향 커뮤니케이션이 가능하다는 점이 차별점이라 할 수 있다. 수용자의 요구에 의해 간단한 터치로 관련된 정보를 제공하기 때문에 정보가 필요한 수용자의 적극적인 참여를 이끌 수 있다. 지하철 역사 내에 설치된 디지털 뷰, 강남역 등 번화가에 설치된 미디어 폴(media pole) 등이 터치 패널 디스플레이 유형에 포함된다. 미디어 파사드는 최근 많은 분야에서 활용되고 있는 유형으로 건물의 내ㆍ외벽에 영상 이미지를 표현함으로써 메시지를 전달한다. 앞에서 살펴본 유형에 비해 스크린의 크기가 거대하므로 노출효과가 매우 뛰어나다. 그러나 일방향 커뮤니케이션만 가능하며 높은 비용이 요구되기 때문에 각종 이벤트에 활용되거나 옥내ㆍ외 경관을 꾸미는 용도로 많이 활용된다. 대표적으로 서울스퀘어 건물에 표현되는 예술적 이미지 등을 들 수 있다(안희진, 2015).

마지막은 노출 형태에 따라 단순 터치형과 인터랙티브형으로 나눌 수 있다. 단순 터치형 디지털 사이니지는 앞서서 거론된 역내 설치된 디지털 뷰가 가장 대표적인 사례이다. 잠실역에 설치되어 터치를 통해 역 주변의 지도 정보로 건물의 위치를 확인하고 해당 지하철의 도착, 출발 정보를 파악한다. 인터랙티브형 디지털 사이니지는 스마트 미디어와의 융합을 통해 수용자와의 쌍방향 커뮤니케이션이 가능하다. 롯데월드몰점에 위치한 브랜드 '지유(GU)'는 매장 내에 최신 IT 기술이 접목된 인터랙티브 디지털 사이니지를 설치하였다. 이 인터랙티브 디지털 사이니지를 통해 소비자들은 화면 앞에서 다양한 스타일의 룩과 관련 정보를 확인할 수 있다(아시아타임즈, 2018. 9. 13.).

3) 디지털 사이니지와 광고

디지털 사이니지는 네트워크를 통해 원격 제어가 가능한 디지털 디스플레이를 공공장소나 상업공간에 설치하여 정보, 엔터테인먼트, 광고 등을 제공하는 디지털 미디어로서 다양한 기술과 융합되어 쌍방향 커뮤니케이션이 가능한 미디어이다(한국콘텐츠진흥원, 2012). 그러므로 다양한 건물과 거리에서 소비자의 눈길을 사로잡고 흥미와 참여 발생에 효율적인 디지털 사이니지는 광고 분야에서 매우 흥미로운 미디어이다. 기존의 TV, 라디오, 잡지, 인터넷, 신문 등의 대중적인 미디어가 아닌 다양한 장소에서 소비자들에게 노출되는 디지털 사이니지는 옥외광고와 차별화되고 있

[그림 7-13] 디지털 사이니지 광고

출처: 영화 〈마이너리티 리포트〉.

다. 옥외광고는 아날로그형 포스터, 간판, 네온탑 등 고정적인 텍스트와 이미지를
통해 소비자의 단순한 응시 및 일괄적인 메시지를 전달하였다. 그러나 디지털 사이
니지를 활용한 광고는 동영상, 양방향 콘텐츠, 실감형 콘텐츠를 활용한 상호작용이
가능한 시스템으로 소비자들의 직접적인 참여, 사용자 경험 및 개인 맞춤형 메시지
전달에 중점으로 두고 있다(한국콘텐츠진흥원, 2012). 그러므로 소비자들의 흥미와
참여를 통해 메시지의 노출은 물론 흥미와 이해의 폭을 넓혀 광고의 목표 달성에 효
율적으로 활용되고 있으며, 향후 옥외매체를 대체할 수 있는 미디어로 예측되고 있
다(김진숙, 김재영, 2011). 이러한 광고 분야에서의 활용은 [그림 7-13]을 통해 쉽게
이해할 수 있다.

영화 〈마이너리티 리포트〉의 한 장면처럼 미래의 디지털 사이니지 광고는 소비자
개개인의 특성을 파악한 정보 전달이 이루어질 것으로 보고 있다. 단순히 일방향적
인 정보 전달만이 아니라 소비자의 개인 정보를 파악하여 이들의 욕구 및 특성에 알
맞은 정보를 능동적으로 전해 줄 것으로 예측된다. 더불어 기술의 발달을 통해 지금
보다 더 현실적인 체험을 전달함과 동시에 장소의 제한이 줄어들 것으로 보인다. ■

제8장

광고매체의 노출효과 측정

황성연(닐슨컴퍼니코리아 부장)

◈◈◈

집행한 광고효과를 측정하기 위해 가장 먼저 필요한 것은 집행된 광고가 매체에서 실제 집행되었는지 여부와 매체에서 집행된 광고가 얼마나 많은 사람에게 노출되었는지 알아보는 것이다. 왜냐하면 광고를 집행하기로 한 매체에 문제가 생겨 실제 광고가 집행되지 않았거나 매체에 집행된 광고에 노출된 사람이 없다면 노출 다음 단계인 인지, 기억, 행동 등의 광고효과를 설명할 수 없다.

따라서 광고 노출을 측정하는 것은 광고를 전달하는 매체 비히클(vehicle)에 광고가 확실히 실려 있는지 확인하고, 매체 비히클이 전달한 광고가 수용자(소비자)의 감각 범위 내에 들어갔는지 측정하는 것이다. 노출효과 측정을 바탕으로 광고 집행 여부를 확인하고 다양한 광고효과를 산정하게 되는 것이다.

여기서는 광고 노출의 효과 측정에 대해 기본적인 내용을 각 매체별로 살펴보고자한다. 그리고 최근 부상하고 있는 통합 노출효과(Total Advertising Rating: TAR)의 현황을 살펴보고 향후과제를 살펴보고자 한다.

1. 노출의 개념과 필요성

광고 노출(exposure)은 소비자들이 특정 광고를 보거나 들을 기회, 즉 광고가 지각될 기회를 의미하며(송희성, 황성연, 2016, p. 39). 광고 노출의 측정은 광고물이 감각의 범위 안에 들어갔을 것이라고 판단되는 사람 수에 대한 추정치를 말한다(박진성, 2016, p. 2). 즉, 노출효과는 매체가 광고를 수용자(소비자)에게 전달하는 단계로 소비자가 광고물을 기억하기 이전 단계를 말한다. 따라서 노출효과는 매체(vehicle)가 광고를 전달하는 효율을 측정한다는 점에서 소비자의 인지-정서-행동 등의 변화를 살피는 광고효과와 다르다. 대부분의 광고효과가 노출 이후에 일어나는 심리적, 행태적 변화를 살피는 것이기에 광고효과로 보지 않는 경우도 있지만, 광고효과가 발생하기 위해서는 광고 노출이 전제되어야 하고, 효율적인 매체 집행을 위해서는 광고를 얼마나 많이 보았는지(reach: 도달률)와 몇 번 보았는지(frequency: 빈도)를 예측하여 효율적인 매체 집행이 이루어지도록 관리하게 된다(송희성, 황성연, 2016, p. 39). 따라서 광고 노출의 측정은 광고효과의 기반이며, 효율적 매체 집행의 첫 단계라고 볼 수 있다.

광고 노출을 측정하는 것은 크게 두 가지 의미를 지닌다. 하나는 매체를 통해 광고가 노출되었는지를 확인하는 것이다. 콘텐츠에 비해 상대적으로 길이가 짧고, 종류가 많은 광고는 최종과정에서 노출이 누락되거나 변형되는 경우가 종종 있을 수 있다. 따라서 집행한 광고가 원하는 형태로 수용자에게 노출되었는지 확인하여 매체가 광고를 전달하는 비히클로서 역할을 수행하였음을 확인하는 것이다. 다른 하나는 광고 노출을 조사하여 매체 비히클의 광고비를 산정하는 데 사용한다. 광고비에 비해 높은 노출도를 보이는 매체 비히클은 효율적으로 평가받게 되며, 반대의 경우에는 효율성이 낮은 매체 비히클로 평가된다. 따라서 노출도 측정 결과에 따라 광고비

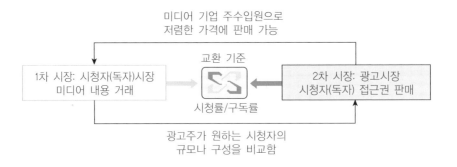

[그림 8-1] 콘텐츠 시장의 이중시장 특성과 노출 측정

출처: 황성연(2011), p. 67.

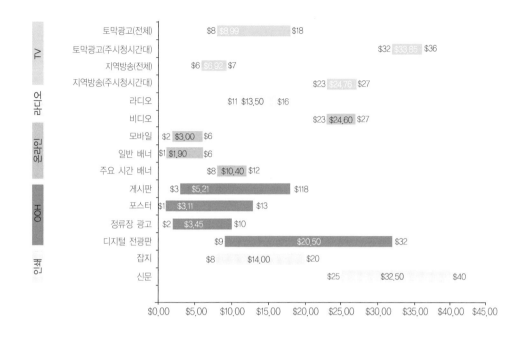

[그림 8-2] 미국의 매체 비히클별 CPM 비교

출처: Peter J Solomon Company(2017), p. 14.

가 조정되기 때문에 광고 노출 측정은 매체의 가치를 평가하는 척도로 사용된다.

미디어 시장에서 화폐처럼 사용되는 광고 노출을 광고비와 비교하면, 각 매체 비히클이 가지는 효율성을 비교할 수 있게 되는데, 이때 주로 사용하는 지표가 CPM(Cost Per Mille)이다. CPM은 1,000명에게 광고가 노출되는 데 필요한 광고비를 의미하는 것으로 모든 매체 비히클의 노출과 광고비를 통해 비교가 가능하다. 일반적으로 다른 조건이 동일하다면, CPM이 가장 낮은 매체 비히클이 가장 효율적이므로 매체 비히클 선정에 우선적으로 선책하게 되는 것이다(박원기, 오완근, 이승연, 2005, p. 51).

따라서 개별 매체는 노출자료를 시장에 제공하여, 매체 집행에 활용될 수 있도록 해야 한다. 노출 측정 결과는 미디어 시장에 참여하는 매체사업자, 광고대행사, 광고주 등이 참여하여 일종의 합의된 제도로 운용하게 된다(Napoli, 2013, p. 25). 이러한 제도적 측정 중 가장 대표적인 것이 TV의 노출을 측정하는 시청률 조사이며, 그 외 인쇄매체의 노출을 측정하는 구독부수 공사 ABC(Audit Bureau of Circulation) 등이 있다. 그 외 제도적 조사체계가 없는 개별 매체는 직접 자료를 제공하는 방식을 사용한다.

2. 노출의 측정방법

앞서 설명한 것처럼 미디어 시장에서 화폐의 기능을 하는 광고 노출을 측정하기 위해 제도적 운용되는 조사는 매체별로 다양한 방식으로 운용된다. 매체마다 수용자가 이용하는 형태가 상이하기에 매체별로 광고 노출을 측정하는 방식도 매체마다 다른 방식을 취하게 된다. 하지만 매체 비히클에 노출되는 광고 노출을 측정하는 방식은 크게 모집단(population)을 대표할 수 있는 표본(sample)을 조사 패널로 구축하고 이들의 이용행태를 측정하여 모집단의 노출을 측정하는 방식과 매체를 이용한 기록 또는 흔적(foot print)을 수집하여 전체의 특성을 파악하는 방식으로 크게 나누어 볼 수 있다. 전자는 TV, 라디오, 인쇄매체 등 기존 매체의 노출을 측정하기 위해 고안된 방식이며, 후자는 인터넷의 등장으로 전자적으로 남겨진 이용 흔적을 활용하여 이용행태를 추정하는 방식이다.

1) 패널(표본) 조사

모집단을 대표할 수 있는 조사 패널을 구축하고 패널을 대상으로 한 조사 결과를 바탕으로 전체를 추정하는 방식으로, 모집단의 특성을 추정하는 과정에서 통계기법을 활용한다. 우리가 흔히 접할 수 있는 여론조사, 인식조사, 출구조사 등 일부 조사 표본을 대상으로 조사한 결과를 전 국민의 결과로 추정하는 방식과 동일하다. 다만 차이가 있는 것은 일반적인 조사는 조사시점마다 표본이 달라지지만 패널 방식의 조사는 일정한 규모의 표본을 구축하고 이를 비교적 장기간 패널로 활용한다는 점이다. 전통매체인 TV, 라디오, 신문 등의 이용행태 및 광고 노출을 조사하는 데 주로 사용되었으며, 현재도 주요한 방법으로 활용된다. 또한 인터넷 및 디지털의 노출도 조사에서도 이용자 중심 측정(user centric measurement)라는 방식으로 활용되고 있다(Webster, Phalen, & Lichty, 2014, p. 37).

패널 조사는 구축과정에서 패널의 인구통계학적 특성을 파악하고 있어 조사 결과를 세분화할 수 있는 장점이 있는 반면, 오늘날과 같이 다양한 매체와 서비스가 분화(fragmentation)된 상황에서는 상대적으로 노출이 적은 매체를 조사할 경우 조사 패널 구축의 한계로 인해 노출이 '0'으로 나타나는 이른바 시청률 0%(zero rating)가 나타날 수 있는 단점이 있다(이혜미, 2014). 패널 조사방식에서 나타나는 시청률 0%는 실제로 아무도 시청하지 않은 것으로 보기 어려우며, 조사방식에 의한 한계이다(Pete, 2003, p. 43).

2) 전수 조사

전수(census) 조사방식은 기존 매체와 달리 인터넷 등을 활용한 매체들이 등장하면서 가능해졌다. 컴퓨터들이 연결된 통신망인 인터넷은 데이터의 전달 여부를 확인하기 위해 로그(log)를 남기게 되는데, 이를 수집하여 분석하는 방식인 사이트 중심 측정(site centric measurement)을 통해 특정 사이트에 접속한 모든 사람의 이용행태를 취합하여 분석하면서 나타나기 시작하였다. 이후 컴퓨터나 스마트폰 이외에 TV, 라디오, 신문 등이 인터넷 방식으로 서비스를 제공하면서 동일한 방식으로 이용행태 자료를 수집하여 분석하는 방식으로 확장되었다(Webster et al., 2014, p. 38).

전수 조사는 이러한 사이트 중심 분석을 위해 수집된 자료를 취합하여 분석할 경우 거의 모든 수용자의 이용행태를 분석할 수 있기 때문에 개별적으로 수집된 자료를 통합하자는 논의가 활발히 진행되었다. 하지만 다양한 매체의 이용기록을 취합하여 분석할 목적으로 구성된 미국의 CIMM(Coalition for Innovative Media

Measurement)도 사업자 간의 자료를 취합하는 데 실패하면서 진정한 의미의 전수조사 체계를 구축하지 못했다(이혜미, 2014, p. 34). 우리나라에서도 케이블TV의 시청기록을 취합하는 VBM(Viewing Behavior Model), KT IPTV와 스카이라이프 가입자의 이용기록을 취합한 ARA(Advanced Real-time Advertising), SK브로드밴드 가입고객의 이용기록을 취합하여 분석하는 Smart Big Ad 등이 개발되어 활용되고 있지만 모든 자료를 취합한 전수 자료는 아직까지 구축되지 못한 상황이다.

사업자별로 취합된 전수 자료에 의한 이용행태 추정은 패널 조사에 비해 이용기록이 많기 때문에 시청률 0%가 나타날 가능성이 적지만, 패널 조사와 같이 이용자들의 성별이나 연령 등을 특정할 수 없는 문제점이 있다. 물론 최근 미국에서는 구글, 페이스북 등이 연합하여 이용자의 특성을 보다 명확히 추정할 수 있는 방법이 논의되었지만, GDPR(General Data Protection Regulation)과 같은 개인정보보호 이슈가 등장하면서 사업자 간의 데이터 연계가 사실상 어려워지고 있어 진정한 의미의 전수조사 자료를 활용하기 쉽지 않다.

이러한 두 가지 조사방식은 언뜻 보기에는 상호배타적인 방법으로 보이지만, 패널 방식과 전수 조사방식을 혼용할 경우 보다 정확한 조사가 가능할 것으로 전망된다. 특히 패널의 정보를 활용하여 세분화가 가능한 패널 조사의 장점과 모든 이용 및 노출기록을 취합한 전수 자료를 적절히 결합할 경우 세분화가 가능한 대규모 자료가 구축될 가능성이 있다. 이러한 목적으로 활용되는 방식으로는 패널 자료를 근거로 유사한 경향을 보이는 자료를 유사한 집단과 매칭하여 추정하여 서로 다른 데이터를 하나의 자료로 통합하는 퓨전데이터(fusion data) 방법이 있다(Baker, Harris, & O'Brien, 1989, p. 155; Gilula, McCulloch, & Rossi, 2006, p. 75). 이러한 방식은 동일인의 이용이 아닌 기록을 인구통계학적 집단의 유사성을 바탕으로 추정하는 방법이기 때문에 복잡한 통계적 처리가 필요한 상황이다. 하지만 기술의 발전과 조사환경의 개선은 패널자료와 전수자료를 활용하여 보다 정확하고 정교한 방식의 조사가 가능하도록 지속적으로 발전하고 있으며, 새로운 조사방식이 개발되어 활용될 것이다.

3. 매체별 측정방법과 주요 지표

각각의 매체는 고유한 형식을 바탕으로 서비스를 발전시켜 왔다. 종이에 인쇄된 형태로 서비스되는 신문 및 잡지 등의 인쇄매체와 라디오를 통해 소리 또는 음향을 제공하는 라디오, 영상 및 방송 프로그램을 TV를 통해 제공하는 TV 방송 등은 매체의 형태에 따라 서로 다른 소비행태를 가지고 있다. 매체를 소비하는 행태를 조사하는 방식도 매체별 소비형태를 반영하면서 발전해 왔으며, 최근에는 인터넷의 발달로 다양한 매체가 인터넷에 연결된 매체를 통해 소비되면서 이전과는 다른 양상을 보이고 있다. 기억해야 할 것은 각 매체별 조사체계의 엄밀성과 상세함은 매체별 광고시장 크기에 의해 좌우되는 경향이 높다는 점이다. 다시 말해, 광고시장이 큰 매체일수록 상세하고 엄밀한 자료를 요구한다는 점이다. 여기서는 각 매체별 측정방법을 살펴보고, 이를 바탕으로 최근 변화한 조사방법을 취합하여 다루고자 한다.

1) 라디오 청취율 조사

수용자의 규모를 보다 명확하고 엄밀하게 측정하고자 한 노력은 방송 영역에서 두드러졌다. 왜냐하면 판매된 부수를 확인할 수 있는 신문이나 잡지, 관객 수를 쉽게 파악할 수 있는 영화와 달리 라디오나 방송은 수용자를 명확히 파악할 수 없었던 데다, 주로 광고에 의존하는 매체였기 때문이다(Napoli, 2013, p. 82). 따라서 초창기 라디오 조사는 상업광고 모델을 수립하기 위해 다양한 노력이 진행되었으며, 이러한 노력들은 이후 TV 시청률 조사에도 상당한 영향을 미쳤다. 실제로 미국의 시장조사회사인 닐슨컴퍼니의 설립자 아서 코넬 닐슨(A. C. Nielsen)은 라디오 청취율을 기계식으로 조사할 수 있는 오디미터(audimeter)를 개발하였으며, 현재는 라디오 청취율 조사회사인 아비트론(Abitron)을 인수하여 휴대용 피플미터기(Portable People Meter: PPM)를 이용하여 라디오 청취율을 조사하고 있다. 따라서 미국의 라디오 청

최초의 라디오 청취율 조사기기 '오디미터'　　　　휴대용 피플미터(PPM)

[그림 8-3] 미국의 라디오 청취율 조사기기

출처: Webster et al. (2014), p. 72.

취율 조사는 TV 시청률 조사만큼 자세하고, 다양한 자료가 산출된다.

　반면, 우리나라의 경우 라디오가 광고매체로서의 가치가 확립된 것이 오래되지 않았고, 광고시장 역시 다른 매체들에 비해 그다지 크지 않기 때문에 미국과 같이 기계식으로 조사하지 않고 1년 6회 설문조사를 통해 조사된다는 점이다. 우리나라의 라디오 청취율은 한국리서치가 MRS(Metro Radio Study)라는 이름으로 조사를 진행하며, 수도권을 중심으로 만 13~69세의 라디오 청취자 2,000명에게 구조화된 설문지를 활용하여 청취한 채널 및 프로그램을 조사한다. 조사 결과를 바탕으로 수도권의 라디오 비청취자 프로파일을 합산하여 청취율과 청취점유율을 산정하여 제공하고 있다. 하지만 설문조사 방식으로 조사된 자료를 바탕으로 정확한 청취율을 조사하는 것은 사실상 어렵기 때문에 정확한 자료로 보기 어렵다. 따라서 조사 결과에서 사용하는 주요 지표는 (응답)점유청취율을 활용한다(한국리서치, 2018, p. 8).

2) TV 시청률 조사

라디오 방송이 광고를 주요 재원으로 삼은 첫 매체였다면 TV는 광고를 본격적으로 재원으로 삼아 운용되었다(Napoli, 2013). 그에 따라 TV 이용행태를 보다 체계적이고 정확하게 조사하기 위해 다양한 방법이 도입되었다. 초기에는 자기기입식 설문조사(self-response survey) 방식을 활용하여 시청자가 시청한 프로그램을 기입하도록 하거나, 프로그램이 방송되는 동안 각 가구에 전화를 걸어 시청하는 프로그램을 조사하였으나 한계가 있었다.

이러한 설문조사 방식의 한계를 극복하기 위해 도입된 것이 시청일기(viewing diary) 방법이다(이혜미, 2014, p. 51). 시청일기는 매시간을 15분으로 구분하여 주로 시청한 채널과 프로그램을 기입하고, 해당 프로그램을 시청한 가구구성원을 표시하도록 하고 있다. 이러한 시청일기 방식은 2016년까지 미국의 상당수의 지역에서 TV 시청률을 조사하는 방식으로 활용되었지만 현재는 셋톱박스(Set Top Box: STB)에 기록된 리턴패스 데이터(return path data)를 이용하여 가구 시청률을 산정하고 있

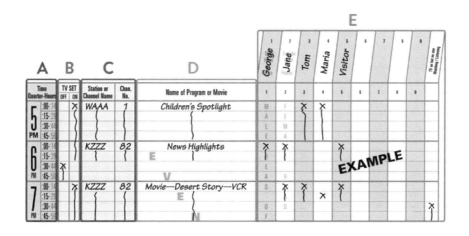

[그림 8-4] 시청일기식 조사방법

출처: Nielsen Company.

다. 시청일기식 조사에서 주로 사용되는 지표는 15분 단위 시청률인 AQH(Average Quater Hour)이다(Webster et al., 2014, p. 121).

일기식 조사의 발전에도 불구하고 시청일기를 활용한 조사방식은 매시간 기록하지 않을 경우 패널의 기억이나 습관에 의존할 가능성이 높아 특정 채널의 시청률이 거의 변화가 없는 형태를 보이는 문제가 발생했다(Webster et al., 2014). 이러한 문제점을 해결하기 위해 개발된 기계식 조사장치가 바로 **피플미터**(people meter)이다. 피플미터기는 TV가 켜지고 꺼지는 것을 감지하여 작동하며, 시청하는 패널은 사전에 패널과 합의하여 설정한 패널 번호를 입력하여 가구 및 개인의 시청행태를 파악한다.

전국 시·군·구 90% 이상의 지역에 패널 가구를 구축하고, 패널의 시청기록을 입수하여, 시청한 채널을 감지하는 방법은 먼저 가구의 피플미터기에서 입수한 오디오 정보를 시청한 시간을 기준으로 각 채널의 오디오 정보를 취합한 레퍼런스 정보와 비교하여, 동일시간대 가장 유사한 채널을 시청한 것으로 인식한다. 이 과정에서 시청기록은 시·분·초를 모두 기록한다. 이후 TV 시청률의 기본 단위인 AMR(Average Minute Rating)을 산정하기 위해 해당 1분에서 가장 많이 시청한 채널(30초 이상 시청)로 설정하는 것을 원칙으로 한다.

[그림 8-5] 닐슨컴퍼니코리아의 피플미터기

출처: Webster et al. (2014), p. 70.

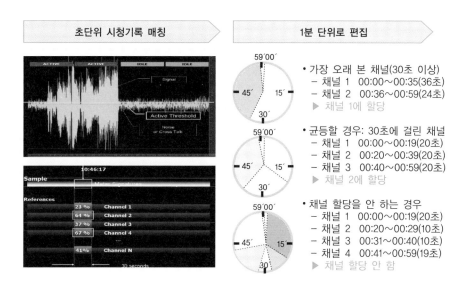

[그림 8-6] 시청 채널 감지 및 시청기록 편집

출처: 황성연(2019), p. 12.

피플미터기를 통해 매칭된 채널 시청정보를 기반으로 프로그램의 방송시간으로 시청기록을 한정하여 평균값을 산정하는 것이 프로그램 시청률이며, 여기에 광고방송시간을 기준으로 채널 시청률을 한정하면, 광고시청률이 산정된다. 따라서 프로그램 시청률은 프로그램이 방송되는 동안의 평균 시청자가 모집단에서 차지하는 비율을 말한다. 한편, 광고의 경우 1분 단위를 기준으로 시청률이 산정되기 때문에 동일한 1분에 방송된 광고는 모두 동일한 값을 가진다.

1분 단위로 산정되는 TV 시청률은 다양한 지표로 산출된다. 먼저 전체 가구(개인)에서 해당 채널이 차지하는 비율을 의미하는 시청률은 모집단을 기준으로 특정 채널을 시청한 가구(개인)의 수가 차지하는 비율을 의미한다. 반면, 점유율은 TV를 시청하는 가구(개인) 중 특정 채널의 시청자가 차지하는 비율을 의미한다. 따라서 시청률의 총합은 100%가 되지 않으며 가구 시청률은 총 가구 시청률(House Using Television: HUT), 개인 시청률은 총 개인 시청률(Personal Using Television: PUT)이

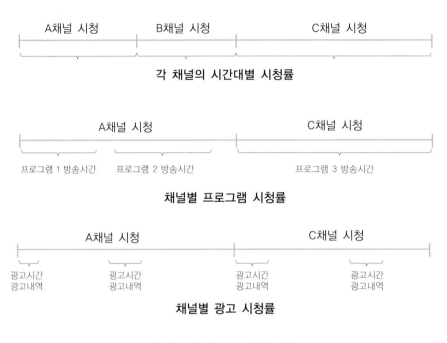

[그림 8-7] 종류별 시청률 산출

출처: 황성연(2019), p. 17.

된다. 반면 점유율은 해당 시간대에 시청하는 가구(개인)를 분모로 하기 때문에 점유율의 합은 100%[1]가 된다.

시청률과 점유율 이외에 앞서 살펴본 노출도와 동일한 개념인 도달률(reach)은 산정기준이 1분이 아니라 특정한 시간 동안 해당 프로그램을 1분 이상 시청한 가구(개인)가 전체에서 차지하는 비율을 말한다. 예를 들어, 90분 방송된 프로그램은 60분 프로그램보다 도달률이 높은 편이다. 프로그램의 길이가 늘어나면, 도달률은 확률적으로 증가할 가능성이 높기 때문이다. 하지만 길이가 1분이 넘지 않는 광고의 경우 특정 시점의 광고는 시청률과 도달률이 동일하다. 왜냐하면 시청률은 1분 단위로 산정하는 값이고, 도달률은 1분 이상에서 중복을 제외하고 시청 여부만을 산정하는 값이기 때문에 시간이 1분으로 같다면, 시청률과 도달률은 동일한 값이 된다.

---

1 가구의 경우 TV를 2대 보유한 가구의 시청으로 인해 100%를 넘는 경우도 있다.

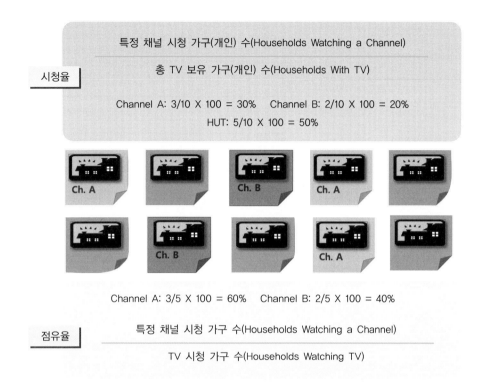

특정 채널 시청 가구 수(Households Watching a Channel)

TV 시청 가구 수(Households Watching TV)

[그림 8-8] 주요 지표 산출방법(시청률/점유율)

출처: 황성연(2019), p. 20.

일정한 기간 동안 개별 광고를 통해 획득한 시청률을 모두 합산하면 GRP(Gross Rating Points: GRPs)가 되며, 특정 기간 동안 광고에 1분 이상 노출된 도달률 누적한 누적 도달률은 GRP보다 낮은 값이 된다. 왜냐하면 GRP는 동일한 광고에 중복하여 노출된 수가 반영되지만, 누적 도달률에서는 중복을 제외하고 도달률을 계산하기 때문이다. 이렇게 산출된 노출값을 통해 비용효율성을 산정하는 지표가 GRP를 광고비로 나눈 시청률 1%당 비용인 CPRP(Cost Per Rating Point)이고, 누적 도달자를 비용으로 나눈 값이 1,000명당 도달비용인 CPM이다.

최근 TV 시청 환경이 변화하면서 TV 시청률 조사는 상당한 변화에 직면하고 있다. 방송 프로그램은 더 이상 TV만을 통해 소비되지 않으며, PC나 스마트폰을 통해

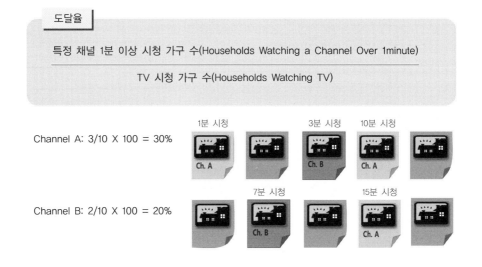

[그림 8-9] 도달률 산출방법

출처: 황성연(2019), p. 21.

방송 프로그램을 시청한다. 또한 방송 프로그램을 소비하는 양식도 실시간만을 소비하는 것이 아니라 비실시간 서비스인 VOD를 이용하기도 한다. 다양해진 시청경로를 모두 조사해야 방송 또는 광고 시청을 명확하게 조사할 수 있다는 주장이 제기되기도 한다. 하지만 TV 시청률은 우리나라에서 유일하게 공인되고, 통용되는 노출자료로 이해당사자의 논의와 합의 없이 이를 변경할 수는 없는 상황이다. 그럼에도 변화한 환경에 맞도록 조사를 변화·발전시켜야 하는 것은 주지의 사실이다. 이에 대한 자세한 설명은 이후에 제시하고자 한다.

3) 인쇄매체 광고 노출 측정

인쇄매체의 광고 노출을 측정하는 것은 쉽지 않다. 시간을 중심으로 방송 내역을 수집하고, 시청 기록을 통해 광고 노출을 측정하는 전파매체와 달리 인쇄된 지면에 게재된 광고에 노출된 수용자를 수시로 조사하는 것이 현실적으로 불가능하다. 따라서 인쇄매체의 광고 노출은 인쇄매체를 구독하는 부수를 조사하고, 별도 조사를 통해 광고 노출을 추정하는 방법(김지호, 부수현, 이우철, 김재휘, 2007; 김효규, 2012; 박현수, 이인성, 김지은, 2013; 박현수, 정만수, 강미선, 2003)이 사용된다.

우리나라에서 인쇄매체의 구독부수를 조사하는 기관은 **한국ABC협회**(Korea Audit Bureau of Circulations)이다. 한국ABC협회는 인쇄매체인 신문과 잡지의 구독부수 및 웹사이트를 조사하여 발표한다. 구독부수 조사는 매체에서 총 발행부수와 유가부수 집계 자료를 한국ABC협회에 제출하면, 협회에서 이를 검증하는 방식으로 진행된다. 부수조사는 본사 및 판매점(지국, 가판, 기타)을 대상으로 본사와 판매점을 방문하여 증빙자료를 확인하는 형태로 진행된다. 부수조사의 내용은 본사를 대상으로 발행부수를 판매점(지국, 가판, 기타)을 대상으로 발송부수 및 유료부수를 매년 조사하여 발표한다(이상훈, 황성연, 엄호동, 2017, p. 24).

이러한 신문부수 조사방식은 전반적인 구독 상황을 파악하는 것이지, 신문지면에 실린 광고 노출을 조사하다고 보기 어렵다. 다시 말해, 신문의 구독부수가 신문에 게재된 광고 노출을 의미한다고 보기 어렵다. 더욱이 디지털 매체의 급격한 보급에 따른 인터넷 신문의 등장 그리고 포털 중심의 뉴스 소비는 광고매체로서 인쇄매체의 입지를 더욱 좁게 만들었으며, 이러한 인쇄매체의 광고시장 축소는 전 세계적인 현상이 되었다(박현수, 이인성, 김지은, 2013, p. 84).

이러한 인쇄매체의 디지털화에 대응하기 위해 미국, 프랑스, 캐나다 등에서는 종이인쇄물과 온라인 구독을 통합하는 통합 독자조사를 실시하고, 조사 결과를 광고주에게 제공하고 있다(이상훈, 황성연, 엄호동, 2017, pp. 27-58). 우리나라는 이미 2012년 디지털 ABC 조사계획을 발표하여 매체사의 뉴스 서버에 스크립트를 설치하고 이를 통해 자료를 수집하여 분석하는 조사방식으로 조사하고 있지만 참여하는 매체가 많지 않다(이상훈, 황성연, 엄호동, 2017, p. 25).

그 이유는 매체사 홈페이지에 게재된 광고를 광고주와 직접 계약을 체결하고 광고를 전달하고 자신의 홈페이지에 광고가 노출될 수 있도록 수정작업을 거치던 형태에서 다수의 인터넷신문의 광고 공간을 확보하고, 이를 광고주에 일괄 판매하는 애드

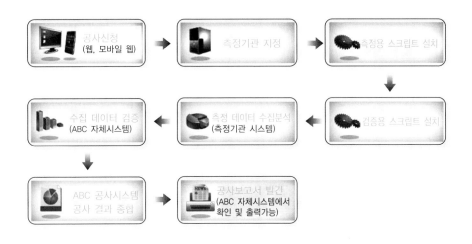

[그림 8-10] 구독부수의 온라인 조사 개요도

출처: 한국ABC협회.

네트워크(Ad-Network)로 광고 집행체계가 변화되었기 때문이다. 따라서 인터넷 매체사는 자신의 홈페이지에 게재되는 광고의 내용을 관리할 수 없고, 애드네트워크를 통해 판매된 광고를 접속 트래픽 기준으로 광고비를 정산받는 구조이다(김상호, 김병선, 2013).

결론적으로 인쇄매체는 광고 노출량을 정확히 측정하여 자료로 제공되는 것이 거의 없는 상황이며, ABC협회를 통해 조사된 부수 공사의 결과를 바탕으로 구독부수를 산정하거나 앞서 살펴본 라디오 청취율 조사와 같이 한국리서치가 1년 3회 설문조사 방식으로 조사하는 미디어 인덱스 조사 중 인쇄매체 이용행태 결과를 광고효과 예측 및 집행에 활용하고 있다.

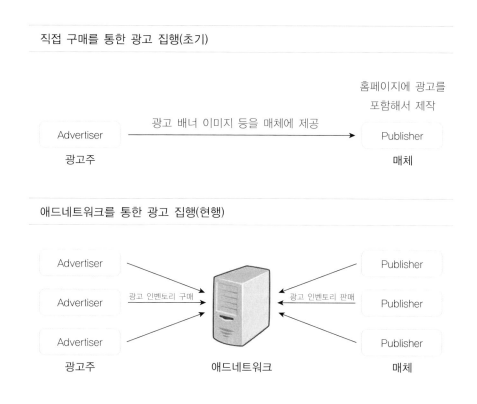

직접 구매를 통한 광고 집행(초기)

홈페이지에 광고를
포함해서 제작

Advertiser　　광고 배너 이미지 등을 매체에 제공　　Publisher

광고주　　　　　　　　　　　　　　　　　　　매체

애드네트워크를 통한 광고 집행(현행)

Advertiser　　　　　　　　　　　　　　　　　Publisher

Advertiser　　광고 인벤토리 구매　　광고 인벤토리 판매　　Publisher

Advertiser　　　　　　　　　　　　　　　　　Publisher

광고주　　　　　　애드네트워크　　　　　　　매체

[그림 8-11] 인터넷매체의 광고 집행방식 변화

출처: 한상필(2017).

4) 디지털 매체 효과 조사

컴퓨터 네트워크를 통해 다양한 서비스가 이루어지고 있는 인터넷이 보급되면서 미디어 환경에는 큰 변화가 있었다. 초창기 종이신문이 인터넷 서비스를 시작하고, 이후 포털서비스로 소비 영역이 이동하면서 종이신문의 변화가 있었다. 이후 전화통화를 목적으로 하던 핸드폰에 컴퓨터의 기능이 추가된 스마트폰이 등장하면서 매체소비행태가 변화하였다. 특히 기존 컴퓨터 기반의 인터넷이 대부분 고정형이었던 반면, 스마트폰은 무선 통신망을 기반으로 다양한 서비스가 가능해진 데다, 특정한 목적을 위해 설계된 애플리케이션이 등장하면서 기존 보다 쉽고 편리한 이용이 가능해졌다.

따라서 인터넷을 컴퓨터를 통해 이용하던 시기에는 대부분의 서비스가 웹페이지를 중심으로 이루어졌으며, 인터넷 광고도 홈페이지에 게시된 배너(banner) 광고를 중심으로 다양한 형태로 발전하였고, 이후 포털 중심의 이용행태를 반영한 검색광고 등으로 분화하여 발전하였다. 이후에는 이동성 및 휴대성이 보장된 스마트폰을 중심으로 한 인터넷은 기존 웹서비스와 더불어 다양한 목적으로 개발된 애플리케이션이 제공되면서 광고매체로서의 중요성이 부각되어 주요한 광고매체로 각광받고 있다. 인터넷에 기반을 둔 매체들은 대부분 컴퓨터 간의 통신에 의해 서비스가 이루어지기 때문에 컴퓨터 간 송신기록인 로그(log) 기록을 수집하고 이를 분석하는 것으로 노출효과를 조사할 수 있다. 이때 주로 사용되는 지표로는 Hits, Views, Click 등이 사용되었다(박원기, 오완근, 이승연, 2005, pp. 60-62).

먼저 Hits는 웹서비스를 중심으로 정립된 개념인데, 특정 사이트에 접속하게 될 때 접속자에게 제공되는 파일의 수를 의미한다. 그런데 웹페이지는 여러 가지 파일로 구성되어 있어 1명의 접속자가 상당히 많은 파일을 Hits해야 되기 때문에 특정 페이지를 구성하는 파일이 많을수록 Hits도 증가하는 문제가 있다. 이를 보완하기 위해 서비스된 전체 페이지 또는 광고를 구성하는 파일이 모든 제공된 상태를 측정하는 개념으로 등장한 것이 노출(Views)이다. 따라서 노출은 제공하려는 내용이 제공된 상태를 측정하는 것이다. 웹사이트 광고에서는 노출이 임프레션(impression)에 해당한다. 다시 말해 특정 페이지나 광고가 온전한 형태로 접속자에게 노출된 상태를 말하는 것이다.

노출된 광고에 대해 얼마나 많은 클릭(추가 내용으로 연결)을 했는지 측정하는 지표인 클릭(Click through)이다. 이를 노출로 나누면 노출된 사람 중 클릭한 비율인 CTR(Click Through Rate)가 산정된다. 대부분의 인터넷 광고는 클릭을 통해 상품 구매 또는 가입 등의 추가적인 행동을 요구한다. 이때 추가적인 행동 로그를 수집하여 CTR과 비교하면, 구매율, 가입률 등의 다양한 지표를 만들 수 있다. 인터넷의 다양한 페이지와 서비스에 접속한 사람을 접속자(visitors)라고 하는데, 접속자는 접속한 기기별로 부여된다. 따라서 1명의 접속자가 다양한 기기를 통해 서비스를 이용하면 중복하여 산정된다. 따라서 이러한 문제를 해결하기 위해 제시된 개념이 순이용자(unique user)이다. 순이용자는 접속자를 구분하기 위해 로그인 또는 쿠키(Cookies)를 활용하여 중복을 제거한다. 하지만 최근에는 개인정보보호 정책으로 쿠키 사용이 제한되었다.[2]

최근에는 인터넷의 전송 속도가 비약적으로 발전하면서 기존이 문자나 그림 이외에 동영상 시청을 시청하기에 충분한 환경이 조성되면서 다양한 영상서비스가 확대되고 있다. 특히 스마트폰을 통한 동영상 시청은 매년 급격히 증가하고 있으며 동영상 서비스를 준비하는 동안 노출되는 동영상 광고도 증가하고 있다. 대부분의 인터넷 동영상 광고는 건너 뛸(skip) 수 있는 시점을 제시하고 광고를 노출하게 되는데, 광고를 건너 뛸 수 있음에도 끝까지 광고를 시청한 비율인 VTR(View Through Rate)도 노출효과를 측정하는 지표로 사용된다.

인터넷 이용(특히 스마트폰)의 확장과 더불어 광고의 구매, 집행, 성과를 한 번에 처리하는 방식이 시험되고 있는데, 이를 **프로그래매틱 광고**(programatic advertising)이라고 부른다. 프로그래매틱 광고는 인터넷을 통해 광고를 하려는 구매자를 위한 플랫폼(Demand Side Platform: DSP)과 광고를 판매하는 미디어를 위한 플랫폼(Supply Side Platform: SSP)을 연결하는 광고 거래소를 구축하여 자동화된 방식의 프로그램으로 디지털 광고를 거래하는 것을 말한다. 이를 위해서는 거래의 성과를 제시할 수 있는 데이터 처리 플랫폼(Data Management Platform: DMP)을 통해 광고 노출 등의 효과를 측정할 수 있도록 한다.

---

2 자세한 것은 EU(2019). Cookies, the GDPR, and the ePrivacy Directive(online available; https://gdpr.eu/cookies/)를 참조하길 바란다.

[그림 8-12] 프로그래매틱 광고시스템의 구성
출처: 제일기획 블로그 일부 수정.

디지털 매체의 조사는 컴퓨터 시스템에 의해 다양한 활동기록을 수집할 수 있다는 장점이 있지만, 대부분 수집된 기록을 체계적이고 타당하게 처리하기 위해서는 아직까지 상당한 노력이 필요하다. 최근에는 인터넷 광고효과를 보다 객관적이고 명확하게 분석하기 위한 다양한 기술이 개발되고 있으며, 이를 위한 기술을 애드테크(Ad-Tech)로 구분할 만큼 각광받고 있다.

4. 통합 노출효과의 측정과 과제

1) 통합광고효과의 등장배경

최근 대두되고 있는 이른바 '통합시청률' 또는 통합매체 이용행태조사가 각광을 받고 있는 것은 수용자의 매체 이용행태가 변화하였기 때문이다. 특히 스마트폰의 등장으로 시청자들이 가장 많이 사용하던 TV의 이용시간이 감소하였고 스마트폰이 가장 많이 사용하는 매체로 부상하고 있다. TV-PC-모바일 이용시간을 측정한 닐슨컴퍼니코리아의 3스크린 보고서에 따르면, 2014년 스마트폰의 이용시간이 TV를 추월하였고, 이용시간 점유율이 지속적으로 증가하고 있다.

이러한 매체 이용행태의 변화와 더불어 영상 및 방송 프로그램을 PC와 모바일을 통해 시청할 수 있는 동영상 서비스가 점차 일반화되고 있는 상황이다. 매체 이용행태의 변화는 매체를 이용하여 광고 메시지를 전달하는 광고산업에 영향을 미쳤으며, 광고주는 TV를 중심으로 하는 매체 집행의 관행에서 점차 TV 이외의 매체, 특히 스마트폰을 통해 광고 메시지를 소비자에게 전달하는 방안을 고려하기 시작하였다(김효규, 김기주, 2017). 실제 매체별 광고비에서도 디지털광고의 매출이 방송광고의 매출보다 많아졌다.

이는 디지털 매체의 광고가 배너 광고나 검색광고 중심이었을 때는 TV 광고와 다른 방식으로 집행되었다. 하지만 디지털 매체에서 영상광고가 가능해지면서 기존 TV 광고가 디지털에서 집행되기 시작하였다. 다시 말해, 서로 달랐던 TV와 디지털 매체는 모두 영상광고 집행이 가능한 매체가 되었고, 그에 따라 매체별로 산정되던 노출효과를 통합하여 분석하고자 하는 욕구가 증가한 것이다.

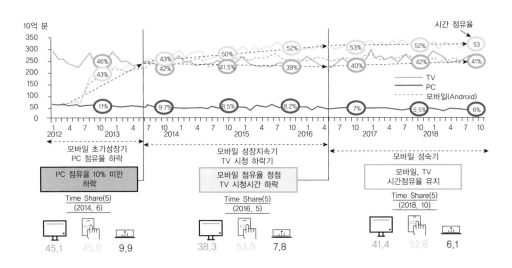

[그림 8-13] 매체 이용시간 점유율의 변화

출처: 닐슨컴퍼니코리아(2019).

이러한 경향은 미국에서도 유사하게 나타났으며, TV와 디지털 매체의 광고효과를 통합하려는 여러 가지 시도가 있었다. 스포츠 전문채널인 ESPN이 컴스코어(Comscore)과 아비트론(Arbitron)[3]과 진행한 프로젝트 블루프린트(Project Blueprint), 닐슨컴퍼니(Nielsen Company)의 XCR(Cross Platform Campaign Ratings)이 있다. 우리나라에서도 2013년 CJ E&M의 CIM(Crossmedia campaign's Integrated Measurement)과 2014년 HS애드의 MPM(Multi-Platform Measurement)를 시작으로 제일기획, 농심기획, SM C&C, 이노션 등이 매체별 광고 노출을 통합하여 분석하고, 이를 매체 기획에 활용하고 있다(송희성, 황성연, 2016, pp. 45-76).

2) 통합 노출효과 산정방법

통합 노출효과를 측정하기 위해 자료를 수집하는 방법에는 크게 두 가지 방식이 있다. 하나는 동일 패널에게 측정 미터를 설치하여 모든 미디어 기록을 수집하여 분석하는 **싱글 소스 패널 자료**(single source panel data)를 활용하는 방법이다. 다른 방법으로는 서로 다른 패널을 통해 측정된 자료를 일정한 방식에 의해 서로 연결하여 사용하는 **퓨전 자료**(fusion data)를 활용하는 방법이다. 싱글 소스 패널은 측정매체 간의 중복률(duplication rate)을 비교적 손쉽게 산정할 수 있기 때문에 통합효과 산정이 용이하지만, 측정하는 모든 매체의 이용행태를 수집하는 패널을 구축하는 데 상당한 시간과 비용이 필요하기 때문에 패널의 수가 적다는 단점이 있다.

반면, 퓨전 자료는 별도로 측정된 서로 다른 자료를 일정한 기준을 통해 인공적으로 연결하여 사용하기 때문에 비교적 큰 자료를 취합할 수 있는 장점이 있지만, 직접 측정하지 않고 인위적으로 연결한 자료이기 때문에 신뢰도와 타당도가 다소 부족한 단점이 있다. 통합 노출효과 산정 초기에는 기존에 조사하던 자료를 연결하기 위해 퓨전 패널 자료가 주로 사용되었고, 다양한 연구가 진척된 이후에는 싱글 소스

---

3 이후 닐슨컴퍼니에 인수되어 닐슨오디오(Nielsen Audio)로 사명이 변경되었다.

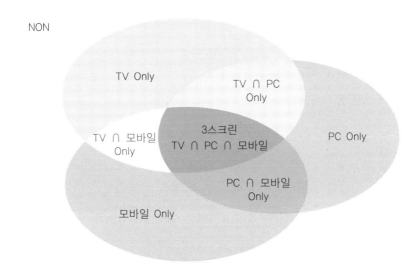

[그림 8-14] 통합이용행태 조사를 위한 모집단 설정

출처: 닐슨컴퍼니코리아(2017).

패널이 구축되면서 활용되었다. 최근에는 서로 다른 자료를 연결하는 기준으로 싱글
소스 패널 자료를 활용하는 하이브리드 방식도 활용되고 있다.

3) 통합 노출효과 조사의 과제

현재 우리나라에서 시행되고 있는 통합 노출효과 조사는 매체별로 동일하게 노출
된 동영상광고를 대상으로 한다. 따라서 동일한 광고물을 TV-PC-모바일 매체에
어떻게 배분하여 집행 것인지를 예측하고 분석하는 데 주로 사용한다. 이러한 목적
을 보다 명확히 달성하기 위해서는 다음의 몇 가지 생각해 볼 문제가 있다.

먼저, 노출의 종류에 대한 평가를 어떻게 할 것이가에 대한 문제이다. 예를 들어,
TV, PC, 모바일에 집행한 광고에 세 번 노출된 시청자가 있다고 가정해 보자. 이 시
청자는 세 번 모두 단일 매체의 광고에 노출된 경우, 두 개의 매체에서 두 번 그리

고 다른 매체에서 한 번 노출된 경우, 마지막으로 각 매체에서 한 번씩 광고에 노출된 경우를 포함해 여섯 가지가 있다. 광고에 노출된 횟수는 모두 3회로 같지만, 서로 다른 특성을 지닌 매체에게 어떤 가중치를 줄 것인지에 대하 추가적인 연구가 필요하다.

그리고 서로 다른 산정 방식과 지표를 비교 가능하게 만들어야 한다. 앞서 설명한 것처럼 TV는 1분 단위 평균 시청률을 기본 조사단위로 삼지만, PC와 모바일에서는 특정기간 동안 노출된 수치를 누적한 임프레션을 사용한다. 서로 다른 기준으로 산정된 지표를 어떻게 치환할 것인지에 대한 연구가 필요하다. 간단히 말해 1,000만 임프레션은 도달률(reach)이나 누적광고시청률(GRP)의 기준으로는 얼마나 되는지 살펴볼 필요가 있다. ▪

제9장

광고효과에 대한 새로운 시각

정세훈(고려대학교 미디어학부 교수)

1. 매체 환경과 매체 이용의 변화

2. 멀티태스킹과 광고효과

3. 변화하는 매체 환경에서 효과적인 광고전략

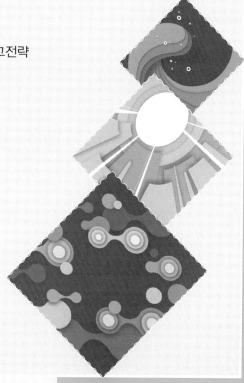

◈◇◈

　광고매체로서 모바일을 포함한 온라인 매체의 중요성이 급증하는 등 매체 환경이 변화하고 있다. 이뿐만 아니라, 최근 매체 이용자들은 한 가지 매체에만 집중하기보다 여러 매체(예: TV–스마트폰)를 동시에 이용하거나 한 매체 내에서 여러 콘텐츠를 빈번하게 전환하는 멀티태스킹 행위를 자주 하는 것으로 조사되고 있다. 이러한 매체 이용행태의 변화는 광고에 대한 노출 및 그 효과에 대한 측정을 어렵게 만들고 있다. 구체적으로, 'TV에만 집중하는 시청자(단일 매체 이용자)에 비해 단순히 TV를 켜 놓은 상태에서 스마트폰에 집중하는 시청자(동시 매체 이용자)에게 동일한 수준의 광고 노출의 질과 효과가 나타날 것인가?'라는 질문에 대해 대부분 '아니다'라고 대답할 것이다. 하지만 구체적으로 그 효과가 얼마나 어떻게 다른지에 대해 답하는 것은 생각만큼 쉽지 않다. 따라서 이번 장에서는 최근 매체 환경의 변화에 따라 매체 이용 방식이 어떻게 변화했고, 특히 멀티태스킹 행위가 광고효과에 어떠한 부정적 또는 긍정적인 영향을 미칠 수 있는가를 살펴보고자 한다. 이를 바탕으로, 매체 환경의 변화에 대응하여 광고업계에서 고려할 수 있는 전략을 제안해 보고자 한다.

1. 매체 환경과 매체 이용의 변화

1) 매체 환경의 변화

광고를 전달할 수 있는 매체는 그 종류가 매우 다양하다. 과거에는 신문, 지상파

TV, 라디오, 잡지 등 **4대 매체**의 광고비 비중이 거의 대부분을 차지하였다. 하지만 모바일을 포함한 인터넷 매체의 등장은 매체별 광고비 비중을 급격히 변화시켰다. 가장 두드러진 특징은 전통적 4대 매체의 광고비 비중은 정체 또는 감소되는 반면, 온라인 매체의 광고비 비중이 늘어나고 있다는 점이다. 과학기술정보통신부와 한국 방송광고진흥공사의 『2018 방송통신광고비 조사 보고서』에 따르면 2018년 집행된 총 광고비는 약 13조 원 수준이다. 이 중 모바일 광고비는 약 3조 5,000억 원 수준이고, 인터넷 광고(PC 기반)는 약 1조 9,000억 원 수준이다. 모바일과 인터넷(PC 기반)을 합친 **온라인 광고**는 거의 6조 원에 육박하며 전체 광고비의 40%를 차지한다([그림 9-1] 참조).

　이처럼 모바일을 포함한 온라인 광고비 지출이 급성장한 이유 중의 하나는 **맞춤형 광고**가 가능한 매체이기 때문이다. 매체의 다변화로 인해 광고주의 입장에서도 광고 매체의 선택 범위가 증가하였지만, 소비자 역시 매체 선택의 폭이 늘어났다. 즉, 소비자의 능동성이 확대된 만큼 소비자의 선택을 받기 위한 광고전략이 그 어느 때보다 중요해졌다. 전통적 광고매체가 불특정 다수의 잠재 소비자를 대상으로 했다면, 모바일을 비롯한 온라인 매체는 이용자의 매체 이용 패턴을 분석하여 특정 광고에

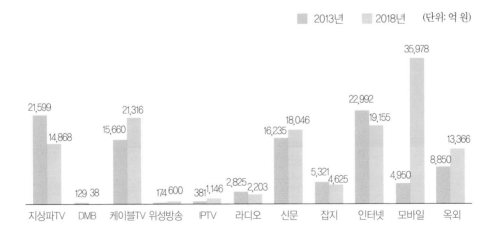

[그림 9-1] 매체별 국내 광고비

출처: 과학기술정보통신부, 한국방송광고진흥공사(2018).

관심을 가질 만한 대상을 선별하여 광고가 가능하다. 예를 들어, 소비자의 인구통계학적 특성, 심리적 특성 그리고 검색기록과 같은 행동적 특성에 대한 분석을 통해 소비자별로 차별화된 광고를 제공할 수 있다.

2) 매체 이용의 변화

앞서 언급한 광고비 지출의 변화를 포함한 매체 환경의 변화는 이용자들의 매체 이용 방식의 변화와 밀접한 관련이 있다. 방송통신위원회의 『2018년 방송매체 이용행태 조사』에 따르면, TV와 라디오 그리고 신문 이용은 정체 또는 감소 추세인 반면, 스마트폰 이용은 꾸준히 증가하는 추세임을 알 수 있다. 특히 해당 매체를 주 5일 이상 꾸준히 이용하는 매체 이용 빈도의 경우, 스마트폰이 84.6%로서 TV를 제치고 가장 높게 나타난 반면, 신문을 주 5일 이상 이용하는 매체 이용 빈도는 4.2%로서 매년 꾸준히 감소하는 추세이다(그림 9-2] 참조).

이처럼 최근 매체 이용의 변화는 전통적 매체 이용의 정체 및 감소 그리고 인터넷 및 모바일과 같은 새로운 매체 이용의 증가로 요약될 수 있다. 이 외에도 최근 매

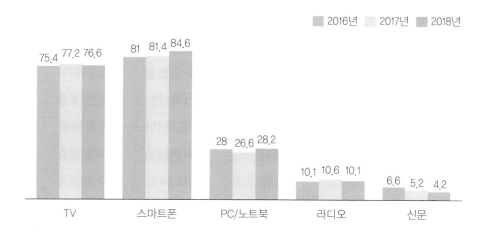

[그림 9-2] 주요 매체 이용 빈도

출처: 방송통신위원회(2018).

체 이용자들에게 발견할 수 있는 또 다른 중요한 특징은 한 가지 매체에 집중하기보다 여러 가지 매체를 동시에 이용하는 경향이다. 이를 일컬어 동시적 매체 이용(simultaneous media use) 또는 멀티태스킹(multitasking)이라고 하는데, 본문에서는 편의상 멀티태스킹으로 지칭하고자 한다.

(1) 멀티태스킹: 개념과 현황

멀티태스킹이란 "두 가지 이상의 업무를 수행하는데, 그중 하나가 미디어인 경우(Lang & Chrzan, 2015)"로 정의될 수 있으며 여기에는 ① 미디어를 이용하면서 다른 일을 하는 행위(예: TV를 보면서 식사나 공부), ② 두 개 이상의 매체를 동시에 이용하는 행위(예: TV를 보면서 스마트폰) 그리고 ③ 한 매체에서 동시에 두 가지 이상의 콘텐츠를 이용하는 행위(예: 스마트폰 내에서 온라인 메신저와 뉴스)를 모두 포함한다(Jeong & Hwang, 2016).

이러한 멀티태스킹 행위는 매체 이용자들의 보편적 이용 방식으로 자리 잡고 있으며, 전국 표본을 기반으로 한 다수의 조사에서 확인되고 있다(과학기술정보통신부, 한국방송광고진흥공사, 2018; 한국방송광고진흥공사, 2018).

매체 이용자들의 멀티태스킹 행위는 많은 학술적 관심을 받아 왔다. 국내의 멀티태스킹 조사를 종합 리뷰한 연구(정세훈, 염정윤, 최인호, 최수정, 정민혜, 2017a)에 따르면, 국내 매체 이용자의 멀티태스킹 행위는 TV와 스마트폰 중심으로 이루어지는 것으로 나타난다. 스마트폰이 보편화되기 전인 2010년대 중반까지는 가장 빈번하게 발견되는 멀티태스킹 조합은 TV-인터넷(PC)이었으나, 그 이후에는 TV-스마트폰이 가장 보편적인 멀티태스킹 매체 조합으로 나타나고 있다(염정윤, 최인호, 정세훈, 2019).

(2) 멀티태스킹: 이용과 충족적 접근

멀티태스킹이 매체 이용자들의 보편적 매체 이용 방식임은 분명하지만, 이용자별로 개인차도 존재한다. 따라서 누가, 어떤 이유로 멀티태스킹을 많이 하는가를 살펴보는 것은 효과적 매체 기획을 위해 필요하다고 할 수 있다. 멀티태스킹 행위는 미디어 이용 모형(Webster, Phalen, & Lichty, 2000)과 이용과 충족 이론(Katz, Blumler, & Gurevitch, 1974) 등과 같은 이론적 모형으로 설명 가능하다.

우선 웹스터 등의 미디어 이용 모형에서는 매체 이용 행위를 '**구조적 요인**'과 '**개인적 요인**'으로 나누어 살펴본다. 예를 들어, 매체 이용 행위는 새로운 서비스 개통(예: 5G 스마트폰)과 같은 구조적인 요인과 이용자들의 사회적 욕구나 동기와 같은 개인적 요인에 의해 영향을 받는다. 일단, '구조적 요인'으로서 가장 중요한 것은 새로운 서비스의 가용성인데 스마트폰이 보편화된 현재 멀티태스킹을 위한 구조적 요건은 충족되었다고 볼 수 있다. 멀티태스킹 행위에 영향을 미칠 수 있는 또 다른 구조적 요인에는 이용자의 가용성(audience availability)이 있다. 이용자 가용성은 특정한 시간대에 특정 매체를 이용할 수 있는 이용자의 수를 의미하는 것으로서, 이는 계절별, 요일별 그리고 시간대별로 특정한 패턴을 보인다. 이 중 가장 특징적인 변화를 보이는 것은 시간대별 패턴이다. 예를 들어, 웹스터 등(Webster et al., 2000)에 따르면 오전 출근 시간대에는 라디오 청취율이 증가하고, 저녁 시간대에는 집에서 TV 시청률이 증가한다는 것이다. 시간대별 매체 이용행태는 다양한 매체가 공존하고, 동시 이용되는 멀티태스킹 상황에서 더욱 주목해 볼 필요가 있다.

시간대별 멀티태스킹 이용을 분석한 정세훈, 염정윤, 최인호, 최수정과 정민혜(2017b)의 연구에서는 가장 빈번하게 사용되는 멀티태스킹 조합으로 ① TV-스마트폰, ② 컴퓨터-스마트폰, ③ 오디오-스마트폰 조합이 발견되었다. 그리고 이러한 조합의 출현 빈도는 시간대별로 차이가 있었는데, ① 아침 시간대에는 TV-스마트폰, 오디오-스마트폰, 컴퓨터-스마트폰 순으로, ② 낮 시간대에는 컴퓨터-스마트폰, TV-스마트폰, 오디오-스마트폰 순으로, ③ 밤 시간대에는 TV-스마트폰, 컴퓨터-스마트폰, 오디오-스마트폰 순으로 조합의 빈도가 나타났다.

한편, 멀티태스킹 행위에 중요한 영향을 미치는 것은 이용자의 '개인적 요인'이다. 많은 선행연구가 인구통계학적 요인에 초점을 맞추었는데 그중에서도 가장 많이 언급된 것은 연령이다(Brasel & Gips, 2011; Carrier, Cheever, Rosen, Benitez, &

Chang, 2009; Hwang, Kim, & Jeong, 2014; Voorveld & van der Goot, 2013). 연령이 증가할수록 멀티태스킹 경향이 감소하는데, 이는 다양한 새로운 기기에 대한 수용도 및 유연성이 감소하기 때문으로 설명되기도 한다(Brasel & Gips, 2011). 연령외에도 성별에 따른 차이도 발견된다(Bain & Rice, 2006; Schumacher & Morahan-Martin, 2001). 성별과 멀티태스킹 이용의 관계를 살펴 본 연구들에서는 여성이 남성에 비해 멀티태스킹을 많이 하는 것으로 나타났다(Cotten, Shank, & Anderson, 2014; Duff, Yoon, Wang, & Anghelcev, 2014; Foehr, 2006; Hwang et al., 2014; Jeong & Fishbein, 2007; Pilotta, Schultz, Drenik, & Rist, 2004). 이는 매체의 사회적 이용(예: 메시지 서비스, 이메일 등) 빈도가 높은 여성의 경우 활동에 지속적으로 주의 집중할 필요가 없기 때문에 비교적 원활히 멀티태스킹 활동을 수행할 수 있지만, 매체의 오락적 이용(예: 비디오 게임, 컴퓨터 게임 등) 빈도가 높은 남성은 상대적으로 더욱 주의 집중을 해야 하기 때문에 그만큼 멀티태스킹 빈도가 줄어들기 때문으로 추정된다. 예를 들어, 렌하트(Lenhart, 2007)의 연구에서는 여성이 남성보다 사회적 이용을 많이 하는 경향이 발견되었고, 코튼, 앤더슨과 투펙시(Cotten, Anderson, & Tufekci, 2009)의 연구에서는 남성이 여성에 비해 핸드폰을 오락적으로 이용하는 것으로 나타났다.

인구통계학적 요인뿐만 아니라 심리적 요인이나 문화적 요인도 멀티태스킹에 영향을 미칠 수 있다. 먼저 **심리적 요인** 중 불안과 초조함 그리고 감정기복이 심한 **신경증**(neuroticism)이 멀티태스킹을 증가시키는 것으로 나타난다(Wang & Tchernev, 2012). 또한 새로운 경험과 변화를 즐기는 **자극 추구성향**(sensation seeking)이 높을수록 멀티태스킹이 증가하는 것으로 나타난다(Duff et al., 2014; Jeong & Fishbein, 2007; Sanbonmatsu, Strayer, Medeiros-Ward, & Watson, 2013; Yang & Zhu, 2016). 또한 문화적 요인으로서 복합시간성(polychronicity)이 멀티태스킹에 영향을 미친다는 연구 결과가 존재한다. 복합시간성은 주어진 시간 내에 여러 가지 활동을 동시에 하는 것을 선호하는 정도(Bluedorn, 1998)를 의미하며, 복합시간성이 증가하면 멀티태스킹을 더 선호하는 경향이 나타났다(Circella, Mokhtarian, & Poff, 2012;

Goonetilleke & Luximon, 2010).

멀티태스킹과 같은 매체 이용 행위를 개인 심리적 요인으로 설명하는 이론 중에 대표적인 것은 이용과 충족이론이다. 이용과 충족이론은 "욕구와 동기에 대한 사회적 심리적 원인이 미디어 이용 행위를 유발하고, 이것은 충족으로 이어진다"고 설명한다(Katz et al., 1974, p. 20). 예를 들어, 신문이나 TV 등의 이용은 정보, 오락, 동반자, 탈출, 습관 동기에 의해 설명된다(Rubin, 1983). 이와 유사하게 멀티태스킹 역시 오락, 효율, 정보, 사회적 동기 등의 심리적 요인으로 설명 가능하다(Hwang et al., 2014; Zhang & Zhang, 2012). 예를 들어, 사람들이 멀티태스킹을 하는 이유는 제한된 시간을 효율적으로 사용하면서, 즐거움을 얻고 지루함을 회피하기 위함이라고 설명할 수 있다(Bardhi, Rohm, & Sultan, 2010). 이러한 효율성과 오락성 동기 외에도 스마트폰 등과 같은 온라인 매체를 기반으로 한 멀티태스킹의 주요 동기는 정보 탐색과 공유가 될 수 있다. 온라인 기반 멀티태스킹의 경우, TV를 보다가 궁금한 점이 생기거나 추가적인 정보를 탐색하기 위해 스마트폰으로 검색을 하는 형태의 멀티태스킹을 할 수 있다.

앞에서 살펴 본 바와 같이, 멀티태스킹은 여러 가지 개인의 인구통계학적 요인(성별 및 연령), 심리적 요인(신경증 및 자극 추구성향) 그리고 **문화적 요인**(복합시간성) 등에 의해 영향을 받는 것으로 알려져 있다. 이처럼 멀티태스킹의 개인차가 중요한 이유는 멀티태스킹을 어떤 이용자들이 많이 행하고 있으며, 그러한 이용자들은 어떤 방식으로 매체를 이용함으로써 광고효과가 어떻게 다르게 나타날 수 있는가를 이해하는 데 중요하기 때문이다.

광고산업의 관점에서 이러한 멀티태스킹이 중요한 이유는 광고효과와 직결되기 때문이다. 쉽게 말해, 매체 이용자가 '단일 매체'를 이용하는 상황에서 광고에 노출되었을 경우와 '다중 매체'를 이용하는 상황에서 광고에 노출되었을 경우 그 효과는 매우 다를 수 있다는 것이다. 따라서 다음으로 '단일 매체'를 이용하는 상황을 전제로 하는 전통적 광고효과에 대한 검토와 '동시적 매체'를 이용하는 상황을 고려한 광고효과에 대한 논의하고자 한다.

2. 멀티태스킹과 광고효과

1) 전통적 광고효과

광고효과는 광고의 목표를 얼마나 충족시켰는가 여부를 평가하는 것으로서 인지적(cognitive) 차원의 효과, 감정적/태도적(affective/attitudinal) 차원의 효과 그리고 행동적(behavioral) 차원의 효과 등으로 나누어 볼 수 있다.

첫째, **인지적 차원**의 효과는 얼마나 광고에 노출되었는가 그리고 광고를 통해 전달되는 제품이나 브랜드에 대한 정보를 얼마나 기억하고 지식을 얻었는가 등을 포함한다. 이러한 인지적 차원의 효과는 향후 감정적/태도적 효과 그리고 궁극적으로 행동적 효과로 이어질 수 있다. 둘째, **감정적/태도적 차원**의 효과는 광고를 통해 제품이나 브랜드에 대한 호감이나 선호도가 얼마나 긍정적으로 변화하였는가를 포함하며, 이러한 감정적/태도적 차원의 효과는 향후 행동을 유발하게 한다. 마지막으로, **행동적 차원**의 효과는 구매 등의 행동 변화를 의미하며, 앞서 언급한 인지적 및 감정적/태도적 차원의 효과에 영향을 받는다.

물론 광고효과가 항상 인지−감정/태도−행동과 같은 위계적 또는 계층적 효과(hierarchy of effects) 과정을 거치는 것은 아니다. 하지만 많은 경우 광고효과의 출발점은 광고에 대한 노출(exposure)임을 부정하기 어렵다. 다시 말해, 광고에 노출이 됨으로써 호의적인 감정과 태도가 형성되거나 구매 행동으로 이어지게 된다는 것이다.

따라서 광고효과를 이해하는 출발점으로서 광고 노출이 중요한 만큼 이에 대한 조사 역시 중요하다고 할 수 있는데, 지금까지 광고 노출에 대한 조사는 주로 노출의 '양적 측면'에 초점을 맞추어 온 반면, 노출의 '질적 측면'에 대한 고려는 상대적으로 적었다고 할 수 있다.

다시 말해, 기존에는 광고 노출을 측정하는 데 특정 매체를 얼마나 많은 시간 또는 자주 이용했는가와 같은 양적인 지표에만 관심을 가져 온 것이 사실이다. 하지만 TV에 노출되는 시간이 많다고 반드시 그 광고효과가 클 것이라고 단정하기 어렵다. 만약 TV를 켜 놓았지만 TV는 그냥 배경매체로 두고 그 대부분의 시간을 스마트폰에 집중하는 경우 TV에 대한 노출의 질은 낮을 수밖에 없으며, 그 광고효과 역시 작게 나타날 수 있다.

이처럼 일반적으로 생각하기에 '단일 매체'를 이용하는 상황에서 광고에 노출될 경우 광고 집중도가 높기 때문에 광고효과가 증가하는 반면, '다중 매체'를 이용하는 상황에서 광고에 노출 되었을 경우 광고 집중도가 낮기 때문에 광고효과가 감소할 것으로 예상하기 쉽다. 하지만 놀랍게도 '다중 매체'를 이용하는 상황에서 광고에 노출되었을 경우 그 효과가 오히려 증가할 수 있음을 제시하는 연구 결과들이 상당하다.

2) 멀티태스킹 상황에서 광고효과

(1) 광고효과의 감소 가능성

멀티태스킹 효과에 대한 연구를 이해하는 기반이 되는 이론적 배경은 정보처리이론의 **제한 용량 모형**(limited capacity model of information processing theory; Kahneman, 1973; Lang, 2000, 2006)이다. 이 모형에 따르면 인간은 주어진 정보를 처리하기 위해 인지적 자원을 사용하게 되는데, 이러한 인지적 자원은 무한한 것이 아니라 제한되어 있다는 것이다. 따라서 제한된 인지적 자원을 초과하는 정보가 제공되면 사람들은 더 이상 정보를 처리하지 못하게 되고 과다 정보는 결국 정보 손실로 이어지게 된다는 것이다. 예를 들어, 지나치게 어렵거나 복잡한 메시지의 경우 제한된 인지적 자원 내에서만 처리되며 그 이상은 처리되지 않는다는 것이다. 그런데 인간이 사용할 수 있는 인지적 자원은 멀티태스킹 여부에 따라 다를 수 있다. 멀티태스킹을 하지 않는 상황에서는 하나의 매체에만 집중하여 그 매체에 사용할 수 있는 인지적 자원이 더 많기 때문에 상대적으로 더 복잡한 메시지도 처리할 수 있지만, 멀티태스킹 상황에서는 하나의 매체에 사용할 수 있는 인지적 자원이 줄어들기 때문에 메시지가 조금만 복잡해도 처리가 어려울 수 있다. 이러한 설명에 기반을 둔 다수의 연구가 멀티태스킹 상황에서 정보 손실이 발생하는 것을 발견하였다. 구체적으로 선행연구에 따르면 멀티태스킹은 메시지에 대한 주목도(Barden & Petty, 2008), 관심도(Conard & Marsh, 2014), 이해도(Jeong & Hwang, 2012, 2015), 기억(Zhang, Jeong, & Fishbein, 2010) 등을 감소시키는 것으로 나타났으며, 정보 처리과정에 대한 인지심리학적 연구에서는 이 때문에 정보 처리가 저해될 수 있다고 밝히고 있다(Coomans, Vandenbossche, & Deroost, 2014; Gamble, Howard, & Howard, 2014).

한편, 이러한 멀티태스킹 효과는 여러 가지 요인에 의해 조절될 수 있다. **인지적 차원 모형**(cognitive dimensional model of media multitasking; Wang, Irwin, Cooper, & Srivastava, 2015)에 따르면, 멀티태스킹 행위는 여러 가지 인지적 차원에 의해 결정되는데, 이러한 인지적 차원에는 ① 미디어 입력(input) 속성 관련 요인(예: 시각적 매체인지 청각적 매체인지), ② 미디어 출력(output) 관련 요인(예: 메신저 답변이나 게임과 같이 행동을 요구하는지) 그리고 ③ 미디어 간의 관계(relations) 관련 요인(예: 미디어 메시지의 내용이 얼마나 관련되어 있는지) 등이 있다. 첫째, 미디어 입력 관련해서 선행연구에서는 미디어에서 요구하는 감각기관이 청각인지 시각인지에 따른 차이를 살펴보았으며(Jeong & Hwang, 2015; Pool, Koolstra, & Van Der Voort, 2003) 미디어 입력에 간섭이 증가할수록 멀티태스킹의 부정적 효과가 강화(즉, 인지적 정보 처리가 저해)되는 것으로 나타났다. 둘째, 미디어 출력 관련해서 선행연구에서는 미디어에서 요구하는 행동이 있는지 없는지에 따른 차이를 살펴보았으며, 메일에 답변을 쓰거나(Grawitch & Barber, 2013) 문자를 보내는 행위를 할 경우(Bowman, Levine, Waite, Gendron, 2010; Fante, Jacobi, & Sexton, 2013) 멀티태스킹의 부정적 효과가 강화(즉, 인지적 정보처리가 저해)되는 것으로 나타났다. 마지막으로, 미디어 간 관계의 경우 미디어 메시지 간 내용의 관련성에 따른 효과를 살펴보았다(황유리, 정세훈, 2018; Srivastava, 2013; van Cauwenberge, Schaap, & van

Roy, 2014). 예를 들어, 황유리와 정세훈(2018)의 연구에서는 TV 뉴스만 보는 조건, TV 뉴스를 보면서 뉴스 내용과 무관한 신문기사를 읽는 조건 그리고 TV 뉴스를 보면서 TV 뉴스와 관련된 신문기사를 읽는 조건을 설정하였다. 그 결과, TV 뉴스와 무관한 신문기사를 읽을 때보다 TV 뉴스와 관련 있는 신문기사를 읽을 경우 정보 기억이나 이해가 증가함을 발견하였다.

이처럼 미디어 입력 요인, 미디어 출력 요인 그리고 미디어 간의 관계 요인에 따라 차이가 있을 수 있지만, 많은 연구에서 멀티태스킹이 정보 처리를 저해하고 효과를 감소시키는 경향을 보여 주고 있다. 멀티태스킹의 효과에 관한 최근 메타분석 연구결과에 따르면(Jeong & Hwang, 2016), 멀티태스킹을 할 경우 정보의 이해와 기억 등의 인지적 효과가 매우 감소(d=−.71)하는 경향을 확인할 수 있다. 하지만 이 연구에서 흥미로운 사실은 멀티태스킹이 인지적 효과를 감소시키는 동시에 광고 등과 같은 설득적 메시지에 대한 태도 효과가 긍정적으로 증가(d=.37)하였다는 점이다(Jeong & Hwang, 2016).

(2) 광고효과의 증가 가능성

멀티태스킹이 오히려 광고효과를 증가시킬 수 있는 가능성은 **정교화 가능성 모형**(elaboration likelihood model; Petty & Cacioppo, 1986)과 **반박 억제 가설**(counterarguing inhibition hypothesis; Keating & Brock, 1974)에 기반을 두고 설명할 수 있다. 정교화 가능성 모형에 따르면, 관여도가 높을 경우 중심경로를 통한 설득이 지속적이고 강력한 효과를 보이지만 강한 주장(strong argument)이 아닐 경우 쉽게 반박될 수 있다고 설명한다. 그런데 반박 억제 가설에 따르면, 멀티태스킹 상황과 같은 산만한 상황에서는 관여도(메시지를 처리할 수 있는 능력과 동기)가 낮아지기 때문에 반박 가능성이 억제되며, 이 경우 약한 주장(weak argument)에 의해 쉽게 설득될 수 있다고 설명한다. 따라서 정교화 가능성 모형과 반박 억제 가설을 통합하여 판단하면, 멀티태스킹 상황에서는 상대적으로 약한 주장에도 수용자들이 설득될 수 있을 것으로 예상 가능하다. 실제로 멀티태스킹 연구에서는 멀티태스킹을 하게 되면 메시지에 대한 반박이 감소하고 동의가 증가함으로써 태도 변화가 증가함을 발견한 연구 결과가 다수 있다(Eisenstadt, Leippe, Rivers, & Stambush, 2003; Haslett, 1976; Jeong & Hwang, 2012, 2015). 이러한 경향은 특히 설득적 메시지가 주 매체(primary medium)를 통해 전달될 때에 비해 보조 매체(secondary medium)를 통해 전달될 경우(Jeong & Hwang, 2012), 또 감각기관의 간섭이 없는 경우(시각-청각 매체)에 비해 감각기관의 간섭이 있는 경우(시각-시각 매체) 특히 강하게 나타났다 (Jeong & Hwang, 2015). 이러한 연구결과는 멀티태스킹 효과가 동질적이라기보다 매체의 조합 유형에 따라 이질적일 수 있음을 시사한다.

멀티태스킹이 광고효과를 증가시키는 것은 정보 검색의 촉진을 통해서도 설명 가능하다. 온라인 기반 멀티태스킹(예: TV-인터넷 또는 TV-스마트폰)의 경우, TV에서 본 내용을 인터넷 또는 스마트폰으로 검색해 볼 수 있는데, 이러한 행위는 의제 설정을 통한 정보 검색으로 설명 가능하다(Weeks & Southwell, 2010). **의제 설정**은 미디어 뉴스에서 중요하다고 말하는 의제를 미디어 수용자들 역시 중요하게 받아들이는 것(McCombs & Shaw, 1972)에서 출발한 개념인데, 이는 매체 간의 의제 설정으로 확장하여 설명되기도 한다(McCombs, 2014). 다시 말해, TV에서 설정한 의제가 이용자들이 온라인을 통해 정보를 검색하는 행동으로 이어질 수 있다는 것이다.

온라인 기반 멀티태스킹 효과는 특히 관련성이 높은 매체 및 메시지 간의 시너지 효과로 설명 가능하다. 앞서 설명한 미디어 멀티태스킹의 인지적 차원 모형(Wang et al., 2015)의 세 가지 인지적 차원 중에서 특히 마지막 미디어 간의 관계 관련 요인의 경우, 미디어 메시지 간에 서로 관련성이 높은 경우 멀티태스킹의 효과가 덜 부정적이거나 심지어 긍정적일 수도 있다고 설명하는데, 이를 위해 **크로스 미디어** 광고(cross-media advertising) 전략 및 통합적 마케팅 커뮤니케이션 전략(Integrated Marketing Communication: IMC)이 유효하다고 할 수 있다.

크로스 미디어 광고란 두 개 이상의 매체를 통해서 광고 메시지를 다양한 양상으로 전달하는 것을 말하는데, 이러한 광고 메시지의 반복, 시너지, 보완 효과(Neijens & Voorveld, 2015) 등을 통해 광고 캠페인 효과를 높이는 전략을 포함한다. 크로스

미디어 효과 관련 이론은 부호화 다양성(encoding variability), 선행 부호화(forward encoding) 그리고 역회상(backward retrieval) 등이 있다(Voorveld, Neijens, & Smit, 2011). 우선 부호화 다양성 가설은 다양한 매체를 통해 정보를 전달받을 경우 각기 다른 감각 양상으로 부호화된 정보를 받기 때문에 기억이 잘된다는 것이고, 선행 부호화란 앞서 접촉된 광고 메시지가 있을 경우 그 광고 메시지로 인해 수용자의 궁금증과 관심이 증가하게 되어 그다음에 오는 광고 메시지를 더욱 잘 기억하게 도와준다는 이론이다. 마지막으로는 역회상은 앞서 본 광고를 다른 크로스 미디어 광고를 통해 재학습하는 효과를 설명한다. 특히 멀티태스킹 상황에서는 같은 성격의 광고 메시지를 전달하는 크로스 미디어 광고의 효과가 더욱 커질 수 있는데(Voorveld, Smit, & Neijens, 2013), 부어벨드(Voorveld, 2011)는 온라인 광고-라디오 광고가 함께 제시되는 멀티태스킹 상황이 단일 매체를 통해 전달되는 광고보다 더 긍정적인 반응을 보인다는 결과를 보여 주었다. 이와 관련하여 청각-시각(audio-video) 또는 영상(이미지)-문자(언어)(visual-verbal)의 중복(redundancy) 연구 및 관련성효과(relevance effects)가 시사하는 바가 크다.

크로스 미디어의 시너지 효과는 **중복효과** 이론에 기반을 두고 이해할 수 있다. 중복이란 '청각-시각 중복' 또는 '영상-문자 중복'과 같이 유사한 내용의 정보를 서로 다른 채널을 통해 전달하는 것을 말한다(Hsia, 1971). 여기서 중복효과는 제한 용량 모델(Kahneman, 1973; Lang, 2000)과 단서 종합 이론(cue summation theory; Paivio, 1971)으로 설명할 수 있다. 즉, 중복 정보를 전달하는 영상은 인지 과부하를 감소시킬 뿐 아니라, 보는 사람으로 하여금 청각 정보를 더욱 잘 회상(recall)할 수 있는 추가 단서까지 제공하게 된다. 실제로 중복 관련 선행연구들은 중복이 정보 처리 과정과 회상을 증진시킬 수 있음을 발견하였다(Drew & Grimes, 1987; Grimes, 1991; Walma van der Molen & Klijn, 2004; Walma van der Molen & van der Voort, 2000). 이는 중복이 메시지 처리 과정에 필요한 인지 용량을 감소시킴으로써 인지 과부하의 가능성을 낮춰주기 때문이다. 예를 들어, 그림스(Grimes, 1991)는 의미가 서로 다른 청각 정보와 시각 정보를 전달할 경우 인지과부하가 증가하였으나 두 정보가 서로 관련이 있는 경우 인지과부하 정도가 줄어드는 것을 발견하였다. 이를 미디어 멀티태스킹 상황으로 바꿔 말하면, 관련 있는 두 개의 메시지를 서로 다른 매체로부터 받게 될 경우 인지 과부하 가능성은 줄어들고 정보 처리와 회상은 오히려 증가하게 될 것이라는 예상이다.

멀티태스킹 상황에서 미디어 간 관계의 **관련성효과**는 유관 정보의 이용과 검색으로도 설명 가능하다. 전통적 매체 멀티태스킹 조합(예: TV-신문)과 달리 온라인 매체 멀티태스킹 조합(예: TV-인터넷 또는 TV-스마트폰)의 경우, TV에서 본 내용을 인터넷 또는 스마트폰 등을 통해 검색해 볼 수 있다. TV를 통해 광고에 노출되었을 때, 해당 제품과 관련된 내용을 온라인 매체를 통해 검색할 수 있기 때문에 TV만 볼 경우에 비해 더 많은 정보를 얻음으로써 광고효과가 증대될 가능성이 있다. 엥겔, 고튼, 사우어, 버텀리와 화이트(Angell, Gorton, Sauer, Bottomley, & White, 2016)는 TV로 축구경기를 시청하는 보다 자연스러운 상황에서 정보 관련성이 광고 회상/인지에 미치는 효과를 검증했다. 연구자들은 피험자들의 주 행동을 축구 경기 시청으로 봤을 때 부수적인 행동이라고 할 수 있는 문자 메시지 또는 트위터 쓰기, 읽기 등이 주 행동(축구 시청)과 일치하는 성격일 경우 TV 시청을 통해 접촉한 광고 회상/인지가 더 증가한다는 사실을 확인했다. 이러한 결과는 동일한 주제의 관련성이 높은 멀티태스킹의 경우 광고 정보를 기억하거나 인지하는 데 있어서 오히려 유리할 가능성이 있다는 것을 보여 준다. 또 지그몬드와 스팁(Zigmond & Stipp, 2010)의 연구에서는 멀티태스킹 상황에서 정보 검색을 발견하기 위해 미국 TV에 슈퍼볼 광고가 방영되는 동안 구글 검색 자료를 분석하였다. 그 결과 신차 및 신작 영화 광고가 TV에서 방영되는 시점에 구글 검색 역시 급격하게 증가하는 결과를 발견하였다.

이처럼 매체 이용자들은 멀티태스킹을 하면서 TV 광고와 유관한 **온라인 정보 검색**을 하고 있으며, TV 광고와 유관한 정보 검색은 효과를 감소시키기보다는 오히려 증가시킬 수 있다. 따라서 광고 제작자들은 정보 검색의 효과를 극대화시킬 수 있도록, 메시지의 '중복'과 '관련성'을 증가시키는 크로스 미디어 광고전략을 적극 활용할 필요가 있다.

3. 변화하는 매체 환경에서 효과적인 광고전략

광고매체는 물론 소비자들의 매체 이용 방식도 다양해지고 있으며, 특히 여러 매체를 동시에 이용하는 행위가 증가하고 있는데 이는 시의적으로도 사회적으로도 중요한 의미가 있다. 시의적으로 보았을 때 최근 매체 이용자들의 다중 매체 이용 행위는 더욱 빈번해지고 있으며, 사회적으로 보았을 때 이용자들의 멀티태스킹 행위는 어느 사회에나 발견되지만 우리나라 상황에서 특별히 더 중요하다고 할 수 있다. 최근 다중 매체 이용의 가장 빈번한 형태는 스마트폰을 기반으로 하는데, 우리나라의 경우 스마트폰의 보편적 보급으로 다른 사회에 비해 다중 매체 이용 행위가 더욱 빈번하게 발견되기 때문이다. 최근 조사에 따르면 국내 스마트폰 보급률은 2018년 89.4%로 매우 높은 편이고(정보통신정책연구원, 2019), 모바일 인터넷을 하루 평균 82분 이용하는 것으로 나타났다(한국방송광고진흥공사, 2018). 이러한 스마트폰의 보급 및 빈번한 이용으로 우리나라 매체 이용자들의 가장 보편적 멀티태스킹 조합은 TV-스마트폰/핸드폰/인터넷으로 나타났다(염정윤 외, 2019; 정세훈 외, 2017a).

이러한 소비자들의 멀티태스킹 행위는 광고 연구 및 산업에 심각한 위협이 될 수 있는데, 이는 ① **이용자 측정**과 ② **효과 측정**의 차원으로 나누어 생각할 수 있다. 첫째, 멀티태스킹은 매체 이용에 대한 측정(예: 시청률 측정)을 부정확하게 할 수 있다. 예를 들어, TV를 보는 사람을 시청자라고 한다면 TV를 보면서 다른 행위(신문 또는 스마트폰)를 하는 시청자를 시청자로 보아야 하는가에 대한 의문을 제기할 수 있다. 한편으로 생각하면 TV를 보면서 멀티태스킹을 하는 시청자라도 시청을 하는 동안 TV가 켜져 있고 그 내용에 어느 정도 노출되기 때문에 시청자라고 볼 수 있다. 하지만 다른 한편으로 생각하면, TV를 보면서 멀티태스킹을 하는 시청자는 TV에만 집중하는 시청자에 비해 노출의 질이 월등히 낮을 것이기 때문에 광고주 입장에서 TV를 보면서 멀티태스킹을 하는 시청자와 TV에만 집중하는 시청자를 동일한 시청자로 보기 어려울 수 있다. 매체 경제학적 관점에서 정확한 시청자 측정이 광고 및 미디어 산업의 기반이라고 할 수 있기 때문에 매체 이용자의 빈번한 멀티태스킹은 광고 및 미디어 업계의 난제라고 할 수 있다(Napoli, 2003; Pilotta et al., 2004).

둘째, 멀티태스킹은 광고효과 측정을 부정확하게 할 수 있다. 기존의 광고 연구는 멀티태스킹을 하지 않는 상황, 즉 특정 미디어 메시지에 집중하는 실험실 상황에서 그 메시지(예: 이성소구 또는 감성소구)의 효과를 검증하였다. 하지만 실험실을 벗어나 멀티태스킹을 하는 현실상황에서는 다른 결과가 발견될 수 있다. 예를 들어, 멀티태스킹을 하지 않고 메시지에 집중하는 고관여 상황에서는 이성적인 소구가 더 효과적이지만 멀티태스킹을 하는 저관여 상황에서는 감성적인 소구가 더 효과적일 수도 있는데, 이는 정교화 가능성 모형(Petty & Cacioppo, 1986)으로 설명 가능하다. 즉, 멀티태스킹을 하지 않는 실험실 상황에서는 수용자의 정보처리 능력과 동기가 높기 때문에 정보가 많은 이성적인 메시지가 더 효과적일 수 있다. 한편, 멀티태스킹을 하는 현실상황에서는 수용자의 정보처리 능력과 동기가 감소하기 때문에 메시지에 대한 반박 능력이 감소하여 약한 메시지에 쉽게 설득 당하기도 하는 것으로 나타났다(Eisenstadt et al., 2003; Jeong & Hwang, 2012, 2015; Yoon, Choi, & Song, 2011). 이처럼 멀티태스킹은 매체 이용에 대한 측정과 효과에 대한 측정에 관련되어 있다는 점에서 선행연구 역시 이러한 분류에 따라 고찰할 필요가 있다.

이뿐만 아니라 우리나라 매체 이용자들의 빈번한 다중 매체 이용 행위는 광고효과와 직결될 수 있기 때문에 중요하다. 직관적으로 판단했을 때 멀티태스킹을 많이 할수록 정보 처리를 더 잘하게 될 것이라고 예상할 수도 있지만, 선행연구에 따르면 오히려 반대로 멀티태스킹 경험이 많을수록 정보를 처리하는 능력이 감소하게 된다는 연구결과가 있다(Ophir, Nass, & Wagner, 2009). 우리나라 매체 이용자들이 동시적 매체 이용 및 멀티태스킹을 빈번하게 하는 만큼, 광고 학계 및 업계에서는 매체 이용자들의 이용행태를 면밀하게 분석하고, 그로 인한 광고효과에 주목해야 할 필요성이 어느 때보다 절실하다고 할 수 있다.

그렇다면 멀티태스킹을 포함하여 여러 가지 매체를 동시에 이용하는 행위는 광고효과에 어떠한 영향을 미칠 것인가? 과거에는 동시적 매체 이용을 간과하고 단순히 노출의 양적 측면만 고려하거나 또는 멀티태스킹의 부정적인 측면에만 주목하여 광고효과에 부정적인 영향을 미칠 것으로만 예상하였다. 하지만 앞서 살펴본 바와 같이 멀티태스킹은 광고에 대한 주목도, 이해도 및 기억을 감소시킴으로써 광고효과를 감소시킬 수 있는 가능성도 있지만, 또 한편으로는 광고에 대한 반박을 감소하고 수용을 증가시킴으로써 광고효과를 증가시킬 수 있는 가능성도 있다. 이뿐만 아니라 나아가 멀티태스킹은 광고를 통해 얻은 제품 정보에 대한 검색 및 공유를 촉진함으로써 제품에 대한 정보를 더 많이 얻을 수 있는 기회를 제공할 수도 있다.

이처럼 매체 이용자들의 멀티태스킹 행위가 유발하는 위기와 기회에 효과적으로 대응하기 위해서는 매체별 광고의 관련성과 중복성을 증가시키는 크로스 미디어 광고전략 및 통합적 마케팅 커뮤니케이션 전략이 필요하다고 할 것이다. 광고업계에서는 새로운 매체 이용의 증가 및 멀티태스킹의 증가와 같은 매체 이용 방식의 변화를 잘 파악하여 적절한 전략을 수립할 필요가 있다. ▪

제10장

매체 기획 사례와 총평

유승철(이화여자대학교 커뮤니케이션·미디어학부 교수)

◇◇◇

　'미디어 기술의 혁신'과 한층 더 '복잡해진 수용자의 미디어 활용'이라는 매체를 둘러싼 환경 변화 가운데 매체 기획 역시 발맞춰 진화하고 있다. 특히 나이, 성별, 거주지를 포함한 인구통계학적 정보에 기초한 광고 타깃팅이 한계에 봉착하면서 보다 효과적인 매체 수용자 세분화 및 그에 따른 타깃팅 전략 도입을 위해 애쓰고 있다. 또 고성능의 스마트폰으로 대표되는 개인화 미디어의 성장 속에서 광고 실무자들은 전통매체와 디지털 매체를 어떻게 조합해 효과적으로 타깃 오디언스(target audience)에게 도달할지를 고심하고 있다. 마지막으로, 매체 기획이 합리적인 계산에 의한 타깃 오디언스의 광고 노출량 극대화라는 기존의 절대적 명제에 더해 '과학과 예술'이 만나는 '미디어 크리에이티브'를 활용해 수용자 임팩트까지 극대화해야 한다는 시장의 요구 또한 커지고 있다. 이런 변화 속에서 인공지능(AI)을 통한 매체 구매와 집행의 자동화가 꾸준히 진행 중이며 매체 기획자가 갖춰야 할 역량 또한 달라지고 있다. 이 장에서는 매체 기획이 직면하고 있는 주요 이슈들을 고찰하고 실제 매체 기획 사례 분석을 통해 최근 광고회사들이 소비자 및 매체 환경 변화에 대응해 어떻게 매체 기획을 고도화하고 있는지를 살펴보려고 한다.

1. 수용자의 변화 그리고 매체 기획

　미국의 교육학자 마크 프렌스키(Marc Prensky, 2001)가 정의한 **디지털 네이티브**(digital native) **세대**는 출생 때부터 디지털 기기에 노출되어 디지털 사고와 습성을

[그림 10-1] 싯-백 수용자와 린-포워드 수용자

출처: SlideShare.

체득한 세대를 말한다. 디지털 네이티브 세대가 소비시장에서 영향력이 점차 높아짐에 따라 미디어 산업 역시 그들에 맞춰 재편성되고 있다. 소비자별 디지털 미디어 수용의 개인차가 존재하기 때문에 출생연도에 따라 명확히 분류하는 것은 어렵지만 대략 1980년대 이후 출생한 현재 30대 전후의 '밀레니얼(millenials)' 그리고 그 이후 출생한 세대들이 바로 디지털 네이티브 핵심연령층이다. 과거 수용자들이 콘텐츠를 수동적으로 이용하는 행태를 싯-백(sit-back: 마치 TV를 쇼파에서 편하게 보는 것과 같이 콘텐츠를 소비함)이라고 부르지만 디지털 네이티브가 콘텐츠를 선택적으로 소비하는 방식은 린-포워드(lean-forward: PC나 인터넷을 사용할 때처럼 능동적으로 콘텐츠를 소비함)라고 지칭한다. 다시 말하면, 디지털 네이티브들은 '언제, 어디서, 어떻게 콘텐츠를 어떤 미디어 도구를 통해 소비할 것인가?'를 자율적으로 결정하고 또 이런 결정들이 누적되어 개개인의 미디어 행태와 습관을 형성한다.

　복수 스크린(multi-screens)을 통해 언제(anytime), 어디서나(anywhere), 원하는 요구(as their want)에 따라 쉼 없이 콘텐츠를 소비하고 있는 디지털 네이티브에게 다가가기 위해 커뮤니케이션 채널들이 사활을 건 경쟁을 하고 있다. 구체적으로, 텍스트가 아닌 동영상을 통한 소통이 폭증하고 있다. 특히 인터넷은 곧 **유튜브**(YouTube)화 되고 있다고 할 수 있을 정도로 디지털 미디어에서 유튜브의 영향력은 막강하다. 실제로 2018년 8월 기준 한국인의 평균 핸드폰 활용 월 유튜브 사용시간은 1,177분

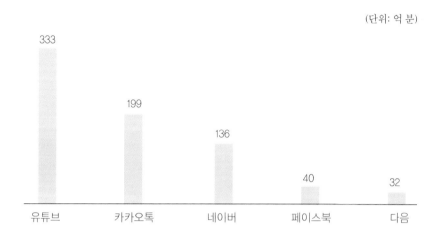

(단위: 억 분)

[그림 10-2] 2018년 8월 기준 대한민국 전체 연령의 스마트폰 애플리케이션 사용량
출처: 미디어오늘(2018. 9. 11.).

(하루 약 40분)에 육박한다고 한다. 또한 국내 월간 순 사용자 수는 3,093만 명이라고 하니 국민 미디어라고 해도 과언이 아니다(미디어오늘, 2018. 9. 11.). 누구나 검열 없이 참여 가능한 열린 매체, 콘텐츠의 무한 확장이 가능한 열린 구조(open structure), 콘텐츠의 인기를 통해 개인의 금전적 이익과 명성을 얻을 수 있는 효용 중심 플랫폼이라는 장점은 유튜브의 위상을 대중매체에 비견하는 대표 플랫폼으로 승격시켰다. 이렇게 유튜브로 대표되는 동영상 중심 콘텐츠 환경에서, 수용자의 취향과 미디어 이용 습성에 적합한 콘텐츠 생산에 대한 요구는 더 커지고 있다. 짧고 흥미와 가치를 동시에 주는 콘텐츠가 급격히 늘어가고 있는 것은 이런 시대적 요구를 반영하고 있다.

　콘텐츠 산업의 일부이며 주요 콘텐츠의 일부 시간과 공간을 점유하고 있는 광고의 특성상 이와 같은 수용자의 변화는 광고시장의 변화를 만들어 내고 있다. 광고와 콘텐츠의 구분이 모호한 '**네이티브 광고**(native advertising)'와 '**동영상 기반 광고**'의 성장은 산업의 변화를 대변하는 주요 현상이다. 또 콘텐츠의 유통을 가능하게 만드는 매체 측면에서 보면 디지털 네이티브에 적합한 모바일 미디어에 중심을 둔 매체 집

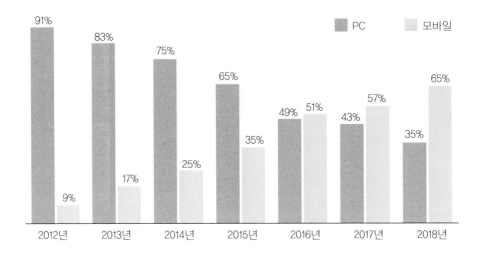

[그림 10-3] 2012~2018년 동안 미국의 PC와 모바일에서 광고비 비중 추이 변화
출처: IAB Internet Advertising Revenue Report.

행이 늘고 있는 점을 주목해야 한다. 실례로, IAB(Interactive Advertising Bureau)의 2018년도 보고서(Internet Advertising Revenue Report 2018)에 따르면 2012년부터 2018년까지 광고비 추이를 검토한 결과 2016년부터는 모바일 미디어를 통한 광고비 집행이 PC를 역전해 급하게 상승하고 있는 것을 발견할 수 있다.

2. 매체 기획과 롱테일 시대의 수용자 세분화

뉴미디어 환경의 역동성을 역설한 『와이어드 매거진(Wired Magazine)』의 전 편집자인 크리스 앤더슨(Chris Anderson, 2006)은 극도로 세분된(fragmentation) 수용자 관심의 분포에서 나타나는 패턴을 **롱테일**(long tail)이라는 개념을 들어 설명했다. 매체의 수와 콘텐츠가 폭발적으로 늘어난 최근 미디어 환경에서는 꼬리(tail) 부분이 늘어진 분포를 보이는데 때로는 꼬리 부분 수용자 관심이 대중적 관심을 의미하는 머리(head) 부분 수용자의 관심 총량을 웃돌기도 한다. 미디어 산업은 '매스(mass)'에

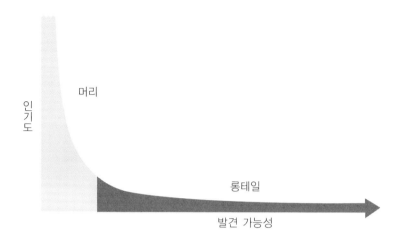

[그림 10-4] 롱테일 현상

서 '니치(niche)'로 이동 중이다. 이런 가운데 전통적인 매체들은 각자의 생존을 위해 오프라인(offline)과 온라인(online)의 경계를 허물며 열린 생태계에 참여하려고 노력 하고 있다.

따라서 앞에서 언급한 롱테일 현상을 고려할 때, 과거 대중매체 또는 대중적 콘텐 츠에 중점을 두고 광고를 편성해야 한다는 정설 대신 이제는 잘게 세분된 다양한 틈 새 수용자를 찾아내고 맞춤 광고를 전달해야 하는 새로운 국면이 펼쳐지고 있다. 대 중매체의 시대가 공급자 기술이 수용자를 견인하는 시대였다면 이제 디지털 미디 어 환경은 수용자가 공급자 기술과 콘텐츠 유통 방식을 결정하는 시대로 변모하고 있다.

오스카상(Oscar Awards)을 두 차례나 수상한 명배우인 케인 스페이시(Kevin Spacey)는 2013년 에딘버그 TV 페스티벌(Edinburgh Television Festival)의 기조연설 에서 혁신적 매체 환경에서 이제 'TV가 수용자들에게 통제권을 주어야 한다'는 것을 역설하면서 아래와 같이 주장했다. "수용자들에게 그들이 원하는 것을, 그들이 원 할 때, 그들이 원하는 형태로 합리적인 가격으로 주기만 한다면, 수용자들은 콘텐츠

[그림 10-5] 에딘버그 TV 페스티벌에서 기조연설 중인 배우 케빈 스페이시
출처: YouTube.

를 훔치는 대신 비용을 내고 소비할 것이다(Give people what they want, when they want it, in the form they want it in, at a reasonable price, and they'll more likely pay for it rather than steal it)." 요약하면, 콘텐츠 그리고 광고산업 전체가 세분된 소비자의 취향을 깊이 이해하고 그들에 적합한 콘텐츠와 상업 정보를 제공해야 한다는 점을 명심해야 할 것이다.

3. 경쟁적 미디어 환경과 미디어 크리에이티브

미디어는 진화와 생성/소멸을 반복하고 있다. 버글스(Buggles)의 명곡 〈Video Killed the Radio Star〉는 1980년대 영상매체의 급속한 확산에 따라 위협받는 라디오의 위기 그리고 매체에 대한 향수를 담고 있다. 전통매체(old media) 그리고 새로운 매체(new media) 간 갈등은 과거부터 늘 존재했고 아마 인터넷이 블랙홀처럼 모두 수용자를 빨아들이고 있는 요즘이 그 갈등이 가장 고조된 시점이라고 볼 수 있겠다. 뉴미디어(new media)라는 명칭이 절대적이고 불변의 것을 지칭하는 인상을 주기 때문에 비교급을 활용한 뉴어 미디어(newer media)라고 부르는 것이 더 타당하겠다. 또 같은 맥락에서 전통매체 대신에 4대 매체(TV, 라디오, 신문, 잡지)를 레거시 미디어(legacy media)라고 부르는 것이 최근의 흐름이다.

디지털 멀티미디어 기술, 상호작용성, 고속, 광대역 데이터 등의 특징으로 대표되는 뉴어 미디어의 대표주자는 단연 스마트 디바이스를 활용하는 모바일 미디어이다. 2016년 발표된 디스카우트(Dscout)사의 조사 보고서에 따르면 하루 평균 소비자들은 2,617회 스마트폰을 터치한다고 할 정도로 모바일 의존도는 절대적이다. 전통매체는 고심 중이다. 수동적 콘텐츠 소비자에서 적극적 참여자인 **프로슈머**(prosumer=producer+consumer: 생산자로서의 수용자 또는 소비자)로 변모한 수용자들은 모바일 미디어를 통해 직접 콘텐츠를 생산하고 배포하고 공유하는 데 상당히 적극적이다. 대형 미디어의 '정보 독점'에서 벗어나 단순히 콘텐츠 소비자의 역할을 넘어 콘텐츠를 생산하고 또 확산을 통해 수익까지도 창출하기 시작한 것이다.

전통적 방송사와 신문사들 입장에서는 콘텐츠들은 무수히 많은 **수용자 제작 콘텐츠**(User Generated Content: UGC)들에 대항해 차별화된 콘텐츠를 갖춰 경쟁해야 하는 상황이다. 또 레거시 미디어들은 생존을 위해 서점이나 카페와 같은 다양한 이종 비즈니스와 협력 사업까지 진행하고 있다. 실례로, 영국에 본사를 둔 윈코텐트(Winkontent Ltd)에 의해 2007년부터 제작되고 있는 『모노클(Monocle)』 매거진은 글로벌 이슈 및 라이프스타일 잡지로 출발해 지금은 24시간 라디오 방송, 소매업, 카페까지 확장하면서 독자 중심의 핵심 콘텐츠를 기반으로 다양한 사업을 추진한 성공사례이다. 세계 곳곳에서 잡지회사들이 도산하는 요즘, 전통매체의 콘텐츠 파워를 활용해 수용자들에게 새로운 경험과 가치를 제공한 성공사례이다. 국내에도 모노클의 성공사례에 영감을 받아 창간한 『매거진B』(http://magazine-b.co.kr)가 성공적인 행보를 보이고 있다. '브랜드 다큐멘터리'를 표방하고 있는 『매거진B』는 브랜드에 대한 잡지이지만 구독자에게 광고 이상의 솔직한 심층정보를 제공하고 있다. 매달 잡지는 한 개의 브랜드를 중심으로 구성되는데 브랜드 선정부터 취재 그리고 내용 구성과 편집까지 모두 내부 회의에서 엄격한 기준을 통해 결정한다. 『매거진B』는 2013년 6월 22일 60회 프랑스 칸 광고제에서 국내 최초로 '그래픽디자인 · 디자인크

[그림 10-6] 『모노클』이 운영하고 있는 카페와 판매하는 상품들

출처: Monocle.

[그림 10-7] 브랜드 매거진이라는 새로운 시장을 선도하고 있는 『매거진B』

출처: 매거진B.

래프트 부문 은사자상'을 수상했다. 2017년 1월 8일부터 가수 박지윤이 진행하는 팟캐스트인 'B캐스트'를 운영 중이다. 앞에서 언급한 것처럼 매체는 전통과 디지털 구분을 파괴하고 새로운 모습으로 혁신 중이다.

앞에서 언급한 신구 미디어의 전면전에서 광고산업도 안전할 수 없다. 인건비의 증가로 광고 제작비용은 크게 상승하고 있으며 물가 상승에 따라 상승한 매체비 때문에 광고회사의 비용효율성 및 수익성은 말 그대로 위기이다. 수용자 중심 환경에서 광고의 역할도 변모하고 있다. 한 편의 웰-메이드(well-made) TV-CM을 고심해 제작하고 상당한 규모의 자본을 통해 매체에 유통해 노출을 높여 가는 매체전략은 이제 존립 위기를 직면해 있다. 당연히 적절한 품질로 다량 급속 생산해 온라인을 통해 유통하는 **수용자 제작 광고**(User Generated Advertisement: UGA)들에 대항하기 어렵다. 요즘 유튜브 등 동영상 미디어를 통해 유통되는 많은 광고성 UGA들은 최근에는 기업들의 광고까지 적극적으로 수주하며 '1인 광고대행사' 역할까지 담당하고 있다.

한편으로는 기존 광고회사가 노출 극대화 중심의 매체 기획으로 세분화된 수용자들에 도달하기도 어렵지만, 또 도달한다고 해도 그들의 마음과 행동을 움직이는 것이 힘들다. 따라서 누가 더 합리적인 제작비/매체비 규모의 창의적인 매체 기획을 고안할 것인가를 두고 벌어지는 광고산업의 경쟁은 점점 더 치열해질 것이다. 요약하면, 광고계의 빅이슈는 콘텐츠 크리에이티브를 넘어서 콘텐츠를 담는 그릇에 대한 크리에이티브로 바뀌어 가고 있다. 앞서 거론한 것처럼 수용자들은 다중작업(multi-tasking)에 능하며 미디어 활용에서 여러 매체를 동시 소비하는 다중 매체 소비 성향이 높아지고 있다. 이런 수용자들에게 다가가기 위해서는 틀을 깬 접근이 필수적

[그림 10-8] KFC가 2018년 선보인 VR 애드버게임 'The Hard Way'
출처: The Ghost Howls.

이다. 따라서 이제는 '전달'이 아니라 '전달의 방법'이나 '매력적인 전달'이 광고의 키
워드로 자리 잡았다. 결국 '표현(creative)'과 '전달(delivery)'이 만난 '미디어 크리에
이티브(media creative)'가 뉴미디어 시대의 광고를 이끌어 가고 있다. "미디어는 메
시지다." 1960년대 마셜 맥루한(Marshall McLuhan)의 주장(McLuhan & McLuhan,
1994)을 광고적으로 해석하면 콘텐츠뿐 아니라 콘텐츠를 담고 전달하는 미디어 또한
광고된 브랜드의 이미지를 바꾸고 광고효과를 결정하는 중심 역할을 담당한다고 해
석할 수 있다. 특히 광고업계에서도 VR(Virtual Reality: 가상현실)과 AR(Augmented
Reality: 증강현실)로 대표되는 신유형 매체기술들이 속속 도입되면서 전달의 방법과
표현을 달리하려는 다양한 시도와 실험들이 진행 중이다.

　　정량화된 매체 기획의 장점은 '숫자에 의한 의사 결정'을 가능하게 하지만, 숫자
가 주는 합리성 뒤에 보이지 않는 소중한 것들을 간과하고 있는 것이 사실이다. 특
히 크리에이티브에 큰 비중을 둔 비전통적 미디어(non-traditional media)는 노출량
이상으로 노출의 강도와 질이 매우 중요하기에 질적인 부분을 고려한 정성적 접근
(qualitative approach)이 고려되어야 한다. 이러한 의미에서 최근 매체 기획의 접근
은 '예술(art 또는 creative)'을 포괄한 광의적이고 능동적인 것으로 변화하고 있다. 단
지 전달이 아니라 전달의 방법, 매력적인 전달까지 매체 기획에서 키워드로 자리 잡
은 것이다.

　　MIT대학교의 헨리 젠킨스(Henry Jenkins, 2006) 교수는 '참여적 문화(participatory
culture)'라는 개념을 제시하면서 뉴미디어는 하드웨어의 혁신뿐 아니라 문화적 변
화와 동반한다고 했다. 결국 '볼 기회'를 극대화하자는 목표에서 '참여와 체험의 기
회'를 극대화하는 것으로, 다시 말하면 노출의 질을 강조하는 방향으로 매체 기획
의 패러다임이 변화하고 있다. 따라서 향후 매체 기획은 '체험'을 정량화된 가치로
환산할 수 있는 대안을 고민해야 한다. 예컨대, 독특한 아이디어로 수용자의 참여
를 유도하는 미디어 크리에이티브를 활용해 소비자의 적극적 구전 효과와 언론 노출
(publicity)과 같은 2차 확산효과까지 고려한 매체 기획을 해야 한다. 이런 확산효과
에 대한 정량화 또는 지표화 개발을 통해 특정 미디어가 정량화되기 힘들다는 이유

로 외면당하는 불상사가 없어야 한다. 단, 확산에만 급급하다가 예상치 않은 문제를 일으킬 수 있음에 유의해야 한다. 실제로 소셜/바이럴 콘텐츠의 가장 큰 장점이 확산이지만 기존 방송이나 인쇄 콘텐츠와는 달리 창작자가 콘텐츠의 확산을 통제할 수 없다는 한계점이 있다. 향후 미디어의 기술적 발전에 따라 매체 기획에서 미디어 크리에이티브의 중요성이 더욱 커질 것이다. 이런 변화를 선도할 수 있는 유연하고 수평적인 커뮤니케이션 조직을 갖출 수 있도록 대행사들의 체질 전환이 요구된다.

4. 대한항공 '인도하는 상담소 캠페인'의 사례 분석

1) 캠페인 개요

고행의 성지, 혼돈과 질서가 공존하는 나라, 구시대적 계급과 첨단 과학이 공존하는 나라. 바로 '인도'에 대한 설명이다. 2016년 한국관광공사의 통계에 따르면 한국 전체 5,000만 인구의 32.2% 사람들이 연 1회 이상 해외여행을 떠난다고 한다. 이처럼 해외여행이 생활화된 대한민국에서 인도 방문객은 단 10만 명 수준에 그치고 있다. 백만 가지 얼굴을 지닌 매력적인 국가 인도 방문을 유도하기 위해 어떤 전략을 사용해야 할까? 2016년 종합대행사인 HSAD가 선보인 대한항공 인도편 캠페인인 '인도하는 상담소 캠페인'은 소비자마다 인도에 대한 다른 생각을 지니고 있으며 각 타깃 그룹에 적합한 메시지를 집행해야 한다는 데 착안했다. 구체적으로 같은 여행지, 같은 장소지만 타깃별로 메시지를 달리해 각각의 타깃이 공감할 수 있도록 메시지를 최적화한 것이다.

2) 수용자 분석: 타깃 인사이트 발견

캠페인 진행에 앞서 2016년 당시 최근 해외여행 경험이 있는 남녀 400명을 대상으

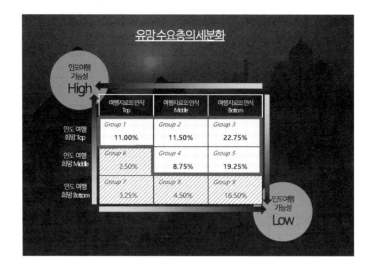

[그림 10-9] 인도여행 유망 수요층을 도출을 통한 타깃 세분화
출처: HSAD 내부자료.

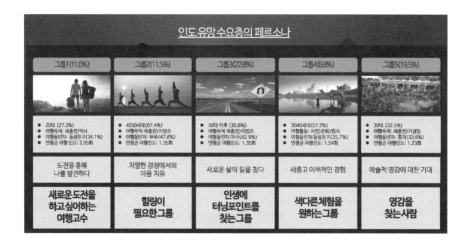

[그림 10-10] 인도여행 유망 수요층의 페르소나
출처: HSAD 내부자료.

로 설문조사를 진행했다. 해외여행 가능 응답자들의 인도여행에 대한 '여행지로서 인식' 및 '인도여행 희망도' 조사 결과를 바탕으로 인도여행 유망 수요층을 세분화하는 작업을 진행한 결과 총 다섯 개 인도여행 유망 수요층을 도출할 수 있었다. 각 유망 수요층의 라이프스타일, 관심사, 가치, 여행 패턴과 선호체험을 세부적으로 조사하고 구체화해 각 수요층의 '**타깃 페르소나**(target persona)'를 추출하였다([그림 10-10] 참조).

3) 미디어 크리에이티브

인도를 광고하는 대한항공은 여느 광고와 다른 화법을 활용했다. 1개월 동안 인도여행 경험자 및 관심 집단의 사전 붐업(boom-up)을 위한 기초 캠페인을 통해 인도에 대한 전체적인 인지도를 높였다. 그 후 3개월간의 본 캠페인을 통해 앞서 도출한 다섯 가지 페르소나 중 핵심적인 세 가지 페르소나에 적합한 세 가지 다른 관점의 세 가지 테마 여행을 통해 유망 수요층의 인도여행 욕구를 자극하는 타깃 맞춤 메시지를 전달했다. 사전 캠페인에 총 21개 소재의 마이크로-매스(micro-mass) 커뮤니케

[그림 10-11] 인도여행 유망 수요층의 서로 다른 여행의 목적

출처: HSAD 내부자료.

[그림 10-12] 인도여행 유망 수요층 분석을 통한 광고 콘셉트 도출

출처: HSAD 내부자료.

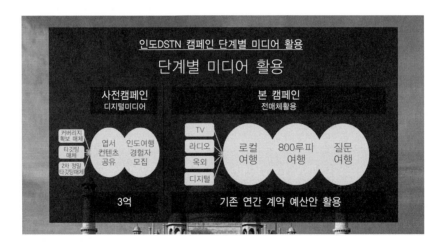

[그림 10-13] 인도여행 캠페인 단계별 미디어 활용전략

출처: HSAD 내부자료.

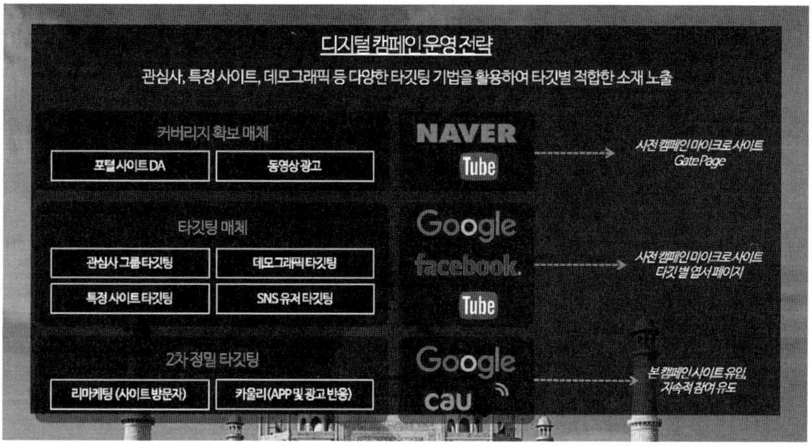

[그림 10-14] 인도여행 캠페인 디지털 미디어 운영전략

출처: HSAD 내부자료.

이션을 전개한 후 이들의 데이터베이스(DB)를 활용해 총 세 개의 맞춤형 메인 캠페인을 집행한 것이다.

본 캠페인은 맞춤 메시지 전달을 위해 전통 미디어와 디지털 미디어를 조합해 각자의 장점을 살리는 데 힘썼다. 사전 캠페인은 디지털 미디어에 집중해 인도여행에 관심이 있을 미래 여행객들의 데이터베이스를 확보하고 관심도를 높이는 데 힘썼고 본 캠페인에서는 TV, 라디오, 디지털, OOH 미디어를 전폭적으로 활용, 도출한 세 가지 여행 테마를 각 타깃에게 반복적으로 알리는 데 집중했다.

4) 캠페인 성과 및 교훈

대한항공 인도편 캠페인은 '소비자 인사이트+광고 크리에이티브와+창의적 미디어 집행'이 절묘하게 조화를 이룬 캠페인으로 2017년 대한민국 광고대상 인쇄부문 금상, 라디오 부문 은상 그리고 통합미디어 부문 동상을 석권했다. 실제로 이 캠페인은 기존의 여행지 캠페인 대비 상당히 높은 반응율(response rate) 및 캠페인 사이트 방문자 수(site visitos)를 기록했다고 한다. 광고매체 기획이 하나의 메시지에 대한 도달률을 극대화하는 것이었다면, 이 캠페인은 소비자의 여행 인사이트를 발견하고 그들의 매체 이용행태에 따라 최적의 메지시를 전달하는 타깃팅 전략이 빛난 캠페인이라고 평가할 수 있다. 디지털을 필두로 다양한 매체를 적절하게 활용해 타깃 그룹별 광고 인지를 확보하려고 노력했다. 또 디지털 미디어를 통해 얻은 트래픽(traffic)을 대한항공의 인도여행 마이크로 사이트(http://india.koreanair.com)로 유도함으로써 실제 티켓 구매 및 여행 예약으로 전환(conversion)을 만들어 내는 성과형 전략을 활용했음을 주목해야 한다. 또한 다양한 온라인 이벤트를 통해 관여도 높은 여행정보 구독자를 발굴해 내고 그들에게 인도여행 멘토와의 상담 기회를 제공하는 등 다면적인 마케팅 활동을 전개했다.

[그림 10-15] 인도여행 캠페인에서 활용된 다양한 미디어 유형

출처: HSAD 내부자료.

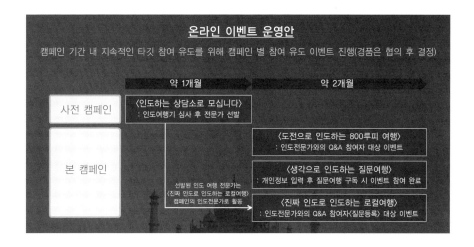

[그림 10-16] 인도여행 캠페인에서 활용한 온라인 매체활용 이벤트 운영
출처: HSAD 내부자료.

5. 마치며

매체 기획은 그 어느 때보다 복잡하고 또 어려워지고 있다. 하루가 멀다고 등장하는 첨단 신기술들은 미디어 간 구분을 모호하게 만들었고, 미디어들이 상호 융합하고 해체하고 또 사라지는 과정을 역동적으로 반복하고 있다. 이런 가운데, 소비자의 미디어 소비행태 또한 예측 불허로 변화하고 있다. 또한 4차 산업혁명의 선봉장으로 불리는 인공지능이 광고산업 실무 전반에 도입되면서 프로그래매틱 바잉(programmatic buying) 등 이름도 생소한 기술들이 매체 기획 실무에도 실제로 적용되고 있다. 모바일 광고로 대표되는 디지털 미디어뿐 아니라 이제는 TV, 라디오와 같은 전통매체까지도 자동화된 매체 집행이 퍼지고 있다. 우리가 잘 모르는 사이에 인공지능이 채널과 콘텐츠를 구매하고 또 집행해 성과 보고까지 만들어 내는 실정이다. 소위 '전통적 매체 기획'이 설 자리는 점차 좁아지고 있다.

하지만 이 장에서 살펴본 흐름과 사례에서 배울 수 있던 것처럼 '새로운 시대가 요구하는 매체 기획'은 '인간적인 인사이트'를 보다 절실하게 필요로 한다. 과거 매체 기획자에게 요구되었던 오컴의 면도날(Occam's razor)같은 의사 결정의 차가운 합리성뿐만 아니라 광고 수용자인 소비자 개개인에 대한 따듯한 관심과 통찰까지도 요구되고 있다. 흔히, "잘 만들어진 광고는 불량 제품을 보다 빨리 망하게 한다"라고 한다. 필자는 "효과적인 매체 기획은 부실한 광고를 더욱 무력하게 만든다"라고 이야기하고 싶다. 광고의 꽃은 매체라는 토양에서 피어난다. 좋은 광고가 좋은 매체 기획을 만날 때 비로소 최고의 캠페인이 탄생한다. 이제 매체 기획자는 매체 및 광고 및 마케팅 전략에 대한 이해와 동시에 광고 크리에이티브의 창의성을 매체를 통해 어떻게 꽃 피울 수 있을지를 고심해야 할 것이다. ▪

'대한항공 인도 DSTN 캠페인'은 종합광고대행사 HSAD의 도움으로 본 책에 소개되었습니다.
성심껏 인터뷰에 응해 주신 솔트룩스 황보현 전무님 그리고
HSAD 이경석 팀장님께 깊은 감사를 전합니다.

참고문헌

제1장 광고 미디어 산업의 개관

박승배, 김일석(2008). 온라인 광고와 크로스미디어 마케팅에 대한 고찰. **한국디자인포럼**, 20, 317-326.

박현수(1999). 광고 예산수립과 매체계획 및 평가방법에 대한 한국 광고계의 의식조사. **광고연구**, 45, 183-202.

박현수(1999). 광고매체 계획과 평가방법에 대한 국내 대행사 실무자들의 인식. **광고학연구**, 10(3), 105-122.

박현수(2014). 매체환경 변화에 따른 TV시청 패러다임의 변화: 새로운 TV시청 패턴 및 집이 아닌 밖에서의 시청 규모 추정에 대한 연구. **광고학연구**, 25(2), 7-28.

박현수(2015). TV, 온라인, 모바일의 3-Screen 통합광고노출과 중복노출의 규명 및 통합광고 노출량 추정모델에 대한 연구. **광고학연구**, 26(7), 7-26.

박현수(2017). **방송광고 판매시장 구조개편에 관한 연구**. 방송통신위원회 지정주제 연구보고서.

박현수(2019). **광고매체기획론**(4판). 서울: 한경사.

박현수, 이인성, 김지은, 구슬기, 박서정(2017). 중복노출 추정방법에 따른 광고 노출효과 예측: 지상파TV 광고사례를 중심으로. **광고학연구**, 28(4), 95-122.

이경렬(1997). 도달률유효도달곡선 적합화를 통한 최적 광고량 연구. **광고학연구**, 8(2), 99-122.

제일기획(2018). **광고연감**. 서울: 제일기획.

홍종필(2009). 매체 유형에 따른 소비자의 광고회피 양상과 광고회피 예측요인에 관한 연구. **광고학연구**, 20(5), 181-212.

KOBACO(2018). **2018 소비자행태조사**(MCR: Media & Consumer Research). 서울: 한국방송광고진

홍공사.

방송통신위원회 방송통계. https://kcc.go.kr/user.do?boardId=1027&page=A02060100&dc
=K02060100
제일기획. http://www.cheil.com/hq
한국방송광고진흥공사. https://www.kobaco.co.kr
McKinsey & Company. https://www.mckinsey.com
Publicis Groupe. https://www.publicisgroupe.com/fr
The Advertising Association/WARC Expenditure Report. http://expenditurereport.warc.com

제2장 광고효과에 대한 이해

김병희, 김찬석, 김효규, 이유나, 이희복, 최세정(2017). 100개의 키워드로 읽는 광고와 PR. 경기:
한울아카데미.
김효규(2012). 광고의 반복 노출과 광고효과에 관한 연구: 노출 기회 및 노출 인지의 반복 횟수
를 중심으로. 한국광고홍보학보, 14(1), 244-268.
양윤직(2007). 인게이지먼트, 소비자 관심의 정성적 측정. 광고정보, 12, 99-103.
양윤직, 조창환(2012). 광고 매체별 광고회피 수준과 요인에 관한 연구. 광고연구, 92, 355-381.
이종선, 장준천(2009). TV프로그램의 인게이지먼트가 광고효과에 미치는 영향. 광고연구, 83,
155-191.

Achenbaum, A. A. (1977). Effective Exposure: A New Way of Evaluating Media. In
Association of National Advertisers, Media Workshop, New York, February 3.
Advertising Research Foundation(1961). *Toward Better Media Comparisons*. New York:
Advertising Research Foundation.
Appel, V. (1971). On Advertising Wear Out. *Journal of Advertising Research*, *11*(1), 1-11.
Colley, R. (1961). *Defining Advertising Goals for Measured Advertising Results*. New
York: Association of National Advertisers.
DeVoe, M. (1956). *Effective Advertising Copy*. New York: Macmillan Company.
Ephron, E. (1997). Recency Planning. *Journal of Advertising Research*, *37*(4), 61-65.

Grass, R. C., & Wallace, W. H. (1969). Satiation Effects of TV Commercials. *Journal of Advertising Research*, 9(3), 3-8.

Harvey, B. (1997). The Expanded ARF Model: Bridge to the Accountable Advertising Future. *Journal of Advertising Research*, 37(2), 11-20.

Jacobovits, L. (1967). Semantic Satiation and Cognitive Dynamics. *Journal of Special Education*, 2(1), 35-44.

Jones, J. P. (1995a). *When Ads Work: New Proof that Advertising Triggers Sales*. New York: Simon & Schuster, The Free Press/Lexington Books.

Jones, J. P. (1995b). Single-Source Research Begins to Fulfill its Promise. *Journal of Advertising Research*, 35(3), 9-16.

Krugman, H. (1972). Why Three Exposures may be Enough. *Journal of Advertising Research*, 12(6), 11-14.

Lasswell, H. D. (1948). The Structure and Function of Communication in Society. In L. L. Bryson (Ed.), *The Communication of Ideas*. New York: Harper and Brothers.

Lavidge, R. J., & Steiner, G. A. (1961). A Model for Predictive Measurements of Advertising Effectiveness. *Journal of Marketing*, 25(6), 59-62.

Leckenby, J. D., & Wedding, N. (1982). *Advertising Management: Criteria, Analysis and Decision Making*. Columbus, OH: Grid Publishing.

Lewis, E. S. (1898). AIDA Sales Funnel.

McDonald, C. (1996). *Advertising Reach and Frequency: Maximizing Advertising Results through Effective Frequency*. New York: McGraw-Hill Contemporary Books.

Naples, M. (1979). *Effective Frequency: The Relationship between Frequency and Advertising Effectiveness*. New York: Association of National Advertisers Inc.

Shannon, C. E., & Weaver, W. (1949). *The Mathematical Theory of Communication*. Urbana, IL: University of Illinois Press.

Speck, P. S., & Elliott, M. T. (1997). Predictors of Advertising Avoidance in Print and Broadcast Media. *Journal of Advertising*, 26(3), 61-76.

Vidale, M. L., & Wolfe, H. B. (1957). An Operations-Research Study of Sales Response to Advertising. *Operations Research*, 5(3), 370-381.

Wang, A. (2006). Advertising Engagement: A Driver of Message Involvement on Message Effects. *Journal of Advertising Research*, 46(4), 355-368.

Weilbacher, W. M. (2001). Point of View: Does Advertising Cause a 'Hierarchy of Effects'?. *Journal of Advertising Research*, *41*(6), 19-26.

Zielske, H. A. (1959). The Remembering and Forgetting of Advertising. *Journal of Marketing*, *23*(1), 239-243.

미국 광고 명예의 전당. http://advertisinghall.org/members/member_bio.php?memid=692

미국 마케팅학회(American Marketing Association). https://www.ama.org

제3장 매체 기획이란 무엇인가

Abratt, R., & Cowan, D. (1999). Client-Agency Perspective of Information Needs for Media Planning. *Journal of Advertising Research*, *39*(6), 37.

Cheong, Y., Kim, K., & Kim, H. (2013). Advertising and Promotion Budgeting during Volatile Economic Conditions: Factors Influencing the Level of Decentralization in Budgeting and Its Relations to Budget Size and Allocation. *International Journal of Advertising*, *32*(1), 143-162.

D'Amico, T. F. (1999). Magazines' Secret Weapon: Media Selection on the Basis of Behavior, as Opposed to Demography. *Journal of Advertising Research*, *39*(6), 53-60.

Ephron, E. (1997). Recency Planning. *Journal of Advertising Research*, *37*(4), 61-65.

Ephron, E. (1998). Point of View: Optimizers and Media Planning. *Journal of Advertising Research*, *38*(4), 47-56.

Guggenheim, B. (1984). Advertising Media Planning and Evaluation: Current Research Issues. *Current Issues and Research in Advertising*, *7*(2), 19-38.

Katz, H. (2003). *The Media Handbook* (3rd ed.). New York: Routledge.

Kelley, L. D., & Jugenheimer, D. W. (2004). *Advertising Media Planning: A Brand Management Approach*. Armonk, NY: M. E. Sharpe, Inc.

Little, J. D., & Lodish, L. M. (1969). A Media Planning Calculus. *Operations Research*, *17*(1), 1-35.

Naik, P. A., Mantrala, M. K., & Saywer, A. G. (1998). Planning Media Schedules in the Presence of Dynamic Advertising Quality. *Marketing Science*, *17*(3), 214-235.

Parente, D. (2006). *Advertising Campaign Strategy: A Guide to Marketing Communication Plans* (4th ed.). Boston, MA: Cengage Learning.

Rossiter, J., & Percy, I. (1997). *Advertising Communication Management* (2nd ed.). New York: McGraw-Hill.

Sissors, J., & Baron, R. (2010). *Advertising Media Planning* (7th ed.). New York: McGraw-Hill.

Surmanek, J. (1996). *Media Planning: A Practical Guide* (3rd ed.). New York: McGraw-Hill.

닐슨코리아. https://www.nielsen.com/kr/ko.html

Kantar SRDS Media Planning Platform. https://www.srds.com

MRI Simmons. https://www.simmonsresearch.com

Telmar. https://www.telmar.com

Media Flight Plan Software. https://www.mediaflightplan.com

제4장 전통적인 4대 매체

김상준, 정차숙(2018). 광고매체와 매체 기획. 김병희, 서상열, 김동성, 김형석, 김민철, 김지윤, 신경아, 허정무, 최문석, 이진우, 조재형, 손영곤, 주대홍, 오창일, 석중건, 정해원, 유인하, 박인성, 김유나, 변혜민, 고재영, 이윤재, 김상준, 정차숙, 지원배, 유현중, 김운한, 김현정 공저. **디지털 융합시대 광고와 PR의 이론과 실제**(pp. 351-400). 서울: 학지사.

김운한, 정차숙(2016). **광고크리에이티브**. 서울: 서울경제경영.

김희진, 이혜갑, 조정식(2007). **광고매체기획론**. 경기: 학현사.

박원기, 오완근, 이시훈, 이승연(2010). **광고매체론**. 서울: 커뮤니케이션북스.

박현수(2019). **광고매체기획론**. 서울: 한경사.

오세성(2008). **방송광고 매출구조 진단을 통한 거래특성차원의 요금설계방안 연구**. 서울: 한국방송광고진흥공사.

오택섭, 강현두, 최정호, 안재현(2009). **뉴미디어와 정보사회**. 경기: 나남.

이경렬(2016). **광고매체론**. 서울: 서울경제경영.

이명천, 김요한(2016). **광고학개론**. 서울: 커뮤니케이션북스.

한국방송광고진흥공사(2018). **2018 소비자행태조사 보고서**. 서울: 한국방송광고진흥공사.

Bovee, C. L., Thill, J. V., Dovel G. P., & Wood, M. B. (1995). *Advertising Excellence* (International ed.). New York: McGraw-Hill.

조선일보. http://www.chosun.com
한국방송광고진흥공사. http://www.kobaco.co.kr
Ads of the World. https://www.adsoftheworld.com

제5장   스마트 미디어

과학기술정보통신부, KOBACO(2018). **2018 방송통신광고비 조사 보고서**. 세종: 과학기술정보통신부.

김병희, 소현진, 이희복(2015). **소셜 미디어 시대의 광고**. 서울: 커뮤니케이션북스.

나스미디어(2018). **IPTV 시장 동향 보고서**. 서울: 나스미디어.

나스미디어(2019). **2019 상반기 MEDIA TREND REPORT**. 서울: 나스미디어.

다트미디어(2008). **IPTV 시대와 광고패러다임 변화**. 서울: 다트미디어.

방송통신위원회(2018). **2018 방송매체 이용행태 조사**. 경기: 방송통신위원회.

송시형(2019). OTT 서비스의 확산으로 인한 미디어산업의 변화와 동향. **한국융합인문학**, 7(1), 63-78.

심성욱, 김운한, 신일기(2011). **인터렉티브 광고론**. 서울: 서울경제경영.

정보통신정책연구원(2018). **KISDI STAT Report 18-13**. 충북: 정보통신정책연구원.

정보통신정책연구원(2019a). **KISDI STAT Report 19-01**. 충북: 정보통신정책연구원.

정보통신정책연구원(2019b). **KISDI STAT Report 19-02**. 충북: 정보통신정책연구원.

정보통신정책연구원(2019c). **KISDI STAT Report 19-09**. 충북: 정보통신정책연구원.

정보통신정책연구원(2019d). **KISDI Premium Report 19-01**. 충북: 정보통신정책연구원.

한국콘텐츠진흥원(2014). **통계로 보는 콘텐츠 산업 제14-23호**. 전남: 한국콘텐츠진흥원.

KOBACO(2018). **2018 소비자행태조사(MCR: Media & Consumer Research)**. 서울: 한국방송광고진흥공사.

KOBACO(2019. 7. 3.). 코바코가 분석한 지난해 총 광고비 13조 6,836억(https://www.

kobaco.co.kr/ws/kobaco.jsp?w2xPath=/kobaco/kobaconews/kobaconotice_read.xm
l&seqNo=689&nowPage=3&searchG=&searchT=).

Grand View Research(2017). *Over-the-Top(OTT) Devices & Services Market Size Report.*
San Francisco, CA: Grand View Research.

제6장 디지털 시대의 옥외광고

광주도시철도공사(2019). 일평균 승하차인원 순위.

그린미디어(2006). OOH media 내부 마케팅 자료. 서울: 그린미디어.

김건표(2015). 디지털 사이니지를 통한 브랜드 경험의 구성요소에 대한 탐색적 연구. 국민대학
교 대학원 박사학위논문.

나스미디어(2015). OOH media 내부 보고 자료. 서울: 나스미디어.

노근정(2010). 미디어 크리에이티비티 구성요인과 광고효과 및 적용가능성 인식에 관한 연구.
홍익대학교 대학원 박사학위논문.

동아일보(2019). 인천공항 광고 제안서. 서울: 동아일보.

서범석(2001). 옥외광고론. 서울: 나남출판.

서울메트로(2016). 판매대행 광고 데이터 분석보고. 서울: 서울메트로 정보관리처.

신현호(2013). 지하철 PSD광고에 나타난 크리에이티브 표현에 관한 고찰. 홍익대학교 광고홍
보대학원 석사학위논문.

심성욱, 신일기(2008). 옥외광고혼잡도에 대한 소비자 지각에 관한 연구: 지하철 스크린도어
광고물을 중심으로. 광고학연구, 19(5), 193-198.

안대천, 주호일(2013). 디지털시대의 옥외광고론. 서울: 도서출판 북넷.

에스엠애드(2016). 택시광고 제안서. 서울: 에스엠애드.

엔미디어(2018). 옥외광고 집행 내부 보고 자료. 서울: 엔미디어.

옥외광고센터(2016). 옥외광고 관리 및 광고산업진흥에 관한 법률. 서울: 옥외광고센터.

이경렬(2016). 광고매체론. 서울: 서울경제경영.

이정교, 이예승, 강미성, 구은연(2004). 옥외광고물 분류체계에 관한 연구: 국내외 분류사례를
중심으로. 옥외광고학연구, 1(2), 93-116.

전국택시운송사업조합연합회(2019). 전국택시 현황.

정동운(2015). 최적 광고위치 선정을 위한 지하철 차량 내 시선주목도 연구. **한국광고홍보학보**, **17**(4), 147-151.

제일기획(2017). **광고연감**. 서울: 제일기획.

진홍근(2011). 옥외광고 매체집행 의사결정과정연구. **옥외광고학연구**, **10**(2), 135-158.

채송화(2012). 디지털 사이니지 기반 콘텐츠산업의 현황과 전망. **코카포커스**, 54호.

McLuhan, M., & Fiore, Q. (1967). *The Medium is Message*. New York: Simon & Schuster.

광주도시철도공사. http://www.grtc.co.kr

대구도시철도공사. http://www.dtro.or.kr

대전도시철도공사. http://www.djet.co.kr

부산교통공사. http://www.humetro.busan.kr

서울교통공사. http://www.seoulmetro.co.kr

인천교통공사. https://www.ictr.or.kr

전국택시운송사업조합연합회. http://www.taxi.or.kr

제7장　새로운 광고매체와 유형

강진석, 노병희(2018). MR 기술의 국방 응용 현황 및 이슈. **주간기술통향**, **1876**, 2-13.

게임조선(2016. 12. 6.). 드래곤플라이, '또봇' 손잡고 영어교육 VR앱 출시(http://www.gamechosun.co.kr/webzine/article/view.php?no=138142).

공병훈(2018). **4차 산업혁명 상식사전**. 서울: 도서출판 길벗

김병희, 손영곤, 김지혜(2017). 정부 정책광고에 대한 인식과 정부광고의 효과적인 기획 방안. **광고PR실학연구**, **10**(4), 42-65.

김영진, 이광희, 문일(2015). 증강현실기반 재난대응 통합훈련 시뮬레이터용 시나리오 개발 소개. **한국재난정보학회 학술발표대회 자료집**(pp. 75-77).

김익재(2016). 가상현실 기술 동향. **방송과 미디어**, **21**(2), 51-60.

김준호(2016). 사물인터넷(IoT) 기반 헬스케어 스마트 시스템 연구. 인천대학교 경영대학원 석사학위논문.

김지혜, 김병희(2017). 소셜 미디어를 이용한 정부PR 연구: 정부PR 실무자와 SNS 전문가의 인

식 차이를 중심으로. **광고PR실학연구**, 10(1), 28-63.

김진숙, 김재영(2011). 수용자의 인구학적 요인과 모바일 쿠폰 사용경험에 따른 디지털 사이니지 광고효과. **옥외광고학연구**, 8(4), 61-90.

김치호(2017). 가상현실 및 증강현실의 기술을 활용한 테마파크 어트랙션의 연구. **디지털융복합연구**, 15(9), 443-452.

나카무라 이치야, 이시도 나나코(2010). **디지털 사이니지 혁명**(デジタルサイネ-ジ革命). (한석주 역). 서울: 커뮤니케이션북스. (원저는 2009년 출판).

뉴시스(2019. 7. 19.). [WCG] VR게임 e스포츠 가능성 증명…'파이널 어썰트' 등 눈길(http://www.newsis.com/view/?id=NISX20190719_0000716674&cID=13001&pID=13000).

닛케이 BP사 편(2017). **세상을 바꿀 테크놀로지 100**(世界を変える100の技術). (이정환 역). 서울: 나무생각. (원저는 2016년 출판).

더게임스(2019. 7. 19.). VR 액션 게임 '고른' 유저 호평 이어져(http://www.thegames.co.kr/news/articleView.html?idxno=213487).

독서신문(2017. 12. 30.). 볼펜과 공책이 사라진 교육현장(http://www.readersnews.com/news/articleView.html?idxno=77388).

매일경제 IoT 혁명프로젝트팀(2014). **모든 것이 연결되는 세상 사물인터넷**. 서울: 매경출판.

무한게임정보포탈(2019. 7. 19.). 서울시, 만화/애니/게임 등 상상산업 활성화 위해 노력 (http://www.gameshot.net/common/con_view.php?code=GA5d31516258f7b).

박기덕, 정진헌(2014). 증강현실을 이용한 이미지기반 AR카드 활용방안 연구. **디지털융복합연구**, 12(8), 467-474.

박상준, 김지원, 김경민, 김회동(2018). 증강현실 기반의 소부대 야외 전술훈련체계 알고리즘. **융합보안논문지**, 18(4), 81-87.

박천일, 양승연, 차재상(2017). 공간상의 입체사이니지 영상 콘텐츠 연동형 음향연출기법 연구. **한국위성정보통신학회논문지**, 12(1), 107-113.

보스턴컨설팅그룹 서울오피스(2018). **4차 산업혁명 6개의 미래지도**. 서울: 북새통·토트출판사.

부산일보(2016. 4. 12.). 3D입체교구 '에듀알 색칠공부', 스마트폰으로 생태학습(http://www.busan.com/view/busan/view.php?code=20160412000344).

소요환(2016). 가상현실 시뮬레이션 학습의 현존감과 매개변인 몰입이 학습성과에 미치는 영향. **커뮤니케이션 디자인학연구**, 57(0), 57-69.

신동희, 정재열, 강성현(2013). 사물인터넷 동향과 전망. **한국인터넷정보학회논문지**, 14(2), 32-46.

아시아타임즈(2018. 9. 13.). 지유(GU) 롯데월드몰점, 최신 IT기술 접목된 인터랙티브 디지털 사이니지(http://www.asiatime.co.kr/news/articleView.html?idxno=199631).

안희진(2015). 효율적 비주얼 커뮤니케이션을 위한 Digital OOH Media 연구. 서울과학기술대학교 대학원 석사학위논문.

윤준영, 이종욱, 정덕훈, 김찬오(2015). 증강현실기반 시뮬레이터를 활용한 재난대응 훈련방안 개발 소개. 한국재난정보학회 학술발표대회 자료집(pp. 89-91).

이규영(2017). 가상현실을 활용한 학습활동이 초등 영어학습자의 어휘학습 및 학습태도에 미치는 영향. 사이버한국외국어대학교 TESOL대학원 석사학위논문.

이민화, 주강진(2019). 디지털 트랜스폼에서 스마트 트랜스폼으로. 서울: 창조경제연구회.

이성훈, 이동우(2014). 융복합 시대의 사물인터넷에 관한 연구. 디지털융복합연구, 12(7), 267-272.

이현우, 김운한(2016). 디지털 사이니지의 매체결합 유형과 상호작용 전략: 유형별 미디어 크리에이티브 사례분석을 중심으로. 디지털콘텐츠학회지, 17(1), 33-41.

이형익, 이길형(2014). 증강현실을 이용한 의료서비스디자인에 관한 연구: 병원 인포메이션사인을 중심으로. 브랜드디자인학연구, 12(3), 221-233.

전기신문(2019. 5. 23.). 올아피정보통신, 차세대 8K VR 시장 공략 나서-스크린도어·고스트 등 VR 부작용 최소화, 해외 제품 대비 절반 이하 가격 자랑(http://www.electimes.com/article.php?aid=1558571655179557091).

정윤수(2017). IoT 기반의 모바일 헬스케어 서비스를 위한 데이터 저장 및 보호 모델. 디지털융복합연구, 15(3), 187-193.

정윤수, 김용태, 박길천(2017). 증강현실을 이용한 응급환자 의료서비스 향상 모델 설계. 융합정보논문지, 7(1), 17-24.

한국콘텐츠진흥원(2012). 디지털 사이니지(Digital Signage) 기반 콘텐츠산업의 현황과 전망. 코카포커스, 54, 1-22.

KT경제경영연구소(2012). 디지털 사이니지 광고시장과 소비자에 대한 이해. 서울: DMC 미디어.

Azuma, R., Baillot, Y., Behringer, R., Feiner, S., Julier, S., Billinghurst, M., & Kato, H. (2001). *Recent Advance in Augmented Reality*. Washington, DC: Naval Research Laboratory.

Kye, B., & Kim, Y. (2008). Investigation on the Relationships among Media Characteristics, Presence, Flow, and Learning Effects in Augmented Reality Based Learning. *Journal of Educational Technology*, *24*(4), 193-224.

Lee, D. H. (2010). Make a Breakthrough through Collaboration Centered on Consumer Value. *Cheil Worldwide*, *June*, 14-17.

Milgram, P., & Kishino, F. (1994). A Taxonomy of Mixed Reality Visual Displays. *IEICE Transactions on Information and Systems*, *12*(12), 1321-1329.

증강현실 BMW MINI Cabrio 프로모션. http://www.pandora.tv/view/kdyacht/43887781/#2581950_new

LG 홈페이지. http://www.lg.co.kr/media/video?page=7

TVCF a. https://play.tvcf.co.kr/3623

TVCF b. https://play.tvcf.co.kr/715410

TVCF c. https://play.tvcf.co.kr/717706

제8장 광고매체의 노출효과 측정

고한준(2009). 광고산업의 ABC제도 활용방안에 대한 연구. 서울: 한국ABC협회.

고한준(2013). ABC 웹모바일 공사의 필요성과 향후과제. **한국KABC저널**, 92, 2.

김민정, 이미나(2013). 옥외광고에서 Out-of-Home 광고로. **옥외광고학연구**, 10(2), 5-17.

김상호, 김병선(2013). **독자권리보호를 위한 정책적 지원 방안 연구**. 서울: 한국언론진흥재단.

김지호, 부수현, 이우철, 김재휘(2007). 광고의 크기와 위치, 부분 겹침 단서가 소비자의 시각행동에 미치는 영향: 아이트래커를 활용하여. **한국심리학회지: 소비자광고**, 8(3), 399-422.

김효규(2012). 신문광고 효율성에 관한 연구: 기사/광고 열독률 및 지면 혼잡도를 중심으로. **한국광고홍보학보**, 14(3), 156-187.

김효규, 김기주(2017). 다매체 시대 TV 프로그램 시청 행태와 통합 시청률 및 광고 시청에 관한 연구. **한국광고홍보학보**, 19(3), 68-98.

닐슨컴퍼니코리아(2017). **클라이언트데이 자료집**. 서울: 닐슨컴퍼니코리아.

닐슨컴퍼니코리아(2019). **미디어리서치 보고서**. 서울: 닐슨컴퍼니코리아.

박원기, 오완근, 이승연(2005). **광고매체론**. 서울: 커뮤니케이션북스.

박진성(2016). 미디어 환경변화와 광고효과 측정 접근법의 변화. *Oricom Brand Journal*, *74*, 1-3.

박현수(2015). TV, 온라인, 모바일의 3-Screen 통합광고 노출과 중복노출의 규명 및 통합광고 노출량 추정모델에 대한 연구. **광고학연구**, 26(7), 7-26.

박현수, 이인성, 김지은(2013). 신문광고의 노출효과 규명 및 예측에 대한 연구: 업종별 예측모형 차이를 중심으로. **광고학연구**. 24(8), 83-101.

박현수, 정만수, 강미선(2003). 신문광고 노출효과에 대한 실증적 연구. **광고연구**, 61, 7-30.

송희성, 황성연(2016). **통합광고효과**. 서울: 커뮤니케이션북스.

이경렬, 박명진(2016). 스크린 유형과 광고주 업종에 따른 온라인 및 모바일 동영상광고의 노출효과 비교연구. **브랜드디자인학연구**, 14(4), 245-256.

이상훈, 황성연, 엄호동(2017). **디지털 언론 매체 ABC제도 도입 방안**(지정 2017-02). 서울: 한국언론진흥재단.

이서용(2016). TV와 디지털 매체의 통합노출효과 측정. *Oricom Brand Journal, 74,* 4-6.

이혜미(2014). 컨버전스 환경의 미디어다중이용행위 연구. 서울대학교 대학원 박사학위논문.

한국ABC협회(2012). **Web-Mobile 공사 설명회 자료**. 서울: 한국ABC협회.

한국리서치(2018). *Metro Radio Study Radio Usage Report*(2018-3R). 서울: 한국리서치.

한상필(2017). 인터넷신문광고 유통구조의 현황 및 분석. **인터넷신문위원회, 한국인터넷신문협회 '상생의 인터넷신문광고 가능한가' 세미나 자료집.**

황성연(2011). 시청률조사 방법 어떻게 개선되어야 하나. **신문과방송**, 66-70.

황성연(2019). 시청률 조사의 현황과 발전. **KOBA컨퍼런스자료집**, 57-70.

Baker, K. H., Harris, P., & O'Brien, J. (1989). Data Fusion: An Appraisal and Experimental Evaluation. *Journal of the Market Research Society, 31*(2), 152-212.

Gilula, Z., McCulloch, R. E., & Rossi, P. E. (2006). A Direct Approach to Data Fusion. *Journal of Marketing Research, 43*(1), 73-83.

Napoli, P. M. (2013). **수용자 진화**(*Audience Evolution*). (백영민, 오현경, 강남준 공역). 경기: 나남. (원저는 2010년에 출판).

Pete, D. (2003). Understanding Zero Ratings. *Admap Magazine, 38,* 42-45.

Peter J Solomon Company(2017). The Media Monthly(online available; https://www.pjsolomon.com/wp-content/uploads/2017/08/August-2017-PJSC-Media-Monthly.pdf)

Webster, J. G., Phalen, P. F., & Lichty L. W. (2014). *Rating Analysis* (4th ed.). London, UK: Routledge

제일기획 블로그. http://blog.cheil.com/magazine/37330

한국ABC협회. http://www.kabc.or.kr/on/info/procedure

Nielsen Company. http://tvdiary.nielsen.com/content/panel/tvdiary7-en-feb2014/
　　instructions.html

제9장　광고효과에 대한 새로운 시각

과학기술정보통신부, 한국방송광고진흥공사(2018). **2018 방송통신광고비 조사 보고서**. 세종: 과
　　학기술정보통신부.

방송통신위원회(2018). **2018 방송매체 이용행태 조사**. 경기: 방송통신위원회.

염정윤, 최인호, 정세훈(2019). 누가 어떤 미디어 멀티태스킹 조합을 많이 이용 하는가?: 감각
　　기관의 간섭 유형과 성별, 연령에 따른 차이에 관한 연구. **광고학연구**, 30(2), 7-27.

정보통신정책연구원(2019). **2018 방송매체 이용행태조사**. 충북: 정보통신정책연구원.

정세훈, 염정윤, 최인호, 최수정, 정민혜(2017a). 국내 미디어 멀티태스킹 연구 현황: 이용과 효
　　과 연구를 중심으로. **한국광고홍보학보**, 19(1), 102-135.

정세훈, 염정윤, 최인호, 최수정, 정민혜(2017b). 시간대별 미디어 멀티태스킹: 다이어리 연구.
　　광고학연구, 28(1), 127-149.

한국방송광고진흥공사(2018). **2018 소비자행태조사 보고서**. 서울: 한국방송광고진흥공사.

황유리, 정세훈(2018). Multitasking and Information Gain: Effects of relevance between
　　tasks. **미디어 경제와 문화**, 16(2), 50-77.

Angell, R., Gorton, M., Sauer, J., Bottomley, P., & White, J. (2016). Don't Distract Me
　　When I'm Media Multitasking: Toward a Theory for Raising Advertising Recall and
　　Recognition. *Journal of Advertising*, *45*, 198-210.

Bain, C. D., & Rice, M. L. (2006). The Influence of Gender on Attitudes, Perceptions, and
　　Uses of Technology. *Journal of Research on Technology in Education*, *39*, 119-132.

Barden, J., & Petty, R. E. (2008). The Mere Perception of Elaboration Creates Attitude
　　Certainty: Exploring the Thoughtfulness Heuristic. *Journal of Personality and Social
　　Psychology*, *95*, 489-509.

Bardhi, F., Rohm, A. J., & Sultan, F. (2010). Tuning in and Tuning Out: Media Multitasking

Among Young Consumers. *Journal of Consumer Behaviour, 9*, 316–332.

Bluedorn, A. C. (1998). An Interview with Anthropologist Edward T. Hall. *Journal of Management Inquiry, 7*, 109–115.

Bowman, L. L., Levine, L. E., Waite, B. M., & Gendron, M. (2010). Can Students Really Multitask? An Experimental Study of Instant Messaging while Reading. *Computers & Education, 54*, 927–931.

Brasel, S. A., & Gips, J. (2011). Media Multitasking Behavior: Concurrent Television and Computer Usage. *Cyberpsychology, Behavior, and Social Networking, 14*, 527–534.

Carrier, L. M., Cheever, N. A., Rosen, L. D., Benitez, S., & Chang, J. (2009). Multitasking Across Generations: Multitasking Choices and Difficulty Ratings in Three Generations of Americans. *Computers in Human Behavior, 25*, 483–489.

Circella, G., Mokhtarian, P. L., & Poff, L. K. (2012). A Conceptual Typology of Multitasking Behavior and Polychronicity Preferences. *Electronic International Journal of Time Use Research, 9*, 59–107.

Conard, M. A., & Marsh, R. F. (2014). Interest Level Improves Learning but Does Not Moderate the Effects of Interruptions: An Experiment Using Simultaneous Multitasking. *Learning and Individual Differences, 30*, 112–117.

Coomans, D., Vandenbossche, J., & Deroost, N. (2014). The Effect of Attentional Load on Implicit Sequence Learning in Children and Young Adults. *Frontiers in Psychology, 5*, 1–11.

Cotten, S. R., Anderson, W. A., & Tufekci, Z. (2009). Old Wine in a New Technology, or a Different Type of Digital Divide?. *New Media & Society, 11*, 1163–1186.

Cotten, S. R., Shank, D. B., & Anderson, W. A. (2014). Gender, Technology Use and Ownership, and Media-Based Multitasking among Middle School Students. *Computers in Human Behavior, 35*, 99–106.

Drew, D. G., & Grimes, T. (1987). Audio-Visual Redundancy and TV News Recall. *Communication Research, 14*, 452–461.

Duff, B. R. L., Yoon, G., Wang, Z., & Anghelcev, G. (2014). Doing It All: An Exploratory Study of Predictors of Media Multitasking. *Journal of Interactive Advertising, 14*, 11–23.

Eisenstadt, D., Leippe, M. R., Rivers, J. A., & Stambush, M. (2003). Counterattitudinal

Advocacy on a Matter of Prejudice: Effects of distraction, Commitment, and Personal Importance. *Journal of Applied Social Psychology*, *33*, 2123–2152.

Fante, R., Jacobi, L. L., & Sexton, V. D. (2013). The Effects of Instant Messaging and Task Difficulty on Reading Comprehension. *North American Journal of Psychology*, *15*, 287–298.

Foehr, U. G. (2006). *Media Multitasking among American Youth: Prevalence, Predictors and Pairings*. Menlo Park, CA: Henry J. Kaiser Family Foundation.

Gamble, K. R., Howard Jr, J. H., & Howard, D. V. (2014). Not Just Scenery: Viewing Nature Pictures Improves Executive Attention in Older Adults. *Experimental Aging Research*, *40*, 513–530.

Goonetilleke, R. S., & Luximon, Y. (2010). The Relationship Between Monochronicity, Polychronicity and Individual Characteristics. *Behaviour & Information Technology*, *29*, 187–198.

Grawitch, M. J., & Barber, L. K. (2013). In Search of the Relationship Between Polychronicity and Multitasking Performance. *Journal of Individual Differences*, *34*, 222–229.

Grimes, T. (1991). Mild Auditory–Visual Dissonance in Television News May Exceed Viewer Attentional Capacity. *Human Communication Research*, *18*, 268–298.

Haslett, D. M. (1976). Distracting Stimuli: Do They Elicit or Inhibit Counterargumentation and Attitude Shift. *European Journal of Social Psychology*, *6*, 81–94.

Hsia, H. J. (1971). The Information Processing Capacity of Modality and Channel Performance. *AV Communication Review*, *19*, 51–75.

Hwang, Y., Kim, H., & Jeong, S. H. (2014). Why Do Media Users Multitask?: Motives for General, Medium–specific, and Content–specific Types of Multitasking. *Computers in Human Behavior*, *36*, 542–548.

Jeong, S. H., & Fishbein, M. (2007). Predictors of Multitasking with Media: Media Factors and Audience Factors. *Media Psychology*, *10*, 364–384.

Jeong, S. H., & Hwang, Y. (2012). Does Multitasking Increase or Decrease Persuasion? Effects of Multitasking on Comprehension and Counterarguing. *Journal of Communication*, *62*, 571–587.

Jeong, S. H., & Hwang, Y. (2015). Multitasking and Persuasion: The Role of Structural

Interference. *Media Psychology*, *18*, 451-474.

Jeong, S. H., & Hwang, Y. (2016). Media Multitasking Effects on Cognitive and Attitudinal Outcomes: A Meta-analysis. *Human Communication Research*, *42*, 599-618.

Kahneman, D. (1973). *Attention and Effort*. Englewood Cliffs, NJ: Prentice-Hall.

Katz, E., Blumler, J., & Gurevitch, M. (1974). Utilization of Mass Communication by the Individual. In J. Blumler & E. Katz (Eds.), *The Uses of Mass Communications: Current Perspectives on Gratification Research* (pp. 19-32). Beverly Hills, CA: Sage.

Keating, J. P., & Brock, T. C. (1974). Acceptance of Persuasion and the Inhibition of Counterargumentation Under Various Distraction Tasks. *Journal of Experimental Social Psychology*, *10*, 301-309.

Lang, A. (2000). The Limited Capacity Model of Mediated Message Processing. *Journal of Communication*, *50*, 46-70.

Lang, A. (2006). Using the Limited Capacity Model of Motivated Mediated Message Processing to Design Effective Cancer Communication Messages. *Journal of Communication*, *56*(s1), S57-S80.

Lang, A., & Chrzan, J. (2015). Media Multitasking: Good, Bad, or Ugly?. *Annals of the International Communication Association*, *39*, 99-128.

Lenhart, A. (2007). *Teens and Social Media: The Use of Social Media Gains a Greater Foothold in Teen Life as They Embrace the Conversational Nature of Interactive Online Media*. Pew Internet & American Life Project.

McCombs, M. E. (2014). *Setting the Agenda: The Mass Media and Public Opinion* (2nd ed.). Cambridge, England: Polity Press.

McCombs, M. E., & Shaw, D. L. (1972). The Agenda-Setting Function of Mass Media. *Public Opinion Quarterly*, *36*, 176-197.

Napoli, P. M. (2003). *Audience Economics: Media Institutions and the Audience Marketplace*. New York: Columbia University Press.

Neijens, P., & Voorveld, H. (2015). Cross-Platform Advertising: Current Practices and Issues for the Future: Why the Gross Rating Point Metric Should Thrive in Today's Fragmented Media World. *Journal of Advertising Research*, *55*, 362-367.

Ophir, E., Nass, C., & Wagner, A. D. (2009). Cognitive Control in Media Multitaskers.

Proceedings of the National Academy of Sciences, 106, 15583-15587.

Paivio, A. (1971). *Imagery and Verbal Processes*. New York: Holt, Rinehart, and Winston.

Petty, R. E., & Cacioppo, J. T. (1986). *The Elaboration Likelihood Model of Persuasion*. New York: Springer.

Pilotta, J. J., Schultz, D. E., Drenik, G., & Rist, P. (2004). Simultaneous Media Usage: A Critical Consumer Orientation to Media Planning. *Journal of Consumer Behaviour, 3*, 285-292.

Pool, M. M., Koolstra, C. M., & Van der Voort, T. H. (2003). The Impact of Background Radio and Television on High School Students' Homework Performance. *Journal of Communication, 53*, 74-87.

Rubin, A. M. (1983). Television Uses and Gratifications: The Interactions of Viewing Patterns and Motivations. *Journal of Broadcasting & Electronic Media, 27*, 37-51.

Sanbonmatsu, D. M., Strayer, D. L., Medeiros-Ward, N., & Watson, J. M. (2013). Who Multi-Tasks and Why? Multi-Tasking Ability, Perceived Multi-Tasking Ability, Impulsivity, and Sensation Seeking. *PloS One, 8*(1), e54402.

Schumacher, P., & Morahan-Martin, J. (2001). Gender, Internet and Computer Attitudes and Experiences. *Computers in Human Behavior, 17*, 95-110.

Srivastava, J. (2013). Media Multitasking Performance: Role of Message Relevance and Formatting Cues in Online Environments. *Computers in Human Behavior, 29*, 888-895.

van Cauwenberge, A., Schaap, G., & van Roy, R. (2014). TV No Longer Commands Our Full Attention: Effects of Second-screen Viewing and Task Relevance on Cognitive Load and Learning from News. *Computers in Human Behavior, 38*, 100-109.

Voorveld, H. A. (2011). Media Multitasking and the Effectiveness of Combining Online and Radio Advertising. *Computers in Human Behavior, 27*, 2200-2206.

Voorveld, H. A., & van der Goot, M. (2013). Age Differences in Media Multitasking: A Diary Dtudy. *Journal of Broadcasting & Electronic Media, 57*, 392-408.

Voorveld, H. A., Neijens, P. C., & Smit, E. G. (2011). Opening the Black Box: Understanding Cross-media Effects. *Journal of Marketing Communications, 17*, 69-85.

Voorveld, H., Smit, E., & Neijens, P. (2013). Cross-media Advertising: Brand Promotion in an Age of Media Convergence. In S. Diehl & M. Karmasin (Eds.), *Media and Convergence Management* (pp. 117–133). Heidelberg, Germany: Springer.

Walma van der Molen, J. H., & Klijn, M. E. (2004). Recall of Television Versus Print News: Retesting the Semantic Overlap Hypothesis. *Journal of Broadcasting & Electronic Media*, *48*, 89–107.

Walma van der Molen, J. H., & van der Voort, T. H. A. (2000). The Impact of Television, Print, and Audio on Children's Recall of the News. *Human Communication Research*, *26*, 3–26.

Wang, Z., & Tchernev, J. M. (2012). The "myth" of Media Multitasking: Reciprocal Dynamics of Media Multitasking, Personal Needs, and Gratifications. *Journal of Communication*, *62*, 493–513.

Wang, Z., Irwin, M., Cooper, C., & Srivastava, J. (2015). Multidimensions of Media Multitasking and Adaptive Media Selection. *Human Communication Research*, *41*, 102–127.

Webster, J., Phalen, P., & Lichty, L. (2000). *Ratings Analysis: The Theory and Practice of Audience Research* (2nd ed.). Hillsdale, NJ: Lawrence Erlbaum

Weeks, B., & Southwell, B. (2010). The Symbiosis of News Coverage and Aggregate Online Search Behavior: Obama, Rumors, and Presidential Politics. *Mass Communication and Society*, *13*, 341–360.

Yang, X., & Zhu, L. (2016). Predictors of Media Multitasking in Chinese Adolescents. *International Journal of Psychology*, *51*, 430–438.

Yoon, S., Choi, Y. K., & Song, S. (2011). When Intrusive Can Be Likable. *Journal of Advertising*, *40*(2), 63–76.

Zhang, W., & Zhang, L. (2012). Explicating Multitasking with Computers: Gratifications and Situations. *Computers in Human Behavior*, *28*, 1883–1891.

Zhang, W., Jeong, S. H., & Fishbein, M. (2010). Effects of Multitasking and Arousal on Television Content Recall and Secondary Task Performance. *Journal of Media Psychology*, *22*, 2–13.

Zigmond, D., & Stipp, H. (2010). Assessing a New Advertising effect: Measurement of the Impact of Television Commercials on Internet Search Queries. *Journal of Advertising Research*, *50*, 162–168.

제10장 매체 기획 사례와 총평

미디어오늘(2018. 9. 11.). 유튜브, 전 연령대에서 사용시간 1위(http://www.mediatoday. co.kr/news/articleView.html?idxno=144466).

연합뉴스(2013. 7. 1.). 매거진B, 칸 광고제 그래픽디자인 은사자상(https://www.yna.co.kr/ view/AKR20130701111400003).

Anderson, C. (2006). *The Long Tail: Why the Future of Business is Selling Less of More*. New York: Hachette Books.

Jenkins, H. (2006). *Convergence Culture: Where Old and New Media Collide*. New York: NYU Press.

McLuhan, M., & McLuhan, M. A. (1994). *Understanding Media: The Extensions of Man*. Cambridge, MA: MIT Press.

Naftulin, J. (2013. 7. 13.). Here's how many times we touch our phones every day(https:// www.businessinsider.com/dscout-research-people-touch-cell-phones-2617- times-a-day-2016-7).

Prensky, M. (2001). Digital Natives, Digital Immigrants Part 1. *On the Horizon*, 9(5), 1-6.

매거진B. http://magazine-b.co.kr

한국관광공사 한국 관광 통계. https://kto.visitkorea.or.kr/kor/notice/data.kto

HSAD. http://www.hsad.co.kr

IAB Internet Advertising Revenue Report. https://www.iab.com/wp-content/ uploads/2019/05/IAB-Internet-Advertising-Revenue-Report-FY-2018.pdf

Monocle. https://monocle.com/magazine

SlideShare. https://www.slideshare.net/mdeuze/media-arrangements

The Ghost Howls. https://skarredghost.com/2018/01/25/kfc-hard-way-review-vr- marketing-move-kfc

YouTube. https://www.youtube.com/watch?v=P0ukYf_xvgc

찾아보기

❖ 저자 소개

박현수(Park, Hyun Soo)
현재 단국대학교 커뮤니케이션학부 교수이다. 광고학 박사이며, 세부 전공은 매체 기획 및 효과 분석이다. ㈔한국광고학회 제20대 회장을 역임하였고, 2019년까지『광고학연구』편집 위원장과 편집장을 역임하였다. 청와대 대통령실 정책자문, 방송통신위원회 균형발전위원, ABC협회 위원, 대한민국광고대상 심사위원장 등으로 활동하였다.『광고매체기획론』(4판, 한경사, 2019)을 비롯하여 10여 권의 저서(공저 포함)를 출간하였고, 국내외에 약 50여 편의 논문을 발표하였다.

김효규(Kim, Hyo Gyoo)
현재 동국대학교 광고홍보학과 교수이다. 고려대학교 신문방송학과에서 학사 및 석사 학위를 취득한 후, 미국 텍사스 대학교(University of Texas at Austin)에서 석사 및 박사 학위를 받았다. 제일기획 미디어전략본부에 재직하였으며, 매체 환경 변화에 따른 광고 및 매체 이용 행태 연구에 관심이 많다.『100개의 키워드로 읽는 광고와 PR』(공저, 한울아카데미, 2017)을 비롯한 여러 저서를 출간하였고,「다매체 시대 TV 프로그램 시청 행태와 통합 시청률 및 광고 시청에 관한 연구」(2017)를 비롯한 다수의 논문을 발표하였다.

정윤재(Cheong, Yun Jae)
현재 한국외국어대학교 미디어커뮤니케이션학부 광고 전공 교수이다. 이화여자대학교 통계 학과에서 학사 및 석사 학위를 취득한 후, 미국 텍사스 대학교(University of Texas at Austin) 광고학과에서 석사 및 박사 학위를 받았다. 미국 앨라배마 대학교(University of Alabama) 광고홍보학과에서 광고 전공 교수를 역임하였으며, 주요 연구 관심 분야는 미디어 플래 닝, 광고비 효율성 연구이다.「Evaluating the Multivariate Beta Binomial Distribution for Estimating Magazine and Internet Exposure Frequency Distributions」(2011) 등 다수의 논문 을 국내외 저널에 게재하였다.

정차숙(Jeong, Cha Suk)
현재 서울여자대학교 언론영상학부 초빙교수이다. 한양대학교 광고홍보학과를 졸업하고, 서 강대학교에서 광고홍보학 전공으로 석사학위를, 한양대학교에서 광고학 전공으로 박사학위를 받았다. 한국방송광고진흥공사(KOBACO) 광고연구소에서 통계연구원으로 재직했으며, 연세대학교, 단국대학교, 선문대학교, 서울여자대학교, 한양대학교에서 외래교수 등으로 근무하였다. 저서로는『디지털 융합시대 광고와 PR의 이론과 실제』(공저, 학지사, 2018),『광고 크리에이티브』(공저, 서울경제경영, 2016)가 있고, 연구논문으로는「스토리텔링 광고의 메시지 구성요소인 관련성, 진실성, 명확성과 제품 관여도가 광고 효과에 미치는 영향에 대한 연구」(2013) 등이 있다.

이형석(Lee, Hyung Seok)

현재 한양대학교 광고홍보학과 교수이다. 한양대학교 광고홍보학과를 졸업하고, 미국 캘리포니아 주립대학교(California State University at Fullerton)에서 광고 전공 석사학위와 미국 플로리다 대학교(University of Florida)에서 광고 전공 박사학위를 취득하였다. 미국 노스 플로리다 대학교(University of North Florida)에서 광고 전공 교수로 4년간 재직하였다. 주요 연구 관심 분야는 기업의 스폰서십 효과이며,『엔터테인먼트 콘텐츠 마케팅』(공저, 서울경제경영, 2016)을 비롯한 여러 저서를 출판하였고,「Internet Media Personality: Scale Development and Advertising Implications」(2015) 등 다수의 논문을 국내외 저널에 게재하였다.

주호일(Joo, Ho Il)

현재 옥외광고 회사인 ㈜엔미디어 이사로 재직 중이다. 광고학 박사를 수료하였다. ㈜익산, 그린미디어, 나스미디어 등 옥외광고 중심의 매체 업무를 20여 년간 수행하였고, 홍익대학교, 한양대학교, 평택대학교 등에 출강하여 산학협력의 기초를 다지고 있다.『디지털시대의 옥외광고론』(공저, 북넷, 2013)을 출간하였고, 옥외광고센터의 연구용역에 연구원으로 참여하였다.

김지혜(Kim, Ji Hye)

현재 경기대학교 융합교양대학 초빙교수이다. 중앙대학교 광고홍보학과에서 광고홍보학 박사학위를 받았다. 광고론, PR론, 뉴미디어, 커뮤니케이션, 창의적 문제 해결 등 여러 과목을 강의하고 있다. 주요 관심 분야는 정부PR, 뉴미디어, 대중매체의 영향이고,「호스피스 · 완화의료에 대한 인식 수준과 PR캠페인의 전제」(2018),「소셜 미디어를 이용한 정부PR 연구: 정부PR 실무자와 SNS 전문가의 인식 차이를 중심으로」(2017)를 비롯하여 2006년부터 관련 논문을 발표하였다.

황성연(Hwang, Sung Yon)

현재 닐슨컴퍼니코리아 부장이다. 신문방송학 박사이고, 중앙대학교, 언론문화연구소, 안양대학교 신문방송학과에서 겸임교수 등으로 재직하였다. 닐슨컴퍼니코리아에서 TV 시청률 분석 및 통합광고효과 조사 업무 등을 진행하고 있으며, 급변하는 미디어 환경에서 보다 효율적인 시청자(이용자) 분석을 위한 방안을 마련하고, 이를 통해 변화의 양상을 파악하고자 노력하고 있다. 저서로는『통합광고효과』(공저, 커뮤니케이션북스 2016),『방송학 개론』(공저, 커뮤니케이션북스, 2013),『미디어 정책론』(공저, 커뮤니케이션북스, 2010),『모바일 커뮤니케이션』(공저, 세계사, 2007),『전환기의 한국방송』(공저, 커뮤니케이션북스, 2005) 등이 있다.

정세훈(Jeong, Se Hoon)

현재 고려대학교 미디어학부 교수이다. 커뮤니케이션학 박사이고,「국내 미디어 멀티태스킹 연구 현황: 이용과 효과 연구를 중심으로」(2017)와「Media Multitasking Effects on Cognitive and Attitudinal Outcomes: A Meta-analysis」(2016)를 비롯하여 멀티태스킹 관련 미디어 이용 및 효과에 대해 다수의 학술 논문을 발표하였다.

유승철(Yoo, Seung Chul)

현재 이화여자대학교 커뮤니케이션·미디어학부 교수로, 융합 미디어 트랙과 미디어 공학 & 창업 트랙 주임교수로 재직 중이다. 미국 텍사스 대학교(University of Texas at Austin)에서 광고학 전공으로 석사 및 박사 학위를 취득하였다. 유학 전에는 ㈜제일기획에서 다년간 미디어/광고 실무를 담당했으며, 학위 취득 후 미국 로욜라 대학교(Loyola University Chicago)에서 디지털/인터랙티브 광고(digital/interactive advertising) 담당 교수로 재직하였다. 뉴미디어 기술을 활용한 광고 PR 커뮤니케이션, 디지털 사이니지, 중국 콘텐츠 마케팅, 소비자 및 광고 심리가 주요 연구 및 교육 분야이다.

광고지성총서 07

광고 미디어의 현재와 미래
The Present and Future of Advertising Media

2020년 1월 10일 1판 1쇄 인쇄
2020년 1월 20일 1판 1쇄 발행

지은이 • 박현수 · 김효규 · 정윤재 · 정차숙 · 이형석
　　　　주호일 · 김지혜 · 황성연 · 정세훈 · 유승철
펴낸이 • 김진환
펴낸곳 • (주) 학지사
　　　　04031 서울특별시 마포구 양화로 15길 20 마인드월드빌딩
대표전화 • 02)330-5114　　　팩스 • 02)324-2345
등록번호 • 제313-2006-000265호

홈페이지 • http://www.hakjisa.co.kr
페이스북 • https://www.facebook.com/hakjisa

ISBN 978-89-997-2007-9 93320

정가 18,000원

이 도서의 국립중앙도서관 출판시도서목록(CIP)은 서지정보유통지
원시스템 홈페이지(http://seoji.nl.go.kr)와 국가자료공동목록시스템
(http://www.nl.go.kr/kolisnet)에서 이용하실 수 있습니다.
(CIP 제어번호: CIP2019045441)

출판 · 교육 · 미디어기업 학지사

간호보건의학출판 학지사메디컬 www.hakjisamd.co.kr
심리검사연구소 인싸이트 www.inpsyt.co.kr
학술논문서비스 뉴논문 www.newnonmun.com
원격교육연수원 카운피아 www.counpia.com